Sie finden in diesem Lesebuch farbig hervorgehobene Doppelseiten (**Kompetenzseiten**), die Ihnen **klausur- und abiturrelevantes Fach- und Methodenwissen** sowie **konkrete Tipps** vermitteln. Dazu gehören **grundlegende Arbeitstechniken** für das letzte Schuljahr, Tipps zum **Übersetzen, Paraphrasieren und Interpretieren** von poetischen wie Prosatexten und Tipps zur **metrischen Analyse** sowie zur **Wortbildung**. Das Besondere dieser für Ihr Selbststudium geeigneten Seiten liegt darin, dass sie neben der **Theorie** zugleich **Praxisbeispiele** mitliefern. Damit Sie selbst das auf diesen Seiten kompakt vermittelte Wissen anwenden und einüben können, sind systematisch über das gesamte Lesebuch hinweg grafisch hervorgehobene **Aufgaben zu den Kompetenzen** formuliert (**1.**). **Kompetenzseiten** zur inhaltlichen und zeitlichen **Planung der Abiturprüfungen** sowie zur **Aufbereitung, Strukturierung und Verknüpfung des abiturrelevanten Wissens** bereiten Sie effektiv auf die bevorstehenden Abiturprüfungen vor.

Sonderseiten zur **historischen Einführung** und zur **augusteischen Architektur** sowie **Kunst** gewährleisten einen vertieften **Verstehenskontext** und **Hintergründe** für die in diesem Band behandelten Texte; zudem vermitteln sie Ihnen abiturrelevantes **Kulturwissen** und nicht zuletzt praktische Tipps zur **Analyse bildlicher Kunstwerke**.

Um Ihnen den Zugang zur Lektüre zu erleichtern, sind den lateinischen Texten knappe deutsche **Einleitungstexte** vorgeschaltet, die den jeweiligen Verständniszusammenhang herstellen. Als Vorbereitung für die Lektüre stehen vor jedem Text unter **W** Wörter, die im Text vorkommen und die Sie wiederholen sollten. Unter **G** sind die grammatischen Erscheinungen verzeichnet, die für diesen Text von Bedeutung sind – ihre Wiederholung anhand einer Grammatik dürfte für das flüssige und gekonnte Übersetzen hilfreich sein. Der nach Autoren und kapitelweise angeordnete **Lernwortschatz** ist zur Präparation der Texte unabdingbar; darüber hinausgehende Vokabelkenntnisse und Hilfen zur Konstruktion komplexer Sätze (K) stellt der **ad lineam-Kommentar** bereit. Vokabeln, deren Bedeutung erschlossen werden kann, sind mit dem Hinweis Fremdwort (FW) versehen. **Vertiefende Sachinformationen**), **zusätzliches Text-** (M) und Bildmaterial sowie **abwechslungsreiche Aufgaben** zur sprachlichen und inhaltlichen Auseinandersetzung mit der Lektüre tragen zum Aufbau und zur Vertiefung Ihres Wissens bei. Das Grundwissen stellt kompakt und strukturiert die wesentlichen Wissensinhalte für Klausuren und Abiturprüfung zusammen, das **Eigennamenverzeichnis** (EV) bietet knappe Informationen über wichtige Personen, das **Literaturverzeichnis** liefert Hinweise zu weiterführender Literatur für Referate oder Hausarbeiten.

Sammlung ratio
Heft 17

Lesebuch Latein
Oberstufe 2

bearbeitet von
Michael Lobe und Christian Zitzl

C. C. BUCHNER VERLAG

Sammlung ratio
Die Klassiker der lateinischen Schullektüre

Herausgegeben von Michael Lobe

Heft 17: Lesebuch Latein. Oberstufe 2

wurde bearbeitet von Michael Lobe und Christian Zitzl

1. Auflage, 4. Druck 2020
Alle Drucke dieser Auflage sind, weil untereinander unverändert, nebeneinander benutzbar.

Dieses Werk folgt der reformierten Rechtschreibung und Zeichensetzung. Ausnahmen bilden Texte, bei denen künstlerische, philologische oder lizenzrechtliche Gründe einer Änderung entgegenstehen.

Redaktion: Barbara Szlagor
Gestaltung: ideen.manufaktur, Bochum
Druck und Bindung: mgo360 GmbH & Co. KG, Bamberg

www.ccbuchner.de

ISBN 978-3-7661-**7727**-8

Inhaltsverzeichnis

Vorwort		5
Grundlegende Arbeitstechniken im letzten Schuljahr		8

1 Augustus – Die Perspektive des Princeps — 10

| T | *Res gest.* 34 | 10 |

2 Vergil – Von Troja nach Rom — 12

2.1	Proöm	14
	T 1 *Aen.* 1,1–11	14
	Hexameter metrisch analysieren und vortragen	16
2.2	Jupiterprophezeiung	18
	T 2 *Aen.* 1,229–283	18
	Poetische Texte übersetzen	20
	T 3 *Aen.* 1,286–296	22
2.3	Äneas und Dido	24
	T 4 *Aen.* 4,362–396	24
	T 5 *Aen.* 6,456–476	26
	Texte interpretieren	28
2.4	Heldenschau	30
	T 6 *Aen.* 6,788–805	30
	Augusteische Architektur in Rom	32
2.5	Roms Auftrag	38
	T 7 *Aen.* 6,847–853	38
2.6	Schildbeschreibung	39
	T 8 *Aen.* 8,675–700	39
	Beschreibung und Analyse bildlicher Kunstwerke	42
	Augusteische Kunst	43
2.7	Äneas gegen Turnus	48
	T 9 *Aen.* 12,930–952	48

3 Horaz – Das Lob des augusteischen Zeitalters — 50

| | T 1 *Carm. saec.* 29–32, 57–60 | 51 |
| | T 2 *Carm.* 4,15 | 52 |

4 Ovid – Von Augustus verbannt — 54

| | T *Trist.* 2,27–44 | 56 |

5 Livius – Roms sagenhafte Frühzeit — 57

5.1	Cincinnatus: *vir vere Romanus*	58
	T 1 *Liv.* 3,26,5–10; 3,29,5. 7	58
	Prosatexte übersetzen	60
5.2	Die Vorrede	62
	T 2 *Liv.* praef. Teil 1	62
	T 3 *Liv.* praef. Teil 2	63
5.3	Romulus: Der Beginn der Königsherrschaft	64
	T 4 *Liv.* 1,8	64
	T 5 *Liv.* 1,16,1–8	66
5.4	Brutus: Das Ende der Königsherrschaft	68
	T 6 *Liv.* 1,58,2–12	68
	T 7 *Liv.* 1,59,1–7	70
	Abiturvorbereitung	72
5.5	Mucius Scaevola: Ein Patriot als Attentäter	74
	T 8 *Liv.* 2,12,5–13,6	74
5.6	Die Ständekämpfe: Plebejer gegen Patrizier	76
	T 9 *Liv.* 2,32,4–33,2	76
	T 10 *Liv.* 2,39	78
5.7	*Res publica restituta?*	80
	T 11 Tac., *Ann.* 1,2–4	80

6 Cicero – Die römische Republik als Ideal — 82

	T 1 *Ad Att.* 4,18	83
6.1	*Virtus et patria*	84
	T 2 *De rep.* 1,1–2; 8	84
6.2	Scipio und Laelius	86
	T 3 *De rep.* 1,32–34	86
6.3	Staatsdefinition	88
	T 4 *De rep.* 1,39–42	88
6.4	Die „erträglichen" Staatsformen	90
	T 5 *De rep.* 1,43–45	90
6.5	Der Verfassungskreislauf	92
	T 6 *De rep.* 1,65–67	92
	T 7 *De rep.* 1,68–69	94

	Texte paraphrasieren	96
6.6	**Die Gründung Roms**	98
	T 8 *De rep.* 2,4–6	98
	Wissen verknüpfen – vernetzt denken	100
6.7	**Recht und Gesetze**	102
	T 9 *De rep.* 3,18–19; 33	102
	T 10 *De rep.* 3,24; 27–28	104
6.8	**Der gerechte Krieg**	106
	T 11 *De rep.* 3,34–37	106
6.9	***Mos maiorum:*** **Basis römischer Größe**	108
	T 12 *De rep.* 5,1	108
	T 13 Sall., *Cat.* 9–10	108
6.10	**Scipios Traum**	110
	T 14 *De rep.* 6,10–12	110
	T 15 *De rep.* 6,13–16	112
	T 16 *De rep.* 6,26; 29	114
6.11	***Virtus et clementia***	116
	T 17 *De off.* 1,85–86; 88	116
6.12	**Christlicher Gegenentwurf**	118
	T 18 Aug., *civ.* 19,21	118
	Staatsdenker – Staatslenker	**120**
	Wortbildung	122
	Lernwortschatz	123
	Grundwissen: Römische Geschichte	131
	Grundwissen: Gesellschaft und Politik	133
	Grundwissen: Augusteisches Zeitalter	135
	Cicero, *De re publica* – Übersicht und Schwerpunkte	139
	Grundwissen: Stilmittel	141
	Grundwissen: Metrik	143
	Eigennamenverzeichnis	143
	Literaturverzeichnis	150
	Abkürzungen	152
	Bildnachweis	152

Dieses Buch beschäftigt sich mit einer der spannendsten Phasen der römischen Geschichte: Dem Übergang von der Republik zur Kaiserzeit. Nach einem halben Jahrtausend republikanischer Freiheit und einer Art Demokratie, die zwischen Senat und Volk stets neu ausgehandelt wurde, begann mit Augustus die Epoche kaiserlicher Alleinherrschaft. Dieser spannungsreiche Umbruch der Staatsverfassung spiegelt sich in der Literatur dieser Zeit und es scheint, dass Krisenzeiten ein günstiger Nährboden für große Begabungen sind: Denn die Autoren und Werke, die Sie hier lesen werden, gehören zum Besten, was die römische Literatur hervorgebracht hat.

Cicero (106–43 v. Chr.) kennen Sie bereits als Redner, Rechtsanwalt, Philosophen und Staatslenker, der während seines Konsulats 63 v. Chr. die Verschwörung Catilinas niederschlug. Als großen Staatsdenker werden Sie ihn in diesem Buch erleben: Mit seiner in der Spätphase der Republik verfassten Schrift *De re publica* schuf er das römische Gegenstück zu den Staatstheorien der griechischen Philosophen Platon und Aristoteles.

Vergil (70–19 v. Chr.) gilt als einer der bedeutendsten römischen Dichter: Sein Hauptwerk, die *Äneis*, stieg unmittelbar nach ihrer Veröffentlichung in den Rang des Nationalepos auf und wurde im gesamten Imperium zur verpflichtenden Schullektüre. Denn Vergil hatte das Kunststück fertiggebracht, die Anfänge Roms und Roms Aufstieg zur Weltmacht als göttlich gewollte Entwicklung darzustellen, die in der mythischen Vorzeit des Trojanischen Krieges beginnend in augusteischer Gegenwart ihre Vollendung fand. In genialer Weise spannt Vergil den Bogen vom mythischen Gründervater Roms Äneas bis zur historischen Gestalt des Augustus, der seiner Zeit als Neubegründer römischer Herrlichkeit galt.

Horaz (65–8 v. Chr.) kennen Sie bisher als Verfasser geistreicher Satiren. Nun lernen Sie sein lyrisches Werk, die Oden, kennen. In diesen sprachlich und stilistisch ausgefeilten Gedichten behandelt Horaz Themen aus allen Lebensbereichen: Liebe, Freundschaft, Schönheit der Natur sowie Fragen der richtigen Lebensgestaltung. In seiner späten Lyrik lobt er die Lebensleistung des Augustus und die Segnungen der *Pax Augusta*.

Livius (59 v. Chr.–17 n. Chr.) war wie Cicero glühender Anhänger der alten Republik. Auch wenn mit Augustus nun ein Alleinherrscher regierte, war Livius doch beeindruckt davon, wie dem Kaiser das Paradox gelang, den Staat durch Rückgriff auf die Vergangenheit zu erneuern. In seinem Geschichtswerk stellt Livius die Geschichte Roms von den mythischen Anfängen unter Romulus bis in seine Gegenwart dar. Dabei wird die frühe römische Republik mit ihren Helden, Taten und Werten in den wärmsten Farben gemalt – nicht als Gegenentwurf, sondern als Vorbild für die augusteische Gegenwart: In diesem idealisierten Sittengemälde verkörpern große Persönlichkeiten römische Wertvorstellungen und sollen den Zeitgenossen als beispielgebende Rollenvorbilder erscheinen. Weit über seine Zeit hinaus galt und gilt Livius als Meister dramatischer Darstellung, als Muster packender Erzählkunst.

Ovid (43 v. Chr.–um 17 n. Chr.) hatte aufgrund seiner späten Geburt das Glück, die Härten des Bürgerkrieges nicht in dem Maße miterleben zu müssen wie Vergil und Horaz. Während diese beiden in Augustus v.a. den Friedensbringer ehrten, ging Ovid in seiner Dichtung kritischer mit dem Princeps um, was letztlich zu seiner Verbannung führte. Aus dem Exilort Tomi heraus versuchte Ovid mit seinen *Tristia* (Klageliedern) die Rückkehr nach Rom zu erreichen.

Augustus (63 v. Chr. – 14 n. Chr.) war v. a. ein kluger Herrscher und Verwalter des von ihm erweiterten römischen Reiches. Mit seinem Tatenbericht, den er im 76. Lebensjahr kurz vor seinem Tod verfasste, hat er ein wichtiges Werk hinterlassen.

Historische Hinführung

Das Jahrhundert der Bürgerkriege und der Untergang der Republik

Mit dem Sieg über seinen Rivalen Karthago im Jahre 146 v. Chr. war Rom zur Weltmacht aufgestiegen. Im Inneren aber verstrickte es sich in eine Abfolge von Machtkämpfen bedeutender Persönlichkeiten, die zu einem Jahrhundert der Bürgerkriege führten (133–31 v. Chr.) – mit schwerwiegenden Folgen: Viele Landstriche Italiens waren infolge ständig durchziehender Privatarmeen verwüstet, der Wohlstand war geschwunden, Recht und Ordnung lagen darnieder, die Bürger waren verunsichert und das Vertrauen in die Gestaltungskraft der Politik war verlorengegangen. Bedeutende Heerführer wie Sulla und Marius oder später Pompejus und Cäsar hatten gegeneinander um die Macht im Staat gerungen. Die republikanischen Organe Senat, Beamtenschaft und Volksversammlung waren der Machtbesessenheit und Skrupellosigkeit dieser Männer nicht gewachsen, die sich auf schlagkräftige und treu ergebene Heere stützen konnten. Cäsar wollte nach dem Sieg über Pompejus in Rom eine Königsherrschaft nach hellenistischem Vorbild etablieren. Diesen Plan vereitelten republikanisch gesinnte Senatoren, die Cäsar an den Iden des März 44 v. Chr. bei einem Attentat zu Tode brachten. Die Hoffnung dieser Verschwörer, nun die alte Republik wiederherstellen zu können, trog allerdings – ihre Partei unter der Führung der Cäsarmörder Cassius und Brutus wurde bei Philippi 42 v. Chr. von Octavian, dem Adoptivsohn Cäsars, und Marc Anton, dessen früherem General, vernichtend geschlagen: Die Republik war Vergangenheit.

Die Schlacht von Actium und die neue Staatsform des Prinzipats

Als Konkurrenten um die Staatsmacht waren Octavian und Marc Anton übrig geblieben, die nach Jahren mühsamen Paktierens und gegenseitigen Misstrauens in der Seeschlacht von Actium 31 v. Chr. zur endgültigen Entscheidung aufeinandertrafen: Marc Anton verlor und beging ein Jahr später zusammen mit seiner Lebensgefährtin, der ägyptischen Königin Kleopatra, Selbstmord. Der siegreiche Octavian, ab 27 v. Chr. Kaiser Augustus, führte nun eine neue Staatsform ein, den sog. Prinzipat. Offiziell war er Erster (*princeps*) unter Gleichen, tatsächlich aber der mächtigste Mann im römischen Staat. Sein Meisterstück war, diese Alleinherrschaft wie die Fortführung der Republik aussehen zu lassen, indem er die überkommenen Institutionen wie Senat und Beamtenschaft bewahrte, ihnen aber die faktische Macht entzog (➜ GW, S. 135).

Octavian auf von Tritonen gezogenem Wagen, Kamee in Anspielung auf den Sieg bei Actium (1. Jh. v. Chr.), Kunsthistorisches Museum, Wien

Dass die Regierungszeit des Augustus als sagenhafte Epoche des Friedens (*pax Augusta*), ja als Goldenes Zeitalter in die Geschichte eingegangen ist, geht auf seine Fähigkeit zurück, die historische Situation richtig einzuschätzen und die entsprechenden Konsequenzen zu ziehen.

Materieller Wiederaufbau des bürgerkriegsgeschädigten Landes

Die Verfügungsgewalt über das reiche Ägypten als kaiserliche Provinz hatte Augustus aller finanziellen Sorgen enthoben. Regelmäßige **Geld- und Getreidespenden** aus seinem Privatvermögen linderten die Not breiter Bevölkerungsschichten und sicherten ihm die Loyalität der *plebs*. Das Problem, dass hunderttausende Soldaten der Bürgerkriegsarmeen unversorgt waren und so zum potentiellen Unruheherd in den Händen eines politischen Aufrührers hätten werden können, löste der Princeps, indem er den Veteranen Ackerland bzw. Geld aus einem Militärfonds anwies und ihnen so eine neue Existenzgrundlage gab. So sorgte er für die Wiedereingliederung der Soldaten in die zivile Ordnung des römischen Staates. Damit erreichte er, was den Senatoren der Republik nicht gelungen war: Die Ausschaltung des Militärs als manipulierbarer Risikofaktor in der Politik. Nicht zuletzt hatte ihm die **Veteranenversorgung** eine weitere dankbare Klientel und Machtbasis geschaffen. Großangelegte **Bauprogramme** in Rom und ganz Italien brachten viele Menschen in Lohn und Brot und verbesserten die Infrastruktur mit neuen Straßen, Aquädukten und repräsentativen Staatsbauten. **Volksvergnügungen** wie Gladiatorenspiele, Tierhetzen und Seeschlachten vervollständigten das Bild des Wohltäters Augustus bei der Masse.

Ideeller Überbau des augusteischen Staates

Augustus reformierte den Staat aber auch von innen heraus. Seine **Sittengesetzgebung** diente dazu, die in der Beamtenschaft der späten Republik weit verbreitete Bestechlichkeit zu beseitigen und eine verlässliche Reichsverwaltung aufzubauen, die eine ordnungsgemäße und gerechte Besteuerung für alle gewährleistete. Zudem sollte der private Luxus beschränkt werden. Die **Ehegesetzgebung** sollte einerseits der sexuellen Freizügigkeit der Oberschicht entgegenwirken, andererseits für größeren Nachwuchs sorgen. So wurden das Vererbungsrecht für Unverheiratete eingeschränkt und Karrierevorteile für kinderreiche Beamte gewährt. Mit einer großangelegten **religiösen Erneuerung** durch den Wiederaufbau verfallener Tempel und die Wiederbelebung alter Priesterschaften versuchte Augustus, altrömische Frömmigkeit und tradierte Werte neu aufleben zu lassen. Seine Kunst war es, die neue Staatsform im Gewand des gewohnten Alten (*mos maiorum*) auftreten zu lassen und ihr so die nötige Akzeptanz zu sichern. Dazu trug auch die **Propagierung der Idee eines Goldenen Zeitalters** bei: Unter Gott Saturn soll es in mythischer Frühzeit eine Art Paradies des Friedens und einfachen, bescheidenen und frommen Lebens auf dem Lande gegeben haben, aus dem die Menschen in ein Eisernes Zeitalter der Habgier und des Krieges vertrieben worden waren. Leicht erkannten die Zeitgenossen nach dem verheerenden Bürgerkriegsjahrhundert die Parallele. Und so griffen sie dankbar die Idee einer unter Augustus wiedergeborenen *aurea aetas* auf, an deren Gestaltung sie tatkräftig mitwirken wollten. Flankiert wurde dies durch eine kluge **Kulturförderung**, die Augustus seinem Vertrauten Mäcenas in die Hände legte: Dieser Mann entdeckte und förderte dichterische Talente wie Vergil und Horaz und konnte sie in einer Mischung aus Liebenswürdigkeit und Großzügigkeit dafür gewinnen, augusteische Wertvorstellungen und Ideale in ihren literarischen Werken aufzugreifen (➜ GW, S. 135).

Grundlegende Arbeitstechniken im letzten Schuljahr

Sie befinden sich nun im letzten Jahr Ihrer Schulausbildung, in dem mit der Abgabe und Präsentation Ihrer W-Seminararbeit eine bisher in diesem Umfang für Sie unbekannte Aufgabe auf Sie wartet. Zudem stehen am Ende des Jahres die Abiturprüfungen an, die sich von den bisherigen Klausuren vor allem dadurch unterscheiden, dass in ihnen der Stoff der letzten beiden Jahre und nicht der der letzten Wochen bzw. Monate abgeprüft wird. Um deshalb nicht kurz vor dem Abitur in Panik zu geraten, kommt es noch mehr als bisher darauf an, Ihr Lernen systematisch zu planen. Folgende Tipps können Ihnen dabei helfen.

W-Seminararbeit / Präsentation

Unabhängig davon, in welchem Fach Sie Ihre W-Seminararbeit schreiben, gilt: Fangen Sie frühzeitig damit an, damit Sie den Abgabetermin problemlos einhalten können. Falls Sie die ersten beiden der folgenden Arbeitsschritte nicht bereits in den Ferien erledigt haben, wird es nun zu Beginn des letzten Schuljahres höchste Zeit.

1. *Inventio* (Recherche und Stoffsammlung): Besorgen Sie sich vielfältige Informationen zu Ihrem Thema. Schöpfen Sie aber dabei nicht nur aus einer Quelle. Benutzen Sie sowohl das Internet als auch Fachliteratur. Berufen Sie sich in beiden Fällen aber nicht nur auf eine Internetseite oder ein Buch, sondern sehen Sie mehrere Quellen ein. Vergleichen Sie abschließend die von Ihnen herangezogenen Quellen und wählen Sie jeweils die aus, die Ihnen am besten erscheint. Bieten zwei Quellen gegensätzliche Informationen, müssen Sie nochmals recherchieren, um Klarheit zu gewinnen.

2. *Dispositio* (Stoffgliederung): Ordnen Sie die durch Ihre Recherche gewonnenen Informationen so an, dass Sie diese in ein sinnvolles logisches Verhältnis zueinander bringen. Überlegen Sie zunächst, welcher Aspekt Ihres Themas sich als motivierender Einstieg eignet oder welcher Ihr Thema zum Schluss abrundet bzw. interessante Ausblicke eröffnet. Ordnen Sie danach Ihren Stoff mithilfe einer Mind-Map (→ S. 100f.) und präzisieren Sie abschließend anhand Ihres Ergebnisses nochmals das von Ihnen zu bearbeitende Thema.

3. *Elocutio* (Ausformulierung): Achten Sie bei der Abfassung Ihrer Arbeit auf Sprachrichtigkeit und eine dem Sachthema angemessene Sprache. Formulieren Sie kurz, aber so, dass jederzeit deutlich wird, was Sie meinen. Machen Sie einen Absatz, wenn ein neuer Gesichtspunkt behandelt wird, und stellen Sie wichtige Gesichtspunkte ausführlich, Nebenaspekte hingegen knapp dar.

Um Ihre Fähigkeit zum wissenschaftlichen Arbeiten nachzuweisen, müssen Sie in Ihrer Arbeit zitieren. Hüten Sie sich davor, geistiges Eigentum anderer ohne Kenntlichmachung der Quelle zu verwenden: Für Prüfer ist es ein Leichtes, Plagiate nachzuweisen. Halten Sie sich also konsequent an die Regeln der Zitation, die Ihnen Ihr Seminarleiter mitgeteilt hat. Vergessen Sie nicht die Erklärung am Ende der Arbeit, mit der Sie bestätigen, dass Sie die Arbeit selbst angefertigt haben.

4. *Memoria* (Einprägung): Prägen Sie sich die wesentlichen Aspekte Ihrer Arbeit ein. Das wird Ihnen, wenn Sie die Arbeit selbst angefertigt haben, keine Probleme bereiten. Erstellen Sie danach eine PowerPoint-Präsentation, die die wesentlichen Aussagen in kurzen Sätzen, Schlagwörtern oder hilfreichen Grafiken zusammenfasst. Diese Präsentation dient zugleich als Handout für Ihre Mitschüler.

5. *Actio* (Vortrag): Tragen Sie die wesentlichen Aspekte Ihrer Arbeit frei vor. Benutzen Sie dabei als Gedankenstütze die von Ihnen entworfene Präsentation.

Abiturvorbereitung

Im Verlauf Ihres letzten Schuljahres müssen Sie sich verbindlich für Ihre Abiturfächer entscheiden. Im Fach Latein können Sie die Abiturprüfung entweder schriftlich oder mündlich ablegen. Falls Sie sich bereits für das Fach Latein als Abiturfach entschieden haben oder noch mit dieser Möglichkeit spielen, sollten Sie, egal ob Sie die Abiturprüfung schriftlich oder mündlich ablegen wollen, Folgendes beachten:

1. Arbeiten Sie von Beginn des Schuljahres an weiter am **Wortschatz**, indem Sie alten Wortschatz sukzessive wiederholen, sich die neuen Kapitelwortschätze zuverlässig einprägen und bei der Arbeit mit den Texten unbekannte Wörter beständig notieren.

2. Wiederholen Sie die Formenlehre zu Substantiv und Verb und vertiefen Sie die vor jedem Text aufgeführten **Grammatikphänomene** mithilfe einer Grammatik.

3. Beteiligen Sie sich im Unterricht aktiv am **Übersetzungsprozess** und wiederholen Sie die dort erarbeiteten Textpassagen zu Hause.

4. Fertigen Sie schriftliche Hausaufgaben unter Zuhilfenahme Ihres **Wörterbuches** gewissenhaft an, da Sie in der Regel nur so den Umgang mit dem Wörterbuch verinnerlichen.

5. Festigen Sie die **Interpretation** von Texten durch selbstständige Bearbeitung der dafür im Lesebuch vorgesehenen Aufgaben.

6. Vertiefen Sie Ihr **Sachwissen** durch nochmaliges Lesen der verschiedenen im Lesebuch enthaltenen Informationstexte bzw. des Grundwissens.

Wenn Sie so kontinuierlich und konsequent den Unterricht vor- und nachbereiten, bereiten Sie sich nicht nur nachhaltig auf die **Klausur**, sondern zugleich auch auf die **Abiturprüfung** vor. Die von Ihnen dort jeweils nachzuweisende Übersetzungsfähigkeit können Sie nämlich nicht kurzfristig erwerben, sondern nur über einen längeren Zeitraum hin aufbauen und sichern. Deshalb beginnt die allgemeine Abiturvorbereitung im Fach Latein für Sie nicht erst im Halbjahr 12/2, sondern bereits jetzt. Alle Planungen, die die spezielle Vorbereitung auf die Abiturprüfung betreffen, können zunächst auf einen späteren Zeitpunkt verschoben werden (➜ S. 72f.; 100f.).

August	
September	
Oktober	12/1 allgemeine
November	Abiturvorbereitung
Dezember	(➜ 1.–6.)
Januar	
Februar	
März	12/2 spezielle
April	Abiturvorbereitung
Mai	(➜ S. 72f.; S. 100f.)

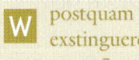

In der Ich-Form berichtet der 76-jährige Kaiser von dem Tag, an dem er zu Augustus wurde (*Res gest.* 34).

W postquam	auctōritās	**G** Abl. mensurae
exstinguere	cēterī	Gen. partitivus
potestās	magistrātus	verschränkter Relativsatz

In consulatu sexto et septimo, postquam bella civilia exstinxeram, per consensum universorum potitus rerum omnium, rem publicam ex mea potestate in senatus populique Romani arbitrium transtuli.

5 Quo pro merito meo senatus consulto „Augustus" appellatus sum et laureis postes aedium mearum vestiti publice coronaque civica super ianuam meam fixa est et clupeus aureus in curia Iulia positus, quem mihi senatum populumque Romanum dare virtutis clementiaeque et iustitiae et pietatis

10 causa testatum est per eius clupei inscriptionem. Post id tempus auctoritate omnibus praestiti, potestatis autem nihilo amplius habui quam ceteri, qui mihi quoque in magistratu collegae fuerunt.

in cōnsulātū ... septimō: d. h. 28 und 27 v. Chr. – **rēs omnēs:** *hier* allumfassende Macht
arbitrium (← arbitrārī): Entscheidungsgewalt

cōnsultum: Beschluss
laurea: Lorbeerzweig – **vestīre** (PPP: vestītum): *hier* schmücken
iānua: Tür
cūria Iūlia: von Cäsar erbautes Senatsgebäude – **clēmentia:** Milde

testātum est (+ AcI): es ist bezeugt, dass

amplius Adv.: mehr

1. Arbeiten Sie aus dem ersten Satz heraus, welches Bild Augustus von sich zeichnet und in welcher Absicht dies geschieht.
2. Recherchieren Sie zur *corona civica*, dem Symbolgehalt des Lorbeers sowie den vier Wertbegriffen auf dem Ehrenschild und präsentieren Sie Ihre Ergebnisse unter Einbeziehung der Abbildungen.
3. Belegen Sie am Text, wo das Selbstverständnis des Princeps als *primus inter pares* besonders deutlich wird.
4. Erschließen Sie mithilfe eines Wörterbuches den Unterschied zwischen *potestas* und *auctoritas*. Diskutieren Sie, welches Konzept für Sie die überzeugendere Legitimation von Herrschaft darstellt.

Denar (27 v. Chr.): zwei Lorbeerbäumchen mit der Umschrift CAESAR AVGVSTVS

i **Die Inszenierung der *res publica restituta***

Obwohl Octavian die absolute Macht im Staate hatte, gab er sie formell am 13. Januar 27 v. Chr. dem Senat und dem römischen Volk zurück; diese offizielle Zurückweisung diktatorischer Befugnisse hatte den Zweck, nicht wie Cäsar Hass auf sich zu ziehen. Augustus zog es vor, sich als *privatus* mit Sondervollmachten darzustellen. Wie hinter den Kulissen vereinbart, verlieh ihm der Senat im Gegenzug das Oberkommando über die Provinzen Spanien, Gallien, Syrien und Ägypten. Damit waren die erstgenannten drei Provinzen, die einst die Triumvirn Pompejus, Cäsar und Crassus innegehabt hatten, im Besitz eines einzigen Mannes. Die Senatoren wussten, dass Octavian sich auf die Loyalität der Legionen und Veteranen, auf eine riesige Klientel und gewaltige finanzielle Mittel stützen konnte. In derselben Senatssitzung, die von langer Hand geplant war, wurde Octavian zu Augustus – ein mit Bedacht gewählter Ehrentitel, der eine Fülle positiver Konnotationen in sich trägt: Augustus bedeutet zunächst „der Erhabene", aber auch „Reichsmehrer" (*augere*), und bezeichnet überhaupt denjenigen, der *auctoritas* besitzt. Nicht zuletzt spielt der

Name auch auf das *augustum augurium* an, die Vogelschau, mit der Romulus die Herrschaft über Rom vorhergesagt worden war. Damit war der Princeps auch in seiner Rolle als religiöser Anführer erfasst. Zudem wurden ihm als symbolische Ehrungen zwei Lorbeerbäume und die Bürgerkrone aus Eichenlaub als Dauerschmuck für die Tür seines Hauses auf dem Palatin zuteil. Ein goldener Ehrenschild wurde im Senatssaal aufgehängt und in Marmorkopien in die bedeutenden Städte des Reiches gesandt.

i Der Tatenbericht des Augustus: *Res gestae*

In seinem letzten Lebensjahr (14 n. Chr.) verfasste der greise Augustus einen Tatenbericht seines Lebens, die *Res gestae divi Augusti*, die eher als Interpretation denn objektive Beschreibung der historischen Ereignisse gelesen werden müssen. Er verfügte in seinem Testament, dass dieser Bericht auf Bronzetafeln gesetzt wurde, die vor dem Mausoleum, seiner Begräbnisstätte in Rom, standen.

Für die östliche Reichshälfte ließ er die Inschrift zusammen mit einer griechischen Übersetzung u.a. auf dem Tempel der Roma im heutigen Ankara (Türkei) einmeißeln. Dieses nach seinem Fundort benannte *Monumentum Ancyranum* bezeichnete der deutsche Gelehrte und Nobelpreisträger Theodor Mommsen (1817–1903) als „Königin der antiken Inschriften".

M *Pietas* als wichtiger Leitbegriff des augusteischen Zeitalters

Unter *pietas* verstanden die Römer dreierlei: Frömmigkeit gegenüber den Göttern (*pietas erga deos*), Pflichtbewusstsein den Eltern gegenüber (*pietas erga parentes*) und Loyalität zum Vaterland (*pietas erga patriam*). Augustus verkörperte alle drei Aspekte der *pietas*: Durch den Wiederaufbau vieler Tempel in Rom, die Rache an den Mördern seines Adoptivvaters Cäsar und seine Überzeugung, ein *bellum pium et iustum* (*Res gest.* 26,3) gegen die Landesfeinde Marc Anton und Kleopatra zu führen.

Marmorkopie des goldenen Ehrenschildes für Augustus (1. Jh. v. Chr.), Musée Lapidaire, Arles

Früher Ruhm

Der Dichter Vergil (70–19 v. Chr.) hat sich mit zwei Werken, den Hirtengedichten (*Bucolica*) und einem Lehrgedicht über die Landwirtschaft (*Georgica*), bereits den Ruf eines bedeutenden Dichters erworben, als er sich an die anspruchsvollste und umfangreichste literarische Gattung der Antike wagt: das Epos – ein in Hexametern verfasstes Langgedicht.

Das Hauptwerk

Vergils Epos *Äneis* ist nach dem Trojaner Äneas benannt. Eigentlich eine Nebenfigur aus dem Mythenkreis um den Trojanischen Krieg, macht Vergil ihn zur Hauptfigur seines Werks und verankert Äneas als legendären Gründervater Roms für immer im Bewusstsein der Römer. Vergils Freund und Gönner Mäcenas will eigentlich, dass der Dichter eine Art „Augusteis", ein Epos zur Verherrlichung der Taten des Kaisers, verfasst. Vergil indes findet einen anderen, genialen Weg: Seine Erzählung bleibt in der mythischen Vergangenheit, schafft aber durch Zukunftsvorhersagen Durchsichten auf die augusteische Gegenwart. Zudem lädt er Figuren des Mythos mit Zügen historischer Gestalten auf – so verweist etwa der *pius Aeneas* auf den Princeps. Vielleicht spielen die Anfangsbuchstaben AVC des berühmten Anfangsverses der *Äneis Arma virumque cano* auf die Initialen des AVGVSTVS an: Diese leise und subtile Form der Würdigung wäre typisch für Vergil.

Künstlerische Leistung

Ein Epos zu Vergils Zeiten zu schreiben, ist schon deshalb ein großes Wagnis, weil der damals vorherrschende Literaturgeschmack kleine Dichtungsgattungen bevorzugt und die Großformen Epos und Tragödie als unmodern und überholt ansieht. Zudem tritt Vergil durch den Plan, ein Epos zu schreiben, mit Vorbildern in Wettstreit,

die als unübertreffliche Muster epischer Kunst gelten – v. a. mit dem Griechen Homer, der in der *Ilias* den Krieg um Troja besungen und in der *Odyssee* die Irrfahrten des Odysseus von Troja in seine Heimat zurück geschildert hat. Und es gibt den römischen Dichter Ennius, der im 2. Jh. v. Chr. ein lange Zeit als römisches Nationalepos geltendes Werk über die Geschichte Roms geschrieben hat. Vergil gelingt es mit der *Äneis*, Ennius als Nationalepiker abzulösen und künftig in einem Atemzug mit Homer genannt zu werden – dank der genialen Konzeption seines Werkes.

Genialität der Konzeption

Vergil nimmt sich v. a. Homer zum Vorbild. Seine eigenständige Leistung ist, beide homerischen Epen auf originelle Weise in seinem Werk einzubauen und für die eigene Erzählung fruchtbar zu machen: Die erste Hälfte der *Äneis* (Bücher 1–6) schildert vergleichbar der *Odyssee* die Irrfahrten des Äneas nach der Eroberung seiner Heimatstadt Troja. Die zweite Hälfte (7–12) handelt von den kriegerischen Auseinandersetzungen der Äneaden mit den Ureinwohnern um die neue Heimat Italien – in Analogie zu den in Homers *Ilias* geschilderten Kampfhandlungen vor Troja. Ein weiterer, über Ennius hinausgehender Geniestreich Vergils ist es, ein episches Erzählgeflecht zu erschaffen, das auf raffinierte Weise mythische und historische Ereignisse und Gestalten zueinander in Beziehung setzt.

Die Rettung eines Jahrtausendwerks

Zehn Jahre hat Vergil (zwischen 29 und 19 v. Chr.) an diesem Epos gearbeitet, weitere drei Jahre will er sich für eine Überarbeitung nehmen, als er auf einer Reise verstirbt – in seinem Testament hat er verfügt, dass die in seinen Augen unvollendete *Äneis* verbrannt werden sollte. Zum Glück jedoch setzen sich seine Freunde über diesen Wunsch hinweg: Die *Äneis* gilt den Zeitgenossen als literarische Sensation, steigt sofort in den Rang des römischen Nationalepos auf und soll für eineinhalb Jahrtausende zum unübertroffenen Muster epischer Dichtung überhaupt werden.

Die Nachwirkung der *Äneis*

Die *Äneis* wird Nationalepos und Schullektüre im ganzen Reich: Vielerorts aufgefundene Graffiti mit den Anfangsversen der *Äneis* zeugen von deren gewaltigem Bekanntheits- und Verbreitungsgrad. Vergils erzählerischer Erfindungsreichtum hat weit über die Antike hinaus die gesamte europäische Kultur mitgeprägt – vom mittelalterlichen Ritterroman über Dantes *Divina commedia* und zahlreiche *Äneis*-Opern bis hin zum Roman der Moderne.

M **Inhaltsangabe der zwölf *Äneis*-Bücher**

Buch 1 Iunos Zorn und ein Sturm verschlagen Aeneas nach Libyen.

Buch 2 Königin Dido erzählt er den Untergang Troias, der Heimat;

Buch 3 dann die Irrfahrten, bis auf Sizilien Anchises gestorben.

Buch 4 Didos Liebe und Tod erheben das vierte Buch zur Tragödie;

Buch 5 Leichenspiele, Anchises zu Ehren, erfüllen das fünfte.

Buch 6 Tief in der Unterwelt schaut Aeneas die römische Zukunft.

Buch 7 Endlich am Ziel die Troianer, doch Latium rüstet zum Kriege.

Buch 8 Rom und Euander, Etrusker, ein Schild bestärken Aeneas.

Buch 9 Nisus, Euryalus fallen, und Turnus dringt ein in das Lager.

Buch 10 Zwist im Götterrat, Pallas und Lausus, Mezentius fallen.

Buch 11 Zwist auch im Rat der Latiner; im elften Buch fällt Camilla.

Buch 12 Nach dem Vertrag mit Latinus besiegt Aeneas den Turnus.

(W. Suerbaum, Vergils Aeneis, Stuttgart 1999, S. 84f.)

---

1. Recherchieren Sie zu Leben und zu Werken Vergils und präsentieren Sie Ihre Ergebnisse.
2. Erläutern Sie die Problematik, aber auch den Nutzen der Kurzzusammenfassung in **M**.
3. Stellen Sie ausgehend von **M** einen Reader mit einem detaillierteren Gesamtüberblick über die Inhalte der zwölf Bücher der *Äneis* zusammen.
4. Untersuchen Sie die gewaltige Nachwirkung der *Äneis* in der Literatur, der Musik und der Kunst.
5. Erschließen Sie die Funktion der abgebildeten Musen und analysieren Sie die Bildaussage (→ S. 42).

Vergil zwischen den Musen Kalliope und Melpomene, römisches Mosaik (3. Jh. n. Chr.) aus Hadrumentum, Tunesien

Dies sind die vielzitierten Anfangsverse von Vergils *Äneis* (*Aen.* 1,1–11).

W	ōra fātum lītus	patī nūmen cāsus	G	PC Ellipse

1 Arma virumque cano, Troiae qui primus ab oris
    Italiam, fato profugus, Laviniaque venit
    litora, multum ille et terris iactatus et alto
    vi superum saevae memorem Iunonis ob iram,
5 multa quoque et bello passus, dum conderet urbem,
    inferretque deos Latio, genus unde Latinum
    Albanique patres atque altae moenia Romae.
    Musa, mihi causas memora, quo numine laeso,
    quidve dolens regina deum tot volvere casus
10 insignem pietate virum, tot adire labores
    impulerit. Tantaene animis caelestibus irae?

arma virumque ..., quī: die Waffentaten und den Helden ..., der – **profugus:** Flüchtling – **Lāvīnius** (Adj.): EV – **ille** ~ Aenēās: EV – *K.* et terrīs ... et altō: terrā marīque – **Iūnō:** EV

quoque et: dazu noch – **urbem** ~ Lāvīnium: EV – **Latium, Latīnus:** EV unde (est) – **Albānī ... patrēs:** die Stammväter aus Alba (Longa) (EV) **altus:** *hier* erhaben
K. ... memora, quod nūmen laesum sit, cur regina deum dolens ... virum ... impulerit tot cāsūs volvere, tot labores adīre – **quid-ve**

 Erstellen Sie eine grafische Analyse des die Verse 1–7 umspannenden Satzes (→ S. 20f.).

2. Erklären Sie ausgehend von **M 1** die Tatsache, dass Troja zu Beginn und Rom am Ende dieses Satzes genannt wird.

3. Weisen Sie nach, dass sich die zweigeteilte Werkstruktur der *Äneis* bereits im Proömium spiegelt.

4. Nennen Sie die Ursache für die Leiden des Äneas. Beziehen Sie auch die Information aus **i** (Typisch Epos I) mit ein.

5. Äneas wird schon zu Beginn des Epos als *vir pietate insignis* eingeführt. Arbeiten Sie anhand von **M 2** und der Abbildung heraus, auf welche Aspekte seiner *pietas* in den Anfangsversen verwiesen wird.

6. Überprüfen Sie ausgehend von **i** (Proömium) die Merkmale eines Proömiums in den Versen 1–11.

---

i Proömium

Das Proömium ist in der Antike die einleitende Passage zu einem dichterischen Werk. In ihm wird dem Leser das Thema des Werks genannt und eine knappe Inhaltsangabe geboten. Häufig werden Götter oder Musen mit der Bitte um Inspiration für das Gelingen des Werkes angerufen (*invocatio Musarum*).

M 1 Die Linie Lavinium – Alba Longa – Rom

Wenn es im Proömium heißt, Äneas sei an die Küste Laviniums gekommen, ist das eigentlich ein Anachronismus, d. h. ein zeitlicher Widerspruch: Erst nach den Kämpfen gegen die Ureinwohner Italiens wird er mit der Königstochter Lavinia die Stadt Lavinium gründen und ein Mischvolk aus Trojanern und Italikern entstehen (*genus Latinum*). Sein Sohn Askanius wird dann über Alba Longa (*Albani patres*) herrschen, bevor Jahrhunderte später Romulus Rom gründen wird. Diesen Gang der Geschichte deutet Vergil bereits im Proömium an.

M 2 *Pius Aeneas*

Die *pietas* des Äneas ist in erster Linie mit seiner Mission verbunden, besteht in seinem sozialen Handeln, dessen Ziel es ist, eine neue Stadt zu gründen und damit den Göttern, wie aufgetragen und wie verheißen, eine neue Heimstätte zu schaffen. Um dieser Aufgabe gerecht werden zu können, verzichtet er nicht nur auf jene private Selbstverwirklichung, die in der Verbindung mit der geliebten Dido bestehen könnte, sondern letztlich sogar auf das, was ihm das Liebste überhaupt ist: Troja. [...] Aber diese Qualität und Identität, ein Trojaner zu sein, wird Äneas in Latium letzten Endes aufgeben müssen, damit ein neues Volk entstehen kann: Rom. Unter all den Opfern, die dem Äneas durch sein Verantwortungsbewusstsein abverlangt werden, ist dies vielleicht das größte.
(W. Suerbaum: Vergils Aeneis, Stuttgart 1999, S. 209)

i Typisch Epos I: Der Götterapparat

Seit Homer ist für das Epos eine doppelte Handlungsebene charakteristisch: Nicht nur Menschen, auch Götter agieren und greifen ins Geschehen ein. Bei Vergil wird das gleich im Proömium deutlich: Juno, die vom Trojanerprinzen Paris beim Schönheitswettbewerb gegenüber Venus zurückgesetzt worden war, hasst seitdem alles Trojanische und sorgt dafür, dass Äneas und seine Gefährten auf dem Meer umhergetrieben werden. Juno ergreift Partei gegen die Trojaner, während Venus, die göttliche Mutter des Äneas, und Apollo auf der Seite der Äneaden stehen. Jupiter weiß dagegen als Sachwalter der *fata* (Schicksalsfügungen) um deren Unabänderlichkeit und kennt die vorherbestimmte Rolle der Trojaner als künftige Herren der Welt.

Lionello Spada (1576–1622):
Pius Aeneas rettet seinen Vater, seinen Sohn und die Hausgötter (Penaten) aus dem brennenden Troja, Louvre, Paris

15

Hexameter metrisch analysieren und vortragen

1. Versbau und Versarten

In der lateinischen Dichtung unterscheidet man nicht betonte und unbetonte, sondern lange (–) und kurze (∪) Silben. Aus deren Abfolge ergeben sich die verschiedenen Versfüße. In der *Äneis* werden der Daktylus (– ∪∪) und der Spondeus (– –) gebraucht; aus der Kombination beider Versfüße entsteht als Versmaß der Hexameter. Im Hexameter werden sechs Daktylen aneinandergereiht, wobei die ersten vier davon auch durch einen Spondeus ersetzt werden können. Da der sechste Versfuß mit einer langen oder einer kurzen Silbe enden kann, ist die Schlusssilbe im Schema mit x (Anceps-Silbe) markiert.

$$–\overline{\smile\smile}\ |\ –\overline{\smile\smile}\ |\ –\overline{\smile\smile}\ |\ –\overline{\smile\smile}\ |\ –\smile\smile\ |\ –\ x$$
$$\ \ 1\qquad\ 2\qquad\ 3\qquad\ 4\qquad\ 5\qquad\ 6$$

Die Kunst beim Bau von Versen (→ GW: Metrik, S. 143) liegt darin, die aus verschiedener Abfolge von langen und kurzen Silben bestehenden Wörter mit Rücksicht auf ihre natürliche Wortbetonung so ins Versmaß einzufügen, dass der Text verständlich bleibt. Da das nicht immer leicht ist, gestatten sich Dichter in Formenlehre (Morphologie) und Satzlehre (Syntax) Freiheiten (Lizenzen) – dazu eine Übersicht:

a) Formenlehre (Morphologie)

- Ausfall von *-vi-* oder *-ve-* beim v-Perfekt — *nōris* statt *nōveris*
- *-ēre* statt *-ērunt* in der 3. Pers. Pl. Ind. Perf. Akt. — *petī(v)ēre* statt *petīvērunt*
- Ersatz der Formen von *esse* durch die Formen von *fore* — *foret* statt *esset*
- Zusammenziehung von Nomina und Adverbien (Synkope) — *nīl* statt *nihil*
- Verkürzung von Nomina und Adverbien (Apokope) — *dein* statt *deinde*
- Dichterischer Plural: Substantive erscheinen nicht wie vom Sinn gefordert im Singular, sondern im Plural — *pectora* statt *pectus*; *ōra* statt *ōs*

b) Satzlehre (Syntax)

- Verschiebung von Subjunktionen und Relativpronomina in den Nebensatz hinein

refugit / in nemus umbriferum, coniunx ubi pristinus illi / respondet → *refugit / in nemus umbriferum, ubi coniunx …*

Hic vir, hic est, tibi quem promitti saepius audis → *Hic vir, hic est, quem tibi …*

- Hinzufügung der Konjunktion *-que* — *namque* statt *nam*
- Gebrauch des *Verbum simplex* anstelle des Kompositums — *clamare* statt *ex-clamare*; *scribere* statt *con-scribere*; *ponere* statt *de-ponere*

2. Zäsuren

Der Dichter markiert Sinneinschnitte (Zäsuren), indem er Wörter oder Sätze bevorzugt nach dem fünften halben Metrum (Penthemimeres < von griechisch *pente*: fünf) enden lässt. Er kann Sinneinschnitte aber auch nach dem dritten halben Metrum (Trithemimeres < von griechisch *treis*: drei) oder nach dem siebten halben Metrum (Hephthemimeres < von griechisch *hepta*: sieben) setzen.

3. Metrische Analyse

1. Schritt: **Verschleifungen erkennen**	Lesen Sie den Vers. Achten Sie dabei vor allem auf das Ende und den Anfang der Wörter, da unter den folgenden Bedingungen zwei Silben zu einer verschliffen und folglich als eine einzige Silbe im Hexameter gemessen werden. Dieses Unterdrücken des Auslautes nennt man Elision. Stößt ein Vokal am Wortende auf einen Vokal am Wortanfang, fällt der Schlussvokal weg: *si me amas* → *si mamas;* stößt ein Vokal + m am Wortende auf einen Vokal am Wortanfang, fallen der Vokal und das m weg: *inquam et* → *inquet.* Sonderfall bei *est / es* (als zweitem Wort): e fällt weg: *agenda est* → *agendast.* Dieses Unterdrücken des Anlautes nennt man Aphärese. Grenzen Sie nun unter Berücksichtigung der Verschleifungen die Silben durch senkrechte Trennstriche voneinander ab.
2. Schritt: **Anfang und Ende**	Die erste Silbe im ersten Versfuß eines Hexameters wird immer lang gemessen. Die einzelnen fünf Silben der letzten beiden Versfüße eines Hexameters werden in der Regel immer gleich gemessen (siehe Schema).
3. Schritt: **Naturlängen eintragen**	Alle Diphthonge (ae, au, eu, oe) sind metrisch lang. Wird ein mindestens dreisilbiges Wort auf der vorletzten Silbe betont, ist diese (natur)lang: z. B. *garrīre*, *habēre*, *laudāre*, *inīquus*. Die Negationspartikel *nōn* wird aufgrund des von Natur aus langen o immer lang gemessen. Tragen Sie nun alle so erkennbaren Naturlängen in die metrische Analyse ein.
4. Schritt: **Kurze Vokale eintragen**	Bei Doppelvokalen, die keine Diphthonge sind, ist der erste von beiden stets kurz: z. B. *meus, omnia*. Achtung: Dies gilt nicht für den Vokal vor der Vokativ-Endung *-i*: z. B. *Gāi*. Tragen Sie nun alle so erkennbaren Kürzen in die metrische Analyse ein.
5. Schritt: **Positionslängen**	Durch Festsetzung gilt, dass jede Silbe, bei der auf einen Vokal – unabhängig von Wortgrenzen – mindestens zwei Konsonanten folgen, lang gemessen wird. Die folgenden Besonderheiten sind zu beachten: x und z zählen als zwei Konsonanten; qu ~ q (1 Konsonant); h ist „Luft", wird also nicht als Konsonant gezählt; y wird als Vokal betrachtet; ia, ie, io, iu am Silbenanfang ~ „ja", „je", „jo", „ju", also wie Konsonant „j"; bei *cui* und *huic* gilt „ui" als lang, bei *cuius* und *huius* gilt das erste „u" als lang. Achtung: Eine Konsonantenverbindung aus *muta cum liquida*, also aus einem Verschlusslaut (b, d, g, p, t, c) und r oder l, bewirkt nicht automatisch eine Positionslänge (z. B. *patris; utraque*), sodass man jeweils ausprobieren muss, was passt. Tragen Sie nun alle Positionslängen in die metrische Analyse ein.
6. Schritt: **Fertigstellung**	Ergänzen Sie zum Schluss die fehlenden Silben. Gehen Sie dabei von hinten nach vorne vor und orientieren Sie sich an den „Taktstrichen" des Hexameterschemas. Diese zeigen Ihnen, was im jeweiligen Versfuß noch fehlt. Gegebenenfalls können Sie auch im Wörterbuch nachschlagen, das alle Naturlängen verzeichnet.

4. Vortrag

Die metrische Analyse zeigt Ihnen, welche Silben Sie beim Vortrag lang, welche kurz lesen müssen. Zudem zeigt sie Ihnen, wo inhaltlich-syntaktische Einschnitte (→ 2. Zäsuren) liegen, sodass Sie hier beim Vortrag kurze Pausen setzen sollten.

Nach dem Proömium schildert Vergil, wie Äneas und die Seinen in einen Seesturm geraten, den Juno durch den Windgott Äolus hat entfesseln lassen. Der Meeresgott Neptun bändigt das Wüten der Winde und Wogen – im Götterhimmel stellt Venus, besorgt um ihren Sohn Äneas, Jupiter zur Rede (*Aen.* 1,229–283).

regere	arx
orbis	mūnīre
fīnis	placēre

 Abl. absolutus
Relativsätze

2 Adloquitur Venus: „O qui res hominumque deumque
  aeternis regis imperiis et fulmine terres,
  quid meus Aeneas in te committere tantum,
  quid Troes potuere, quibus tot funera passis,
5 cunctus ob Italiam terrarum clauditur orbis?
  Certe hinc Romanos olim, volventibus annis,
  hinc fore ductores, revocato a sanguine Teucri,
  qui mare, qui terras omni dicione tenerent,
  pollicitus, quae te, genitor, sententia vertit?
10 Hoc equidem occasum Troiae tristisque ruinas
  solabar, fatis contraria fata rependens;
  nunc eadem fortuna viros tot casibus actos
  insequitur. Quem das finem, rex magne, laborum? […]
  Nos, tua progenies, caeli quibus adnuis arcem,
15 navibus (infandum!) amissis unius ob iram
  prodimur atque Italis longe disiungimur oris.
  Hic pietatis honos? Sic nos in sceptra reponis?"
  Olli subridens hominum sator atque deorum
  vultu, quo caelum tempestatesque serenat,
20 oscula libavit natae, dehinc talia fatur:
  „Parce metu, Cytherea: Manent immota tuorum
  fata tibi; cernes urbem et promissa Lavini
  moenia, sublimemque feres ad sidera caeli
  magnanimum Aenean; neque me sententia vertit.
25 Hic tibi (fabor enim, quando haec te cura remordet,
  longius et volvens fatorum arcana movebo)
  bellum ingens geret Italia, populosque feroces
  contundet, moresque viris et moenia ponet,
  tertia dum Latio regnantem viderit aestas,
30 ternaque transierint Rutulis hiberna subactis.
  At puer Ascanius, cui nunc cognomen Iulo
  additur (Ilus erat, dum res stetit Ilia regno)

adloquī: (an)sprechen – **Venus:** EV

aeternus: *hier* ewig gültig

quid ... tantum: *hier* welches Verbrechen – committere (potuīt)
Trōēs (Nom. Pl.): EV – **potuēre** ~ (committere) potuērunt – **fūnus:** *hier* Verlust – **ob Ītaliam:** wegen Italien
K. certē ... pollicitus (es) – **hinc** ~ ā Trōiānīs – **revocāre:** wieder erwecken
Teucrus, -crī: Teukros, ältester König von Troja – **omnī diciōne:** unter unumschränkter Herrschaft – **quae ... sententia** ~ cuius sententia
vertere: *hier* umstimmen – *K.* hōc (prōmissō) ... sōlābar – **occāsus, ūs:** Untergang – **rependere** (+ Akk.): etwas abwägen (+ Abl.: gegen etwas) – **adnuere** (Perf.: adnuī): versprechen – **īnfandum (est):** es ist unerhört – **Italus:** EV
disiungere (+ Abl.): fernhalten von – **honōs:** *hier* Lohn – **in scēptra repōnere:** wieder in die Herrschaft einsetzen – **ollī** ~ illī (d. h. Venus) – **subrīdēre** (+ Dat.): jdm. sanft zulächeln – **sator, ōris:** Vater – **serēnāre:** aufheitern – **ōscula lībāre** (+ Gen.): die Lippen von jdm. küssen
parce metū: hab keine Angst
Cytherēa ~ Venus: EV – **immōtus:** unveränderlich – **Lavinium:** EV

Aenēan: Akk. – **quandō:** *hier* da ja

remordēre: immer wieder plagen

arcāna movēre: Geheimnisse offenbaren
contundere: zerschmettern
dum: bis – *K.* (Aenēan) rēgnantem
ternī, ae, a Pl.: drei – **Latium:** EV
hīberna, ōrum n Pl.: Winter(lager)
Ascanius: EV – **Iūlō** ~ Iūlus: EV
Īlus ~ Iūlus: EV – **rēs ... Īlia:** *hier* das trojanische Reich – **rēgnō stāre:** in (voller) Macht stehen

triginta magnos volvendis mensibus orbis
imperio explebit regnumque ab sede Lavini
35 transferet et longam multa vi muniet Albam.
Hic iam ter centum totos regnabitur annos
gente sub Hectorea, donec regina sacerdos,
Marte gravis, geminam partu dabit Ilia prolem.
Inde lupae fulvo nutricis tegmine laetus
40 Romulus excipiet gentem et Mavortia condet
moenia Romanosque suo de nomine dicet.
His ego nec metas rerum nec tempora pono;
imperium sine fine dedi. Quin aspera Iuno,
quae mare nunc terrasque metu caelumque fatigat,
45 consilia in melius referet mecumque fovebit
Romanos rerum dominos gentemque togatam:
sic placitum. […]"

magnōs ... orbīs: lange Jahreszyklen im Dahinrollen der Monate
hīc: dort – **iam:** dann – **ter centum:** 300 – **gēns Hectorea:** das Volk Hektors (EV), d. h. die Trojaner
dōnec: (so lange) bis – **rēgīna:** hier Königstochter – **Mārs:** EV – **gravis, e:** schwanger – **partū dare:** zur Welt bringen – **Īlia, ae:** Ilierin, d. h. Rhea Silvia: EV – **lupa:** Wölfin – **fulvus:** bräunlich – **nūtrīx, trīcis f:** Amme
tēgmen, inis n: Decke, Fell – **laetus** (+ Abl.): hier froh über – **excipere:** hier übernehmen und weiterführen
Māvortius: Adj. zu Mars – **dē:** nach
rēs: hier räumliche Ausdehnung
tempus: hier zeitliche Begrenzung
quīn: hier ja sogar – **fatīgāre:** in Atem halten – **cōnsilia in melius referre:** sich eines Besseren besinnen

1. Arbeiten Sie den Argumentationsgang der Venusrede heraus.
2. Geben Sie die körpersprachliche Reaktion Jupiters auf die Worte der Venus wieder und erklären Sie diese.
3. Paraphrasieren Sie die Antwortrede Jupiters (→ S. 96f.) und begründen Sie deren Bezeichnung als Prophetie.
4. Erörtern Sie in Gruppen, welche Ideologie die Römer aus Jupiters Spruch *imperium sine fine dedi* (V. 43) ableiten konnten.
5. Recherchieren Sie zur Beziehung zwischen Mars und Rhea Silvia und analysieren Sie das Gemälde (→ S. 42).

Peter Paul Rubens (1577–1640):
Mars und Rhea Silvia, Fürstliche
Sammlungen, Liechtenstein

i Typisch Epos II: Reden

In der *Äneis* machen die Reden von Menschen bzw. Göttern rund ein Drittel des Werkes aus; insgesamt finden sich 333 Reden von knapp hundert Personen. Vergil hat – wie viele Mitglieder der gebildeten Schicht – Rhetorik studiert. Seine große Meisterschaft indes besteht darin, die Technik der Rhetorenschule in natürlich wirkenden Redepassagen aufgehen zu lassen, die die jeweiligen Gefühle bzw. den Charakter der sprechenden Figur plastisch hervortreten lassen. Ihre Lebensnähe lässt den Leser völlig vergessen, dass es sich um ausgedachte, künstliche Reden handelt.

Poetische Texte übersetzen

Poetische Texte unterscheiden sich von Prosatexten im Wortschatzgebrauch, in der Formenlehre und in der Wortstellung im Satz. Bei der Übersetzung poetischer Texte sind diese Besonderheiten zu berücksichtigen.

Wortschatzgebrauch

- dichterischer Plural: Substantive erscheinen nicht wie vom Sinn gefordert im Singular, sondern im Plural
- bildhafte Ausdrucksweise

- metaphorische Ausdrucksweise

pectora statt *pectus; ōra* statt *ōs*

volātile ferrum „geflügeltes Eisen" für einen Pfeil oder Speer

arva Neptunia „Neptuns Felder" für weite Meeresflächen

Formenlehre

- Ausfall von *-vi-* oder *-ve-* beim v-Perfekt
- *-ēre* statt *-ērunt* in der 3. Pers. Pl. Ind. Perf. Akt.
- Ersatz der Formen von *esse* durch die Formen von *fore*
- 2. Pers. Sg. Passiv auf *-re*
- Gen. Pl. der o-Deklination *-ūm* statt *-ōrum*

- Akk. Pl. der 3. Deklination auf *-is*

nōris statt *nōveris*

petī(v)ēre statt *petīvērunt*

foret statt *esset*

ēripiāre statt *ēripiāris*

deūm statt *deōrum*

superūm statt *superōrum*

virīs statt *virēs*

Wortstellung

- das Prädikat steht oft nicht am Satzende
- das Einleitungswort des Nebensatzes steht nicht immer am Anfang des Nebensatzes
- Attribute sind häufig von ihrem Beziehungswort getrennt (Hyperbaton → GW, S. 142)

Das spezifische Vorgehen bei der Übersetzung von Versen wird hier exemplarisch vorgeführt.

Bsp.: Text 2, V. 31f.

At puer Ascanius, cui nunc cognomen Iulo
additur, Ilus erat, dum res stetit Ilia regno.

1. Unterscheiden Sie Haupt- und Nebensätze, indem Sie die Einleitungen der Nebensätze (Subjunktion, Relativ- oder Interrogativpronomen) markieren.

At puer Ascanius, **cui** nunc cognomen Iulo
additur, Ilus erat, **dum** res stetit Ilia regno.

2. Markieren Sie Wörter, die grammatikalisch zusammengehören. In Zweifelsfällen – z. B. wenn die Endung *-a* mehrfach vorkommt – ist die metrische Analyse (→ S. 17) hilfreich.

At puer Ascanius, cui nunc cognomen Iulo
additur, Ilus erat, dum res stetit Ilia regno.

3. Übersetzen Sie den Hauptsatz (z. B. nach der Konstruktionsmethode):
   a) Suchen Sie das Prädikat: In diesem Fall wird es aus dem Prädikatsnomen *Ilus* und *erat* gebildet.

b) Suchen Sie das Subjekt: *Ascanius*, also: Askanius war Ilus.

c) Findet sich ein zweiter Substantiv im Nominativ, handelt es sich um ein Prädikativum. *Ascanius* ist durch das Prädikativum *puer* erweitert > Askanius war als Junge Ilus.

d) Ergänzen Sie die Konjunktion(en): *at* > Aber Askanius war als Junge Ilus.

4. Übersetzen Sie den Nebensatz bzw. die Nebensätze nach demselben Schema wie den Hauptsatz. Bei zweideutigen Nebensatzeinleitungen – wie z. B. *quod* – wird erst durch das Abfragen klar, ob es sich um das Relativpronomen im Nominativ oder Akkusativ oder um die kausale Subjunktion handelt:

a) Suchen Sie das Prädikat: *additur* > er (sie, es) wird hinzugefügt / *stetit* > er (sie, es) stand

b) Suchen Sie das Subjekt: *cognomen* > der Beiname wird hinzugefügt / *res* > die Sache stand

c) Fragen Sie vom Prädikat ausgehend nach weiteren möglichen Ergänzungen (Wem? > Dativobjekt / Wodurch? Womit? Wie? > Adverbiale): *cui* > dem der Beiname hinzugefügt wird / *regno* > die Sache stand durch die / mit der Königsherrschaft

d) Überprüfen Sie, ob Substantive durch ein Adjektiv, Partizip oder ein attributives Gerundiv erweitert sind: *cui* ist durch den Namen *Iulus*, der an den Fall des Relativpronomens angeglichen wird (*Iulo*) erweitert > dem der Beiname Julus hinzugefügt wird / *res* ist durch das Adjektiv *Ilia* erweitert > die trojanische Sache stand durch die / mit der Königsherrschaft

e) Ergänzen Sie die Subjunktion und korrigieren Sie, falls nötig, den Satzbau: *dum* > während die trojanische Sache durch die / mit der Königsherrschaft stand

f) Überprüfen Sie, ob noch ein „Rest" bleibt. Überlegen Sie in diesem Fall auch unter Einbezug der Metrik, welches grammatikalische Phänomen Sie darin erkennen (z. B.: Abl. abs. / Gerundium / Adverb), und ergänzen Sie Ihre Übersetzung: *nunc* > dem nun der Beiname Julus hinzugefügt wird

5. Verbinden Sie Haupt- und Nebensätze: Aber Askanius, dem nun der Beiname Julus hinzugefügt wird, war als Junge Ilus, während die trojanische Sache durch die / mit der Königsherrschaft stand.

6. Verbessern Sie unter Zuhilfenahme von adlineam-Kommentar und Wörterbuch die von Ihnen angefertigte Rohübersetzung: Aber Askanius, dem nun als Beiname Julus hinzugefügt wird, hieß als Junge, solange die trojanische Königsherrschaft Bestand hatte, Ilus.

Tipp: Weist – wie im obigen Beispiel – ein Satz mehrere Nebensätze auf, kann Ihnen die „Einrückmethode" als optische Hilfe dienen:

HS At puer Ascanius,
    NS cui nunc cognomen Iulo additur,
HS Ilus erat,
    NS dum res stetit Ilia regno.

Jupiter sagt Venus voraus, dass die mit Äneas beginnende Geschichte Roms in Augustus ihren Gipfelpunkt erfahren wird (*Aen.* 1,286–296).

W	nāscī accipere asper	claudere saevus tergum	G	Futur I und II

3 „Nascetur pulchrā Troianus origine Caesar,
   imperium Oceano, famam qui terminet astris,
   Iulius, a magno demissum nomen Iulo.
   Hunc tu olim caelo, spoliis Orientis onustum,
5 accipies secura; vocabitur hic quoque votis.
   Aspera tum positis mitescent saecula bellis;
   cana Fides et Vesta, Remo cum fratre Quirinus
   iura dabunt; dirae ferro et compagibus artis
   claudentur Belli portae; Furor impius intus,
10 saeva sedens super arma, et centum vinctus aenis
   post tergum nodis, fremet horridus ore cruento.“

K. Caesar, (quī) imperium Oceanō, fāmam terminet astrīs – **termināre:** begrenzen
nōmen dēmittere: *hier* einen Namen ableiten – **Iūlus** ~ Ascanius: EV
ōlim: LW2
sēcūrus: sorglos
mītēscere: milder werden

cānus: grau – **Fides** → i – **Vesta, Remus:** EV – **Quirīnus** ~ Rōmulus: EV
dīrus: schrecklich – **ferrō et compāgibus artīs:** mit festen eisernen Riegeln
vīnctus: gefesselt – **aēnus:** aus Erz
nōdus: Fesseln – **fremere:** toben

1. Erklären Sie die Wendung *pulchra Troianus origine Caesar* (→ M I).
2. Betrachten Sie in diesem Zusammenhang die sog. Prima Porta-Statue (→ S. 44) und erläutern Sie die Bildelemente Delphin und Amor.
3. Paraphrasieren Sie die Weissagungen über Augustus (→ S. 96f.).
4. Arbeiten Sie ausgehend von M 2 die Wesensmerkmale des Goldenen Zeitalters in den V. 6–11 heraus.
5. Analysieren Sie V. 1–3 metrisch und tragen Sie laut vor (→ S. 16f.).
6. Diskutieren Sie, ob Sie das CD-Cover als eine gelungene Umsetzung des *Furor* (V. 9–11) erachten.

i **Typisch Epos III: Die Allegorie**

Unter einer Allegorie (gr. „anders sagen") versteht man die konkrete Versinnbildlichung eines an sich abstrakten Begriffs. Bekannt ist die Allegorie der *Iustitia*, wo die Gerechtigkeit als Frau mit Augenbinde, Schwert und Waage personifiziert wird. Vergil gebraucht in seinem Epos Allegorien, um nicht sichtbare Phänomene wie das Gerücht oder seelische Zustände plastisch hervortreten zu lassen.

M 1 Augustus und die *gens Iulia*

Wenn in der Jupiterprophetie von Cäsar die Rede ist, ist nicht Julius Cäsar, sondern sein Adoptivsohn Augustus gemeint, der mit dem Ehrentitel Cäsar zugleich die göttliche und trojanische Abstammung der *gens Iulia* übernahm. Denn Cäsar und sein Geschlecht der Julier glaubten, dass sie von dem Trojaner Äneas und dessen Mutter, der Göttin Venus, abstammten. Auf diese trojanische Herkunft des Geschlechternamens spielt Vergil an, wenn er den Namen von Äneas' Sohn, Julus, mit dem alten Namen für Troja, Ilion, in Zusammenhang bringt.

M 2 *Aurea aetas* – die Konstruktion eines Goldenen Zeitalters

Seit Hesiod kannte man in der Antike die mythische Vorstellung von den Weltzeitaltern. Auf das Goldene Zeitalter unter dem Gott Saturn, in dem Friede und Gerechtigkeit unter den Menschen herrschten, folgten die schlechteren Zeitalter des Silbernen, Bronzenen und Eisernen. Nach der Beendigung der bitteren Bürgerkriege förderte Octavian den Glauben der Römer, mit seiner Person werde ein neues Goldenes Zeitalter in Frieden anbrechen. Dichter wie Vergil und Horaz griffen die Idee eines Neuanfangs durch die Rückkehr einer *aurea aetas* in ihren Werken vielfach auf.

M 3 Die drei „Durchblicke" der *Äneis*

Die Genialität von Vergils Epos besteht in der organischen Verzahnung von mythischer Vorzeit und historischer Gegenwart. Vergil schafft das durch den Kunstgriff sog. „Durchblicke", d. h. Vorverweise auf die künftige römische Geschichte. Dazu gehören die Jupiterprophetie, die Heldenschau (S. 30f.) und die Schildbeschreibung (S. 39f.).

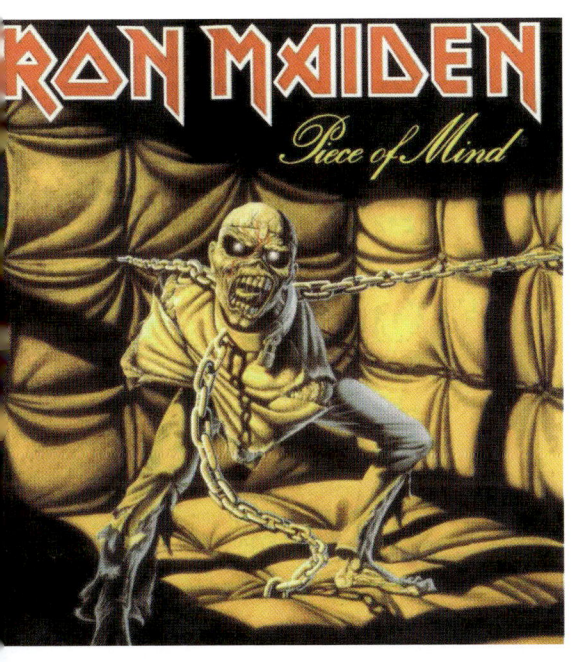

CD-Cover, Iron Maiden, Piece of Mind

Durch den Seesturm verschlägt es die Trojaner an die nordafrikanische Küste, wo sie von der karthagischen Königin Dido aufgenommen werden. An langen Abenden erzählt Äneas der Königin von der Eroberung Trojas (Buch 2 der *Äneis*) und seinen Irrfahrten (Buch 3). Buch 4 handelt von der Liebe zwischen Dido und Äneas, die ein jähes Ende findet, als der Götterbote Merkur Äneas an seinen Auftrag erinnert, ein neues Troja in Italien zu gründen. Äneas will heimlich abreisen, Dido jedoch stellt ihn zur Rede, und Äneas rechtfertigt sich (*Aen.* 4,362–396).

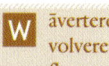

W	āvertere	aequus
	volvere	classis
	flectere	aura

G	Deponentia
	Satzfragen
	Infinitiv Futur

4 Talia dicentem iam dudum aversa tuetur
huc illuc volvens oculos totumque pererrat
luminibus tacitis et sic accensa profatur:
„Nec tibi diva parens generis nec Dardanus auctor,
5 perfide, sed duris genuit te cautibus horrens
Caucasus Hyrcanaeque admorunt ubera tigres.
Nam quid dissimulo aut quae me ad maiora reservo?
Num fletu ingemuit nostro? Num lumina flexit?
Num lacrimas victus dedit aut miseratus amantem est?
10 Quae quibus anteferam? Iam iam nec maxima Iuno
nec Saturnius haec oculis pater aspicit aequis.
Nusquam tuta fides. Eiectum litore, egentem
excepi et regni demens in parte locavi.
Amissam classem, socios a morte reduxi
15 (heu furiis incensa feror!): nunc augur Apollo,
nunc Lyciae sortes, nunc et Iove missus ab ipso
interpres divum fert horrida iussa per auras.
Scilicet is superis labor est, ea cura quietos
sollicitat. Neque te teneo neque dicta refello:
20 i, sequere Italiam ventis, pete regna per undas.
Spero equidem mediis, si quid pia numina possunt,
supplicia hausurum scopulis et nomine Dido
saepe vocaturum. Sequar atris ignibus absens
et, cum frigida mors animā seduxerit artūs,
25 omnibus umbra locis adero. Dabis, improbe, poenas.
Audiam et haec Manis veniet mihi fama sub imos.“
His medium dictis sermonem abrumpit et auras
aegra fugit seque ex oculis avertit et aufert,

K. (Dīdō) (Aenēam) tālia dīcentem … tuētur – **dūdum** Adv.: längst
lūmina tacita: verstohlene Blicke
profārī: plötzlich losreden – *K.* nec tibi dīva parēns (Venus) … nec Dardanus auctor (Anchīsēs) (est)
cautēs, ium f Pl.: Felszacken
horrēns, ēntis: starrend von
Caucasus: Gebirge zwischen Schwarzem und Kaspischem Meer
Hyrcānus: vom Kaspischem Meer stammend – **admōrunt:** admō(vē)runt (tibi) – **über, eris** n: Zitze
ingemīscere: aufseufzen – **quae quibus anteferam?:** Welche Kränkungen soll ich den anderen vorziehen?

K. (ego Aenēam) ēiectum (in) lītore egentem excēpī et in parte regnī locavī – **egēns, entis:** bedürftig
furiae, ārum Pl.: Wahnsinn – **ferrī:** fortgerissen werden – **Lyciae sortēs:** das lykische Losorakel – **interprēs dīvum:** Bote der Götter (Merkur)
horridus: LW3 – **quiētus:** ruhig
refellere: widerlegen

K. spērō (tē) mediīs … scopulīs supplīcia hausūrum … et vocātūrum (esse) – **pia nūmina** ~ deī iūstī
supplīcia haurīre: den Tod erleiden
frīgidus: kühl – **sēdūcere** (+ Abl.): trennen von – **artus, ūs:** Körperglied
umbra *präd.* – **sub īmōs Mānīs:** bis tief hinab ins Totenreich – **medium sermōnem abrumpere:** mittendrin das Gespräch abbrechen – **sē ex oculīs āvertere:** sich den Blicken entziehen

linquens multa metu cunctantem et multa parantem
30 dicere. Suscipiunt famulae conlapsaque membra
marmoreo referunt thalamo stratisque reponunt.
At pius Aeneas, quamquam lenire dolentem
solando cupit et dictis avertere curas,
multa gemens magnoque animum labefactus amore
35 iussa tamen divum exsequitur classemque revisit.

K. (Dīdō) (re)linquēns (Aenēam) ...
cūnctantem ... et parantem multa
dīcere – **famula:** Dienerin
cōnlābī: zusammenbrechen
thalamus: Schlafzimmer – **strāta,**
ōrum n Pl.: Decken – **lēnīre**
sōlandō: durch Trost besänftigen
magnōque animum labefactus
amōre: erschüttert von großer Liebe
dīvūm = deōrum – **exsequī:** ausfüh-
ren – **revīsere:** wieder aufsuchen

1. Erschließen Sie aus den in V. 1–3 geschilderten körpersprachlichen Re-
gungen die Gedanken und Gefühle Didos.
2. Paraphrasieren Sie den Gedankengang von Didos Rede (→ S. 96f.).
3. Erklären Sie die Funktion ausgewählter Stilmittel aus Didos Rede
(→ GW: Stilmittel, S.141f.).
4. Arbeiten Sie anhand der V. 21 und 32 die Unterschiede zwischen Dido
und Äneas in ihrem Verständnis von *pietas* heraus.
5. Erschließen Sie mithilfe eines Wörterbuches die Bedeutung von *multa*
(V. 29; 34).
6. Erstellen Sie eine grafische Analyse der Verse 32–35 (→ S. 20f.).
7. Interpretieren Sie die Figuren und die Aussage des Gemäldes (→ S. 42).
Überprüfen Sie durch einen Vergleich mit dem Text, ob es sich um eine
gelungene bildliche Umsetzung handelt.

Abschied des Äneas von Dido
(Maler unbekannt, 19. Jh.),
Privatbesitz

Als Äneas von Karthago abreist, begeht Dido Selbstmord. Vorher verflucht sie Äneas und prophezeit seiner Nachkommenschaft einen Rächer vom Boden Karthagos aus – der römische Leser erkannte unschwer die Anspielung auf den karthagischen Feldherrn Hannibal, der zu einem der größten Gegenspieler Roms werden sollte (→). Auf Sizilien angekommen, lässt Äneas festliche Wettkampfspiele zum Todestag seines Vaters Anchises ausrichten (Buch 5), bevor er mit der Seherin Sibylle von Cumae in die Unterwelt hinabsteigt (Buch 6). Dort erblickt er unter den Schatten Verstorbener auch Dido, die er sofort anspricht (*Aen.* 6,456–476).

W	īnfēlīx	tuērī	**G**	Funktionen des Perfekts
	exstinguere	vultus		und Imperfekts
	fūnus	sermō		Acc. Graecus

5 „Infelix Dido, verus mihi nuntius ergo
   venerat exstinctam ferroque extrema secutam?
   Funeris heu tibi causa fui? Per sidera iuro,
   per superos et si qua fides tellure sub ima est,
5 invitus, regina, tuo de litore cessi.
   Sed me iussa deum, quae nunc has ire per umbras,
   per loca senta situ cogunt noctemque profundam,
   imperiis egere suis; nec credere quivi
   hunc tantum tibi me discessu ferre dolorem.
10 Siste gradum teque aspectu ne subtrahe nostro.
   Quem fugis? Extremum fato quod te adloquor hoc est."
   Talibus Aeneas ardentem et torva tuentem
   lenibat dictis animum lacrimasque ciebat.
   Illa solo fixos oculos aversa tenebat
15 nec magis incepto vultum sermone movetur
   quam si dura silex aut stet Marpesia cautes.
   Tandem corripuit sese atque inimica refugit
   in nemus umbriferum, coniunx ubi pristinus illi
   respondet curis aequatque Sychaeus amorem.
20 Nec minus Aeneas casu percussus iniquo
   prosequitur lacrimis longe et miseratur euntem.

K. vērus nūntius mihi vēnerat (tē) exstīnctam (esse) et ferrō extrēma secūtam (esse)? – **extrēma sequī**: sterben – *K.* heu, (ego) tibi causa fūneris fuī? – **per**: bei (Schwurformel) **sub īmā tellūre**: tief unter der Erde **rēgīna**: LW1
K. sed mē iussa deūm (= deōrum), quae (mē) ... per hās umbrās, per loca ... īre cōgunt, imperiīs suīs ēgēre (= ēgērunt) – **iussum**: LW4 – **sentus sitū**: verwildert – *K.* nec crēdere quīvī mē tibi hunc tantum dolōrem discessū (meō) ferre – **sistere gradum** = cōnsistere – **aspectū** (Dat.): Anblick – **extrēmum**: das letzte Mal **quod**: faktisch – *K.* Aenēās tālibus dictīs (Dīdōnem) ārdentem (īrā) et torva tuentem lēnībat – **torva** Adv.: finster – **lēnībat / ciēbat**: konatives Imperfekt – **ciēre**: hervorlocken *K.* illa āversa oculōs solō fīxōs tenēbat – **vultum** Acc. Graecus: in Bezug auf ihre Miene – **silex, icis** f: Kieselstein – **Marpēsia cautēs**: Marmor – **respondēre cūrīs**: Sorgen teilen – **aequāre**: erwidern – **Sychaeus**: verstorbener Ehemann Didos **prōsequī lacrimīs**: unter Tränen nachblicken – **miserārī**: LW4

1. Arbeiten Sie Charakter und Intention von Äneas' Rede (V. 1–11) heraus.
2. Erklären Sie, welchen Sinnunterschied die Auffassung der Imperfekte in V. 13 ausmacht.
3. Interpretieren Sie die Reaktion Didos auf die Worte des Äneas (V. 14–19 → S. 28f.).
4. Erschließen Sie analog zu *Lucifer* die Bedeutung des Adjektivs *umbrifer*.
5. Nehmen Sie in Gruppen Stellung zu der These, dass Vergil im 4. Äneisbuch eine „Dido-Tragödie" verfasst habe.
6. Vergleichen Sie den Kupferstich mit Vergils Text und erläutern Sie mit diesem Wissen Bilddetails (→ S. 42).

M Rom und Karthago

Die nordafrikanische Stadt Karthago war lange Zeit Gegenspielerin Roms um die Vorherrschaft im Mittelmeerraum. In den sog. Punischen Kriegen – 1. Punischer Krieg (264–241 v. Chr.), 2. Punischer Krieg (218–201 v. Chr.) mit Hannibals Alpenüberquerung, 3. Punischer Krieg (149–146 v. Chr.) mit der Zerstörung Karthagos – behielt Rom letztlich die Oberhand.

i Typisch Epos IV: Stereotype Beiwörter

Wichtige Figuren des Epos treten mit immer wiederkehrenden Attributen auf. Bei Homer ist vom „listenreichen Odysseus" oder der „rosenfingrigen Eos" die Rede, in Vergils Epos vom *pius Aeneas* oder der *infelix Dido*. Auch wenn die Charakterisierung durch ein solches schmückendes Beiwort (*epitheton ornans*) nicht immer auf die jeweils erzählte Situation zutrifft, erinnert es doch an ein bestimmendes Wesensmerkmal der damit bezeichneten Person.

Wenceslaus Hollar (1607–1677):
Äneas und Dido in der Unterwelt,
Thomas Fisher Rare Book Library, Universität Toronto

Texte interpretieren

Über das Übersetzen hinaus müssen Sie in der Lage sein, Texte in ihrer Komplexität und Vielschichtigkeit zu erfassen. Dies geschieht in einer dreigeteilten, zusammenhängenden Interpretation, die sich in **Überblick** (1), **Einblick** (2) und **Ausblick** (3) untergliedern lässt.

1. Überblick

Grundsätzlich sollte die Deutung mit einer **knapp gefassten Einleitung** beginnen, die dem Leser einen **ersten Überblick** ermöglicht. Hier sollten der **Autor**, der **Titel** und die **Gattung des Werks**, aus dem der Text stammt, genannt werden, evtl. auch in aller Kürze die zugrunde liegende **geschichtliche Situation** und in einem Satz eine **Einordnung des Textausschnitts in das Gesamtwerk** erfolgen bzw. das **Thema des Textes** genannt werden.

2. Einblick

Darauf folgt die **eigentliche Interpretation**, die sich detailliert mit dem Text auseinandersetzt und durch die **genaue Beschreibung seines Inhalts und seiner Form** einen **vertieften Einblick** ermöglicht. Voranstellen sollten Sie eine knapp und präzise formulierte, **strukturierte Wiedergabe des Inhalts bzw. des Gedankengangs**, damit der Leser über den Inhalt informiert ist. Im Anschluss zeigen Sie nun **ausgewählte sprachliche und stilistisch-formale Feinheiten des Textes** auf (→ GW: Stilmittel, S. 141f.). Denken Sie bitte daran, dass das bloße Aufzählen von Stilmitteln nichts zum Verständnis des Textes beiträgt: Sie müssen **stets die Funktion eines Stilmittels** für die jeweilige Textaussage herausarbeiten. Wichtig ist außerdem, dass Sie Ihre Behauptungen durch **Original-Zitate aus dem Text** unter **Angabe der Zeile bzw. des Verses** belegen.

Die hier vorgeschlagene Zweiteilung in Wiedergabe des Inhalts und Darstellung von Sprache und Form ist nicht verbindlich: Denkbar ist auch, dass in die strukturierte Inhaltszusammenfassung bereits die detaillierten Beobachtungen zu Sprache und Stilistik einfließen.

3. Ausblick

Zur Abrundung Ihrer Deutung ist **ein knappes Fazit oder ein Ausblick** elegant, aber **nicht zwingend erforderlich**. Ein solcher Schlussgedanke könnte in einer **Aktualisierung** bestehen, indem z. B. der Text mit unserer Gegenwart in Beziehung gesetzt wird; als Alternative dazu können Sie knapp auf den **Fortgang des geschilderten Ereignisses** verweisen oder auf eine **Parallel- oder Kontrastdarstellung bei einem anderen antiken Autor** hinweisen.

Praxisbeispiel
Interpretation zu Verg., *Aen.* 6,456–476 (T 5)

Vergil beschreibt in der ersten Äneishälfte, wie Äneas nach der Zerstörung seiner Heimatstadt Troja durch die Griechen auf den Meeren umherirrt. In der zweiten Hälfte des Werkes landet Äneas in der vorherbestimmten neuen Heimat Italien, wo er nach vielen Kriegen gegen die Ureinwohner zum Herrscher eines neuen Mischvolks aus Trojanern und Latinern und zum Gründungsvater Roms wird. Der vorliegende Textauszug stammt aus dem sechsten Buch, dem Unterweltsgang des Äneas. Hier trifft Äneas auf seine ehemalige Geliebte, die karthagische Königin Dido, die sich aus Kummer über seine Abreise umgebracht hatte. (= **erster Überblick**)

Der Textauszug lässt sich grob in die Rede des Äneas (V. 1-13) und die Reaktion Didos (V. 14-19) unterteilen. Nachdem Äneas erkennen muss, dass Dido sich tatsächlich umgebracht hat, die Gerüchte sich also bestätigt haben (V. 1-3a), schwört er, sie gegen seinen Willen verlassen zu haben (V. 3b-5): Er habe auf Befehl der Götter gehandelt (V. 6-8a) und nicht geahnt, dass sein Weggang ihren Selbstmord verursachen würde (V. 8b-9). Als Äneas versucht, die vor ihm Zurückweichende mit Worten aufzuhalten (V. 10-13), hält Dido kurz inne (V. 14-16), reißt sich aber bald los und flieht zu ihrem ersten Ehemann Sychaeus in einen nahegelegenen Hain (V. 17-19). Äneas blickt ihr noch lange traurig nach (V. 20-21). (= **strukturierte Inhaltswiedergabe**)

Im Fragegestus des Äneas spiegelt sich sein ungläubiges Erstaunen darüber, dass Dido sich tatsächlich umgebracht hat. Der Klagelaut (*heu*, V. 3) offenbart den tief empfundenen Schmerz über seine Schuld am Tod der Geliebten, das Epitheton *infelix* (V. 1) trifft prägnant den tragischen Fall der Selbstmörderin aus Liebe. Vergil schildert im Folgenden die Versuche des Äneas, sich von der alleinigen Schuld am Tode Didos zu befreien. In einem Trikolon mit wachsenden Gliedern (*per sidera ... per superos ... et si qua fides tellure sub ima est*) schwört er, nicht freiwillig Dido verlassen zu haben – die rhetorische Doppelung, dass er auf Befehl (*iussa*, V. 6) und Weisung (*imperiis*, V. 8) höherer Mächte gehandelt habe, zeigt den rechtfertigenden Duktus seiner Rede; ebenso gezwungen (*cogunt*, V. 7) durchquere er auch jetzt die unwirtliche (*per loca senta situ*, V. 7) und nachtschwarze (*noctemque profundam*, V. 7) Unterwelt. In der weiten Hyperbatonsperrung von *hunc ... dolorem* (V. 9) ist die Größe von Didos Schmerz stilistisch eingefangen. Die Folgeverse (V. 10-13) sind als eine Art implizite Regieanweisung zu verstehen:

Aus den Imperativen des Äneas (*siste gradum / ne subtrahe*, V. 10) und der Frage (*quem fugis?*, V. 11) kann der Leser schließen, dass Dido vor Äneas zurückweicht, was dieser zu verhindern sucht, indem er diese Zusammenkunft als letzte Möglichkeit eines Wiedersehens bezeichnet (*extremum fato quod te adloquor hoc est*, V. 11). Die beiden konativen Imperfekte *lenibat* und *lacrimas ciebat* (V. 13) heben hervor, wie sehr Äneas sich bemüht, die grimmig dreinsehende Dido (*ardentem et torva tuentem*, V. 12) zu erweichen. Ihr tiefsitzender Groll auf den ehemaligen Geliebten äußert sich in ihrem gesenkten und abweisenden Blick (*illa solo fixos oculos aversa tenebat*, V. 14) und der Unterdrückung jeglicher mimischer Reaktion auf seine Worte (*nec magis incepto vultum sermone movetur*, V. 15). Vergil vergleicht (Vergleichspartikel *quam*, V. 16) ihr körpersprachliches Verhalten mit der abweisenden Kälte von Steinen. Dass Dido innerlich getroffen ist, zeigt sich darin, dass sie die stolze Selbstbeherrschung nicht lange aufrechterhalten kann und davonläuft (*refugit*, V. 17). Das Schlussbild zeigt einen von Didos tragischem Schicksal und der Unmöglichkeit einer Versöhnung schwer erschütterten Äneas: In seinem langen Nachblicken, das wie eine Filmeinstellung anmutet, spiegelt sich sein tiefes Mitgefühl (*miseratur*, V. 21) für die einstige Geliebte. (= **sprachliche und stilistisch-formale Feinheiten des Textes**)

Die Erzählung von Dido und Äneas gilt als eine der größten Liebesgeschichten der Weltliteratur. Es verwundert nicht, dass dieser hochdramatische und emotional aufgeladene Stoff für die Oper fruchtbar gemacht wurde. Bis heute häufig gespielt wird Henry Purcells Barockoper *Dido and Aeneas*, die in London 1688 uraufgeführt wurde. (= **aktualisierender Ausblick**)

2.4 Heldenschau

Nach dem traurigen Wiedersehen mit Dido begegnet Äneas dem Schatten seines verstorbenen Vaters Anchises, der ihm in der sog. „Heldenschau" die an ihnen vorüberziehenden herausragenden Männer der römischen Zukunft vorstellt (→ Abb.). Nachdem beide gesehen haben, wie der künftige Stadtgründer Romulus vorbeimarschiert, deutet Anchises auf einen weiteren bedeutenden Mann (*Aen.* 6,788–805).

 flectere / aspicere / prōmittere   prōferre / umerus / agere   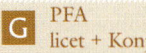 PFA / licet + Konj.

6 „Huc geminas nunc flecte acies, hanc aspice gentem
   Romanosque tuos. Hic Caesar et omnis Iuli
   progenies magnum caeli ventura sub axem.
   Hic vir, hic est, tibi quem promitti saepius audis,
5 Augustus Caesar, divi genus, aurea condet
   saecula qui rursus Latio regnata per arva
   Saturno quondam; super et Garamantas et Indos
   proferet imperium; iacet extra sidera tellus
   extra anni solisque vias, ubi caelifer Atlas
10 axem umero torquet stellis ardentibus aptum.
   Huius in adventum iam nunc et Caspia regna
   responsa horrent divum et Maeotia tellus,
   et septemgemini turbant trepida ostia Nili.
   Nec vero Alcides tantum telluris obivit
15 (fixerit aeripedem cervam licet, aut Erymanthi
   pacarit nemora et Lernam tremefecerit arcu)
   nec qui pampineis victor iuga flectit habenis
   Liber, agens celso Nysae de vertice tigris.

geminus: LW2 – **aciēs** ~ oculōs
Iūlus: ~ Ascanius: EV – **prōgeniēs:** LW2 – **sub** (+ Akk.): *hier* hinauf ... zu
saepius: öfters – *K.* quī rūrsus aurea saecula condet Latiō per arva quondam Sāturnō rēgnāta – **rēgnāre:** LW2 – **super:** über ... hinaus
Garamantēs, um m Pl. (Akk. Pl.: -ās): die Garamanten in Afrika – **Indī, ōrum** m Pl.: die Inder – **extrā sīdera:** jenseits der Sterne – **caelifer, fera, ferum:** himmelstragend – **Atlas:** EV
aptus: *hier* besetzt mit – **Caspius:** am Kaspischen Meer – **respōnsa, ōrum** n Pl.: *hier* Prophezeiungen
horrēre: erzittern – **Maeōtius:** am Mäotis-See – **septemgeminus:** siebenarmig – **turbāre:** in Unruhe sein
Nīlus, Alcīdēs, Erymanthus, Lerna, Līber, Nȳsa → A1 – **obīre** (Perf.: obīvī): bereisen – **fīgere** (Perf.: fīxī): *hier* erlegen – **aeripēs, -pedis:** mit Füßen aus Erz – **licet** (+ Konj.): mag er auch – **pācārit** ~ pācāverit
nemus, oris: LW5 – **tremefacere** (Perf.: tremefēcī): erzittern lassen
K. nec (Līber), quī ... flectit – **pampineus** (Adj.): aus Weinlaub – **iuga flectere habēnīs:** ein Gespann mit Zügeln lenken – **vertex, icis:** *hier* Gipfel

1. Recherchieren Sie in einem Wörterbuch folgende Eigennamen: *Nilus, Alcides, Erymanthus, Lerna, Liber* und *Nysa*.
2. Interpretieren Sie den Text nach dem Muster von S. 28f.
3. Untersuchen Sie die Berührungspunkte der Weissagung des Anchises mit der Jupiterprophetie (T 3, S. 22; → i) und erläutern Sie, warum es sich hier um ein *vaticinium ex eventu* handelt (→ i).

4. Arbeiten Sie heraus, in welche Linie von Personen Augustus gestellt wird. Vergleichen Sie Ihre Befunde mit dem Brief des Horaz (→ M).
5. Erschließen Sie in Partnerarbeit Aussage und Intention beider Texte.
6. Analysieren Sie V. 4–10 metrisch und tragen Sie laut vor (→ S. 16f.).
7. Beschreiben Sie das Bild in allen Details (→ S. 42).

M Horaz an Kaiser Augustus (*Epist*. 2,1,1–12)

Da du als Einziger so viele und so bedeutende Aufgaben ausfüllst, ganz Italien mit Waffengewalt schützt, mit Sitten ausstattest, mit Gesetzen verbesserst, würde ich mich an den Interessen des Staates versündigen, wenn ich deine kostbare Zeit durch langes Geplauder in Anspruch nähme, Kaiser. Romulus und Vater Dionysos im Verbund mit Castor und Pollux sind nach ihren gewaltigen Taten in die Tempel der Götter aufgenommen worden, und obwohl sie für die Länder und das Menschengeschlecht sorgen, rohe Kriege schlichten, Ackerland zuweisen und Landstädte gründen, beklagen sie doch, dass ihren Verdiensten nicht die erhoffte Sympathie zuteil wird. Derjenige, der die schreckliche Hydra zerschmettert und weitere bekannte Ungeheuer in schicksalsmächtiger Anstrengung bezwungen hat, hat erfahren, dass Missgunst zu guter Letzt gebändigt wird. (Übersetzung: M. Lobe)

i Typisch Epos V: Vorverweise auf Künftiges

Nach Vergils Vorstellung sind alle Ereignisse vom *fatum*, dem vorherbestimmten Schicksal, für immer festgelegt. Deshalb deuten sie sich auch schon vorher an: durch Vorzeichen, Orakel, Träume oder Prophezeiungen, die durch Götter oder Seher erfolgen.

i *Vaticinium ex eventu*

Bei *vaticinium ex eventu* handelt es sich um eine Vorhersage aus dem Wissen um das Geschehene heraus, also um eine Prophezeiung, die erst im Nachhinein verfasst wurde, als der Schreiber vom Ausgang der Ereignisse wusste.

Pietro Bardellino (1728–1810):
Äneas in den Elysischen Gefilden. Äneas wird vom Schatten seines Vaters Anchises und von der Cumäischen Sibylle durch die Unterwelt geführt, Privatsammlung

Berühmt ist der Ausspruch des Augustus, er habe eine Stadt aus Ziegeln vorgefunden, aber eine aus Marmor hinterlassen. Die unter seiner Herrschaft geschaffenen monumentalen Bauwerke repräsentierten zum einen Macht und Wohlstand der Weltstadt Rom und erhoben diese in den Rang der antiken Metropolen Athen und Alexandria; zum anderen diente das ehrgeizige Bauprogramm der Darstellung grundlegender Ideen augusteischer Herrschaft: Die Erneuerung des Concordiatempels verkörperte die wiederhergestellte Eintracht des römischen Volkes; die Restaurierung des Saturntempels stand sinnbildlich für die augusteische Wiedergeburt des Goldenen Zeitalters. Die Umwidmung des ehemals republikanischen Forum Romanum durch Bauten der Kaiserfamilie diente dazu, den dynastischen Herrschaftsanspruch der *gens Iulia* zu dokumentieren. Darüber hinaus ließen Zweckbauten wie die Thermen des Agrippa, die Wasserleitung der *Aqua Virgo* oder das Theater des Marcellus das einfache Volk ganz konkret an den Segnungen des augusteischen Zeitalters teilhaben. Im Folgenden werden drei prominente augusteische Baukomplexe Roms vorgestellt.

Das Augustusforum

Vergils geniale Idee, die künftigen großen Männer Roms in der Unterwelt auf ihrem langen Marsch in die römische Geschichte hinein darzustellen, könnte das Gestaltungsvorbild für das Augustusforum gewesen sein: In den seitlichen Säulenhallen standen Statuen der *summi viri*, große Politiker und Feldherrn, aber auch Ahnen der Kaiserfamilie, die den Besuchern als *exempla virtutis* dienen sollten. In zwei großen Rundnischen standen sich mit Äneas und Romulus die mythischen Gründerväter Roms gegenüber – in diese Linie stellte sich Augustus: Als Triumphator auf einem Viergespann abgebildet und mit dem Titel *Pater patriae* versehen, nahm er das Zentrum des Platzes ein. Nach dem Sieg über die Cäsarmörder bei

Philippi 42 v. Chr., den Octavian als Racheakt für die Ermordung seines Onkels Cäsar ansah, hatte er versprochen, dem „rächenden Mars" (*Mars Ultor*) in Rom einen Tempel zu errichten. 40 Jahre später, im Jahre 2 v. Chr., löste er dieses Gelübde mit der Einweihung des Mars Ultor-Tempels auf dem neuerbauten Forum Augustum ein. Betrat man über die Stufen den mächtigen Tempel, sah man auf dem Fußboden bunte Marmorplatten aus der ganzen Welt – Symbol für die weitreichende Herrschaft des Kaisers. In der Apsis konnte man die dreiteilige Kultbildgruppe betrachten: Venus als Ahnherrin der *gens Iulia*, den vergöttlichten Julius Cäsar und den Kriegsgott Mars, Vater des Romulus.

Mars Ultor-Tempel auf dem Augustusforum

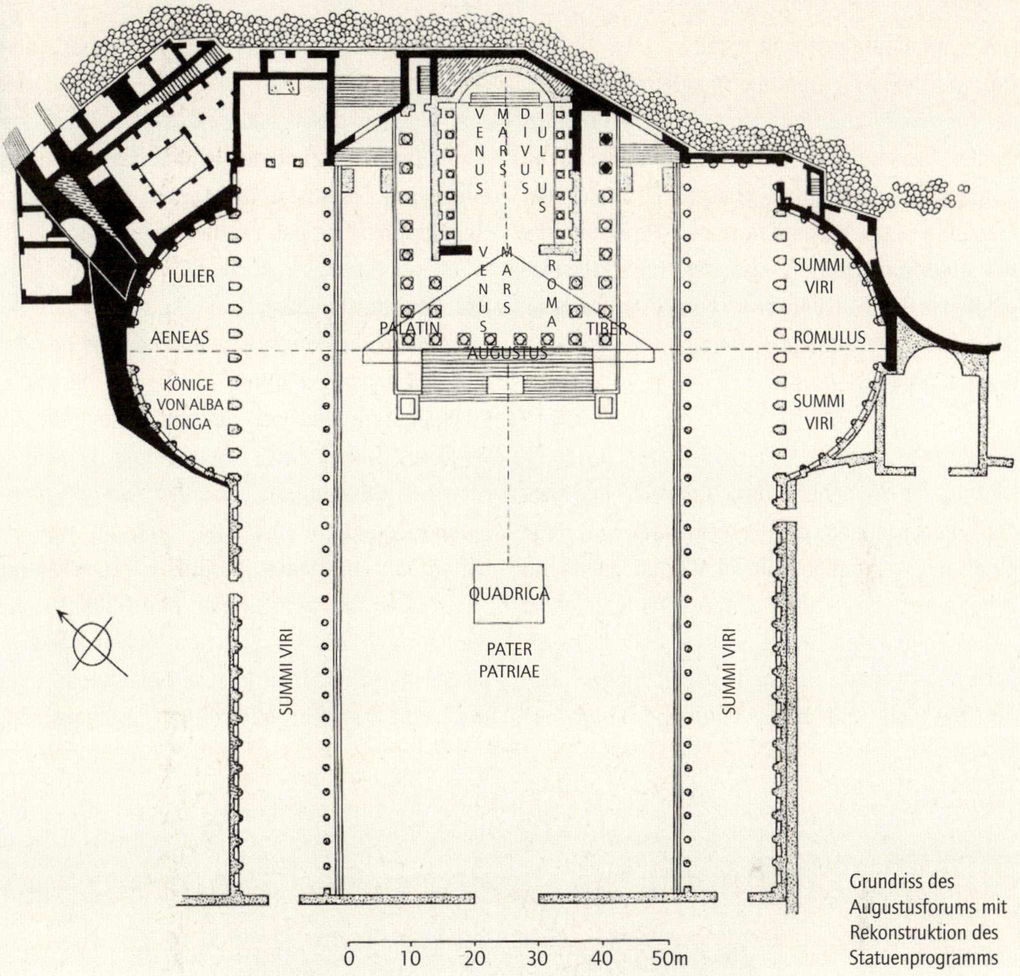

IULIER

AENEAS

KÖNIGE
VON ALBA
LONGA

PALATIN

VENUS
MARS
DIVUS
IULIUS

VENUS
MARS
ROMA

AUGUSTUS

TIBER

SUMMI
VIRI

ROMULUS

SUMMI
VIRI

SUMMI VIRI

QUADRIGA

PATER
PATRIAE

SUMMI VIRI

0   10   20   30   40   50m

Grundriss des
Augustusforums mit
Rekonstruktion des
Statuenprogramms

Rekonstruktion der *Exedra* mit der
Äneasgruppe

33

Das Symbolgefüge des Marsfeldes

Das Marsfeld war über Jahrhunderte ein Areal, das für militärische Übungen und Rituale genutzt wurde. Insofern war es hochsymbolisch, wenn Augustus ausgerechnet diesen Ort mit der Erbauung eines Friedensaltars zur Heimstatt der *Pax Augusta* machte. Insbesondere drei Bauwerke schufen in ihrem architektonischen Zusammenspiel das komplexe Bedeutungsgeflecht des augusteischen *Campus Martius*.

Horologium Augusti

Die riesige Sonnenuhr des Augustus mit dem doppelten Umfang des Petersplatzes von Rom besaß ein weitläufiges Liniennetz und diente zur Unterteilung des Tages und als Jahreskalender zugleich. Ihr Zeiger war ein 30 m hoher Obelisk, den Augustus als Zeichen seines Sieges über Ägypten von dort hatte herbringen und hier

aufstellen lassen. Am 23. September, dem Geburtstag des Kaisers, wanderte sein Schatten zum Eingang des Friedensaltars (*Ara Pacis*), der damit seine vollständige symbolische Bedeutung erhielt: Der Geburtstag des Augustus war zugleich Geburtsstunde für den Frieden in der Welt.

Der Altar des Friedens

Die *Ara Pacis* war für sich genommen unscheinbar, erhielt jedoch Bedeutung durch ihre besondere Stellung am Rand der riesigen Sonnenuhr des Augustus. Dieser durch zwei Treppen begehbare Altar aus Marmor war von innen wie ein altitalischer Opferbezirk gestaltet: Ringsum war ein Lattenzaun angedeutet, darüber waren reliefartig Stierschädel mit Opferschalen und Girlanden aus Blumen und Früchten zu sehen. Außen waren an beiden Eingangsseiten je zwei Relieftafeln angebracht, die in engem gedanklichen Zusammenhang

Marsfeld mit Mausoleum, Sonnenuhr des Augustus und *Ara Pacis*

zueinander standen: Auf der einen Seite war die wehrhafte Stadtgöttin Roma zu sehen, wie sie auf erbeuteten Waffen saß, neben ihr die Personifikation des befriedeten und fruchtbaren Italiens. Auf der gegenüberliegenden Seite erblickte der Betrachter den Trojaner Äneas als mythischen Stammvater Roms sowie den Stadtgründer Romulus mit seinem Bruder Remus. Diese vier *tabulae* standen für die Anfänge Roms aus mythischer Zeit, während die auf den Längsseiten angebrachten Friese auf die glückliche Gegenwart des augusteischen Zeitalters verwiesen: Auf ihnen ist eine Prozession von Priestern, Augustus und Mitgliedern der Kaiserfamilie zur Feier des Friedens zu sehen.

Ara Pacis, Farbrekonstruktion

Blick ins Innere der *Ara Pacis*

Rekonstruktionszeich-
nung des Mausoleums
von H. Hesberg und
S. Panciera (1994)

Das Mausoleum des Augustus

Der Bau des Mausoleums von 32–28 v. Chr. durch Octavian war die öffentlichkeitswirksam inszenierte Reaktion auf den Plan seines Widersachers Marc Anton, im ägyptischen Alexandria bestattet zu werden. Octavian nutzte die Gelegenheit gerne, Marc Anton als Landesverräter darzustellen und im Gegenzug die eigene Vaterlandsliebe durch den Bau einer Grabstätte mitten in Rom besonders herauszustellen. Dazu trug die Form eines etruskischen *tumulus* (Hügelgrab) bei – sie sollte die Treue zu altitalischen Traditionen demonstrieren. Zudem schuf die Bezeichnung der Anlage als Mausoleum Assoziationen an den sagenhaften Grabbau, den der persische Statthalter Mausolos sich im kleinasiatischen Halikarnass hatte errichten lassen und der zu den sieben Weltwundern gezählt wurde. Das *Mausoleum Augusti* wurde auf dem sonst flachen Marsfeld zum weithin sichtbaren Monument, das von einer überlebensgroßen Statue des Augustus aus vergoldeter Bronze gekrönt wurde.

Augustushaus und Apollotempel

Augustus ließ prächtige Tempel und Staatsbauten in Rom errichten, für die er weder Kosten noch Mühen scheute. Privat aber wohnte er bescheiden, um die von ihm propagierten altrömischen Ideale der Einfachheit und Sparsamkeit selbst beispielhaft vorzuleben. Die Fassade seines Hauses auf dem Palatin war bewusst unauffällig gestaltet. Hervorgehoben wurde das Gebäude als Sitz des ersten Staatsmannes lediglich durch symbolträchtige Attribute: Links und rechts neben dem Eingang standen zwei Lorbeerbäumchen und darüber war die aus Eichenlaub geflochtene Bürgerkrone angebracht – Ehrenzeichen, die der Senat Augustus verliehen hatte (→ Kap. 1, T 1).

Aureus mit den Lorbeerbäumen und der *corona civica* am
Portal des Augustushauses (nach 27 v. Chr.)

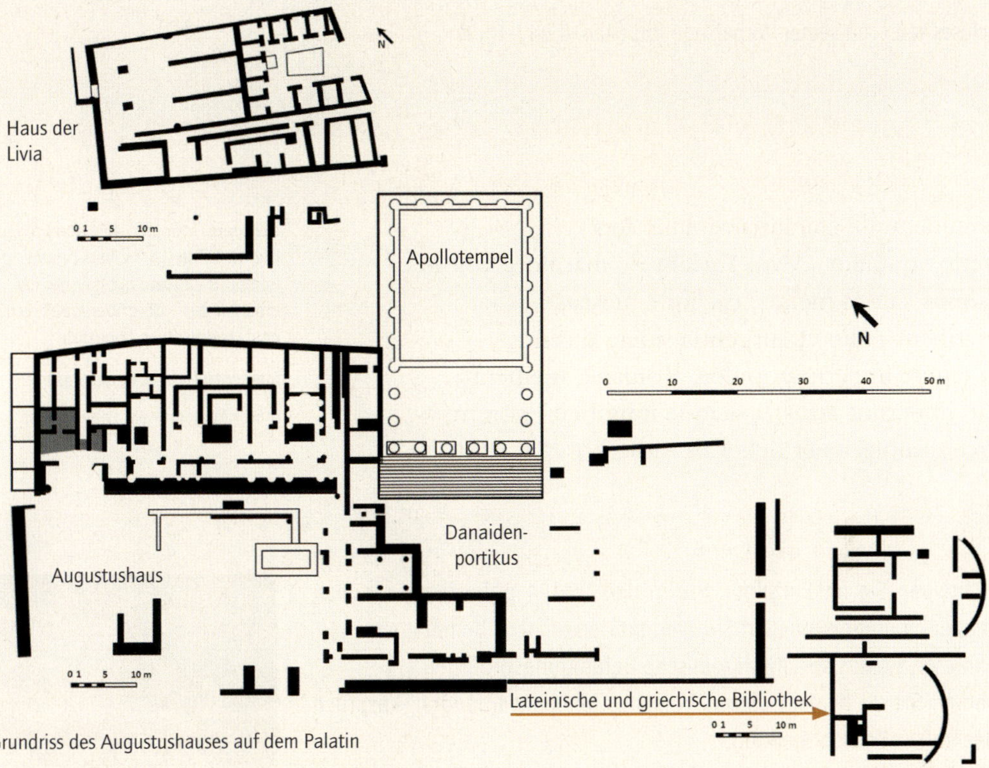

Haus der
Livia

0 1   5   10 m

Apollotempel

N

0   10   20   30   40   50 m

Danaiden-
portikus

Augustushaus

0 1   5   10 m

Lateinische und griechische Bibliothek

0 1   5   10 m

Grundriss des Augustushauses auf dem Palatin

Außerdem hatte Augustus direkt neben sein Wohnhaus die weiträumige Anlage eines Apolloheiligtums bauen lassen – mit einer Säulenhalle, einer griechischen und lateinischen Bibliothek und dem prächtigen Tempel in weißem Marmor, auf dessen Giebel eine goldene Quadriga mit Apoll als weithin strahlendem Sonnengott zu sehen war.

Über eine Rampe in seinem Haus konnte Augustus den Tempel direkt betreten. Die Botschaft dieses Baukomplexes war unmissverständlich: Der Kaiser wohnt Tür an Tür mit seiner persönlichen Schutzgottheit – diese sakrale Aura, nicht eine verschwenderische Prachtentfaltung machte die einmalige Stellung des *Princeps* augenfällig.

Apoll als Leierspieler, Fresko aus dem Wohnhaus des Augustus auf dem Palatin (Ende 1. Jh. v. Chr.)

Anchises fährt mit seiner Vorhersage fort (*Aen.* 6,847–853).

W	vultus	sīdus	G	Steigerung der Adverbien
	ōrāre	pāx		
	surgere	subicere		

7 „Excudent alii spirantia mollius aera
   (credo equidem), vivos ducent de marmore vultus,
   orabunt causas melius, caelique meatus
   describent radio et surgentia sidera dicent:
5 Tu regere imperio populos, Romane, memento
   (hae tibi erunt artes), pacique imponere morem,
   parcere subiectis et debellare superbos.“

excūdere: formen – **aes, aeris** n: *hier* Bronzestatue – *K.* mollius (quam Rōmānī) – **dūcere dē:** *hier* herausarbeiten aus – **dēscrībere:** aufzeichnen – **radius:** *hier* Zeigestab

mementō (+ Inf.): denke daran

mōs: *hier* geordnete Lebensweise

1. Beschreiben Sie im Einzelnen die in den V. 1–4 aufgezählten Kunstfertigkeiten und erschließen Sie, wer mit den *alii* v. a. gemeint ist.
2. Definieren Sie das spezifisch römische Befähigungsprofil.
3. Nehmen Sie zu dem in diesen Versen offenbar werdenden Anspruch eines Volkes kritisch Stellung.
4. Analysieren Sie V. 5–7 metrisch und tragen Sie laut vor (→ S. 16f.).
5. Recherchieren Sie zur Laokoonepisode und zur sog. „Laokoongruppe" (→ Abb.). Analysieren Sie das Kunstwerk (→ S. 42) und präsentieren Sie Ihre Ergebnisse.

Der Kopf des sterbenden Laokoon, Teil der sog. Laokoongruppe (um 50 v. Chr.), Vatikanische Museen, Rom

i Typisch Epos VI: Die Apostrophe

Bisweilen redet der epische Dichter eine Person der Epenhandlung oder den Hörer bzw. Leser seines Epos an, wie dies Anchises in V. 5 tut. Diesen erzählerischen Kniff, der entweder der Reflexion oder der Verlebendigung des Geschehens dient, nennt man Apostrophe, was wörtlich das Abwenden von einer Sache hin zu einer anderen bezeichnet.

2.6 Schildbeschreibung

Nach seinem Unterweltgang gelangt Äneas nach Pallanteum (eine Art Hirtenrom auf dem Gebiet des späteren Palatin), wo ihm König Euander seinen Sohn Pallas als Kampfgefährten für die Kriege in Italien mitgibt. Wenig später trifft Äneas auf seine Mutter Venus, die ihm Waffen überreicht, die Vulcanus geschmiedet hat – u. a. einen Schild, auf dem Szenen und Persönlichkeiten der künftigen Geschichte Roms eingraviert sind. Auf seiner Mitte wird die Seeschlacht von Actium beschrieben (*Aen.* 8,675–700).

 **W** classis   ruere   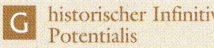 **G** historischer Infinitiv
īnstruere   tēlum   Potentialis
agmen   spargere

8 In medio classis aeratas, Actia bella,
   cernere erat, totumque instructo Marte videres
   fervere Leucaten auroque effulgere fluctus.
   Hinc Augustus agens Italos in proelia Caesar
5 cum patribus populoque, penatibus et magnis dis,
   stans celsa in puppi, geminas cui tempora flammas
   laeta vomunt patriumque aperitur vertice sidus.
   Parte alia ventis et dis Agrippa secundis
   arduus agmen agens, cui, belli insigne superbum,
10 tempora navali fulgent rostrata corona.
   Hinc ope barbarica variisque Antonius armis,
   victor ab Aurorae populis et litore rubro,
   Aegyptum virisque Orientis et ultima secum
   Bactra vehit, sequiturque (nefas) Aegyptia coniunx.
15 Una omnes ruere ac totum spumare reductis
   convulsum remis rostrisque tridentibus aequor.
   Alta petunt; pelago credas innare revulsas
   Cycladas aut montis concurrere montibus altos,
   tanta mole viri turritis puppibus instant.
20 Stuppea flamma manu telisque volatile ferrum
   spargitur, arva nova Neptunia caede rubescunt.
   Regina in mediis patrio vocat agmina sistro,

aerātus: mit Erz beschlagen – **Actia:** bei Actium – **cernere erat:** es war zu sehen – **Mārs:** *hier* Kriegsschiffe **fervere:** *hier* wimmeln von **Leucātēs, ae** m (Akk.: Leucātēn): Meer bei der westgriech. Insel Leukás – **effulgēre:** schimmern **Italī, ōrum; penātēs, ium:** EV *K.* stāns (Augustus Caesar) – **cui** ~ cuius – **geminus:** LW2 – **celsus:** LW6 – **laetus:** *hier* glückverheißend **vomere:** *hier* ausstrahlen **patrium sīdus:** das sīdus Iūlium **aperītur:** zeigt sich – **arduus:** hochaufragend – **superbus:** *hier* prächtig **rōstrāta corōna nāvālis** f: mit Schiffsschnäbeln verzierte Krone (→ Abb.) – **ops:** *hier* Heer – *K.* Antōnius ... vehit – **ab:** *hier* über – **Aurōra:** Osten – **lītus rubrum:** das Rote Meer **Bactra, ōrum** n Pl.: Stadt in Persien **vehere:** *hier* führen – **Aegyptia coniūnx** ~ Cleopatra: EV – **ūnā:** zugleich – **ruere** ~ ruunt – **spūmāre** ~ spūmat – **reductīs ... rēmīs:** von den Ruderschlägen – **convulsus:** aufgewühlt – **rōstrīs tridentibus** (Abl.): von den dreizackigen Schiffsschnäbeln – **alta** n Pl.: das offene Meer **pelagus:** Meer – **innāre** (+ Dat.): auf etwas schwimmen – **revulsus:** weggerissen – **Cycladās** f (Akk. Pl.): Inselgruppe im Ägäischen Meer **concurrere:** zusammenstoßen **turrītus** (Adj.): mit Turmaufsatz **stuppea flamma:** Brandfackel **volātile ferrum:** Wurfgeschoss aus Eisen – **arva Neptūnia** n Pl.: Neptuns Felder, d. h. das Meer **rēgīna** ~ Cleopatra: EV – **sīstrum:** Klapper für Gottesdienste der Göttin Isis (→ Abb.)

Denar (ca. 12 v. Chr.): Agrippa mit der *corona navalis*, einer Auszeichnung für einen Sieger zur See

necdum etiam geminos a tergo respicit anguis.
Omnigenumque deum monstra et latrator Anubis
25 contra Neptunum et Venerem contraque Minervam
tela tenent.

respicere: erblicken
anguis, is m: Schlange – **omnigenūm**
deūm: von Göttern jeder Sorte
mōnstrum: Ungeheuer – **lātrātor,**
ōris m: Kläffer – **Anūbis** m: ägypt.
Gott mit Hundekopf (→ Abb.)

Römische Kriegsgaleere (möglicherweise das Flaggschiff des Octavian in der
Seeschlacht bei Actium), Aquarellkopie nach einem römischen Relief (1. Jh. v. Chr.)

ℹ Typisch Epos VII: Beschreibungen von Gegenständen (*ekphraseis*)

Wenn Vergil den Schild für Äneas genau beschreibt, ist dies ein für die Epik seit Homer geläufiges Gattungsmerkmal: Gebäude, Gewänder, Geschenke und Waffen werden beschrieben, vor allem wenn sich bildliche Darstellungen darauf finden. Diese verweisen meist auf einen tieferen Sinn des Geschehens – wie im Falle des reich bebilderten Schildes: Wenn sich Äneas diesen am Ende des achten Buches auf die Schultern lädt, übernimmt er damit symbolisch im Sinne der *pietas erga patriam* die Verantwortung für die künftige römische Geschichte.

---

1. Erstellen Sie eine grafische Analyse der V. 4–8 (→ S. 20f.).
2. Erläutern Sie die Funktion der Konjunktive in V. 2 und 17.
3. Arbeiten Sie aus **M** die unterschiedlichen Lebensstile und -prinzipien des Octavian und Antonius heraus.
4. Untersuchen Sie nun am Text Vergils Zeichnung des Augustus und Agrippa gegenüber der des Antonius und seiner Truppen.
5. Interpretieren Sie den Text nach dem Muster von S. 28f.
6. Nehmen Sie in Gruppen zu Vergils Beschreibung der Götter des Ostens Stellung.
7. Analysieren Sie die Abbildungen präzise (→ S. 42). Weisen Sie die Bildmotive im Text nach.

M Octavian gegen Antonius – Apollo gegen Dionysos

Der weltanschaulich-aggressive Charakter der neuen Kultur-Ideologie war in der Auseinandersetzung mit Marc Anton entstanden. Dieser [...] hatte im Osten den Lebensstil dionysischer Üppigkeit (Tryphe) in einzigartiger Weise ausgelebt und zur Schau gestellt. Der austere Klassizismus und Archaismus vor allem der frühaugusteischen Zeit wandte sich gegen die Dionysosangleichung und den schwelgenden Lebensgenuss des Marc Anton und gegen das Luxusleben seiner Anhänger [...]. Dass die Octavianer mit Apollo [...] den Klassizismus-Archaismus in der Kunst auf den Schild hoben, war zweifellos eine Reaktion gegen Selbstverständnis und Selbstdarstellung des *Neos Dionysos* Marc Anton in Alexandria. In den Jahren der gegenseitigen Anwürfe scheinen sich sogar Umrisse eines dionysischen und apollinischen Kulturkonzepts entwickelt zu haben.

(P. Zanker, Kaiser Augustus und die verlorene Republik, Berlin 1988, S. 624)

Ägyptische Wandmalerei (um 1290 v. Chr.): der äyptische Gott Anubis

Darstellung einer Isis-Priesterin auf einer griechischen Grabstele (1. Jh. n. Chr.): In der Hand hält die Verstorbene eine Handklapper (*sistrum*), die für den Isiskult verwendet wurde

Beschreibung und Analyse bildlicher Kunstwerke

„Wozu soll man denn ein Kunstwerk beschreiben? Jeder hat doch selbst Augen im Kopf!" Wer so argumentiert, erfasst nur die halbe Wahrheit. Denn erst was jemand verständlich in eigene Worte zu fassen vermag, hat er auch geistig durchdrungen – nicht zuletzt bedarf es der Verbalisierung des Beobachteten, um sich mit anderen darüber austauschen zu können.

Für die Analyse bildlicher Kunst empfiehlt sich ein systematisches Vorgehen, wie Sie es bereits für die Interpretation literarischer Werke kennengelernt haben: Auch hier werden Sie zunächst rahmende und einführende Informationen bereitstellen, bevor Sie zu einer genauen Beschreibung von Bilddetails übergehen und am Ende zu einer Gesamtdeutung gelangen.

Folgende Hinweise gelten selbstverständlich nicht nur für die Analyse der augusteischen Kunst, sondern sind generell anwendbar.

1. Erstinformation

Nennen Sie zunächst, falls vorhanden, den Namen und die Lebensdaten des Künstlers, ggf. den Titel, das Format, die Entstehungszeit und den ursprünglichen Bestimmungsort des Kunstwerks, die gewählte Kunstgattung und das dargestellte Motiv.

2. Detailbeschreibung

Beschreiben Sie in einem weiteren Schritt die Gesamtkomposition, indem Sie Bilddetails, ihre Anordnung im Raum (Vorder- oder Hintergrund, Zentral- oder Randstellung), ggf. verwendete Farben und Material, die Ausführungstechnik, die Rolle von Licht und Schatten (Plastizität) und die gewählte Perspektive erläutern. Diese Beobachtungskriterien sollen Ihnen lediglich als erste Orientierungshilfe dienen – sie sind beliebig erweiterbar: Lassen Sie sich von der Eigenart des jeweils vorliegenden Kunstwerks leiten! Um Ihnen einen Eindruck von der erforderlichen Genauigkeit der Beschreibung zu vermitteln: Stellen Sie sich am besten vor, Sie müssten einem Blinden das jeweilige Kunstwerk mit der Farbpalette Ihrer Ausdrucksfähigkeit vor das innere Auge zaubern.

3. Deutung

Nachdem Sie sich über die genaue Beschreibung der Details einen Gesamteindruck des jeweiligen Kunstwerks verschafft haben, gilt es, in einer abschließenden Synthese seine mögliche Aussageabsicht, seine Funktion und ggf. seine Wirkung auf die Zeitgenossen herauszuarbeiten. Dazu müssen Sie selbstverständlich den jeweiligen historischen Kontext berücksichtigen. Leitfragen dafür könnten etwa sein: Welchen Bezug zur Geschichte enthält das Bild? Zeigt es historische oder mythologische Personen, geschichtliche Einzelereignisse oder allgemeine gesellschaftliche Zustände? Thematisiert der Künstler die Wirklichkeit oder Vorstellungen, Wünsche und Ängste von Menschen seiner Zeit? Wie groß ist der zeitliche Abstand zwischen der dargestellten Zeit und der Entstehung des Kunstwerks? Lassen sich die Aussagen des Bildes durch andere Quellen (Bilder, Texte, Gegenstände) bestätigen, ergänzen, korrigieren oder widerlegen?

Die eben gestellten Fragen können Sie aber nur dann beantworten, wenn Sie über grundlegende Sachkenntnisse verfügen. Denn: Man sieht nur, was man weiß. Das gilt auch für die augusteische Kunst, die auf den Folgeseiten in repräsentativen Beispielen vorgestellt wird.

„Die Macht der Bilder"

Wenn Vergil den vom Schmiedegott Vulcanus kunstvoll gefertigten Schild beschreibt, ist dies seine Form der Respektsbezeugung vor der bildenden Kunst seiner Zeit. Ob in Literatur, Architektur, Porträt-, Relief-, Steinschneidekunst, Skulptur, Wandmalerei oder Münzprägung: Auf allen künstlerischen Gebieten fanden die Ideen und Wertvorstellungen der augusteischen Zeit Verbreitung, sodass sich eine suggestive „Macht der Bilder" entwickelte, die – neben den Faktoren Wohlstand, innerer Frieden und Rechtssicherheit – eine wichtige Stütze für die augusteische Herrschaft bildete. Der augusteischen Kunst gelang es dank ihrer Offenheit für Stileinflüsse aus verschiedenen Epochen und Ländern, mit ihren Botschaften die gesamte Reichsbevölkerung über alle Grenzen hinweg anzusprechen. Diese beeindruckende Wirkmächtigkeit ist wohl nicht auf eine zentral vom Kaiserhof aus gesteuerte Propaganda zurückzuführen, sondern bildete sich in einer Atmosphäre von geistiger Freiheit, finanzieller Förderung und Wertschätzung künstlerischen Schaffens heraus.

Einige Merkmale augusteischer Kunst

Augusteische Kunst zeichnet eine **bewusste Vieldeutigkeit** aus: So stellte sie Identifikationsmöglichkeiten für die unterschiedlichen Weltanschauungen und Bildungsniveaus einer von widerstreitenden Interessen und sozialen Unterschieden geprägten Gesellschaft bereit. So konnte die Frauenfigur auf dem berühmten *Tellus Mater*-Relief der *Ara Pacis* (➙ S. 47) als Mutter Erde, als Venus oder Ceres, aber auch als Italia oder Pax gedeutet werden. Ganz vergleichbar vereint Vergils Zeichnung der nordafrikanischen Königin Dido in sich Aspekte der historischen Kleopatra, der mythischen Medea und der homerischen Frauengestalten Kirke und Nausikaa.

Die Einfachheit der Formensprache mit häufig wiederkehrenden Symbolen schuf einen allgemein verständlichen Bedeutungskosmos: So verwiesen Füllhörner und Blumenranken auf Frieden und Wohlstand, Delphine und Anker auf die Seesiege des Augustus, Opferschalen und Stierschädel auf die wiedererweckte Religiosität usw. Diese auf öffentlichen Denkmälern dargestellten Symbole wurden so populär, dass sie **massenhafte Verbreitung im privaten Raum fanden:** Auf Öllämpchen, Tischgeschirr und Grabmälern. Die Fülle **bukolischer Bildmotive**, d. h. Darstellungen idyllischen Lebens auf dem Lande, wie es Vergil in seinen Hirtenliedern (*Bucolica*) besungen hatte, sollte die Zeitgenossen an das Goldene Zeitalter ländlichen Friedens unter dem Gott Saturn und an die aus der bäuerlichen Welt der Vorfahren stammenden traditionellen Werte wie Einfachheit und Bescheidenheit erinnern.

Eklektizismus (Verwendung von Stilelementen verschiedener Epochen) und **Klassizismus** (Rückgriff auf die klassische Epoche Athens) prägen die augusteische Repräsentationskunst. Häufig kommt es zu einem **Zusammenspiel von historischen und mythologischen Figuren**: So verschmilzt Vergils Epos die mythische Welt des Trojaners Äneas mit der augusteischen Gegenwart, und sowohl auf den Reliefs der *Ara Pacis* wie auf dem Augustusforum treten Figuren der Mythologie wie Äneas und Romulus neben historischen Persönlichkeiten wie Augustus auf.

Nicht zuletzt zeichnet sich ein **Trend zur Typisierung und Idealisierung** ab: Ließ der Kaiserhof die Künstler sonst frei gewähren, legte er für Porträtabbildungen des Augustus einige wenige Typen fest, die den Kaiser stets als jungen Mann, als alterslose Idealerscheinung zeigten.

Skulptur- und Porträtkunst:
Die Statue von Prima Porta

Diese berühmte überlebensgroße Statue (2,04 m) wurde 1863 auf dem Villenareal der Kaisergattin Livia bei Prima Porta vor den Toren Roms ausgegraben. Dabei handelt es sich um die Marmorkopie eines Bronzeoriginals. Gestaltungsvorbild war das um 440 v. Chr. entstandene klassische Standbild des Doryphoros (Speerträger) von der Hand des griechischen Bildhauers Polyklet, wie die gleichen Proportionen und die Darstellungskonvention von Stand- und Spielbein offenbaren. Diese Statue verkörperte Jugend, Schönheit und Sieghaftigkeit – allesamt Attribute, die auf die Augustusstatue ausstrahlen sollten, die den Kaiser als Triumphator mit herrscherlicher Armgeste darstellt. Der Delphin an seinem rechten Unterschenkel verweist auf den Seesieg in Actium; zugleich ist er aber auch Symbol für die Abkunft des Augustus von Venus, der meerentsprossenen Ahnfrau der *gens Iulia*, für die stellvertretend der auf dem Meerestier reitende Erosknabe dargestellt ist. Der für Cäsar typische Hüftmantel weist seinen Träger als dessen Sohn,

als *Divi filius* aus. Das Gesicht des Kaisers ist – typisch für augusteische Porträtkunst – durch Alterslosigkeit und das Zurücktreten individueller zugunsten repräsentativer Züge gekennzeichnet.

Das Panzerrelief verbindet mythologische mit historischen Figuren. In seinem Zentrum ist die Feldzeichenübergabe eines Parthers an einen Römer dargestellt. Diese Szene nimmt Bezug darauf, dass Augustus rund drei Jahrzehnte nach der Niederlage des Crassus 53 v. Chr. gegen die Parther den dabei erfolgten und als Schmach empfundenen Verlust der Feldzeichen rückgängig machen konnte, indem er diese auf diplomatischem Wege wieder in den Besitz des römischen Staates brachte. Flankiert wird diese Szene von zwei Frauenfiguren, die für unterworfene Völkerschaften stehen. Die linke, wohl Symbol für Dalmatia, hält wie zur Übergabe der Waffe ein Adlerkopfschwert, die rechte, die mit Gallien zu identifizieren ist, eine leere Schwertscheide und eine Eberstandarte. Die Seesiege über Sextus Pompejus bei Naulochos und über Kleopatra und

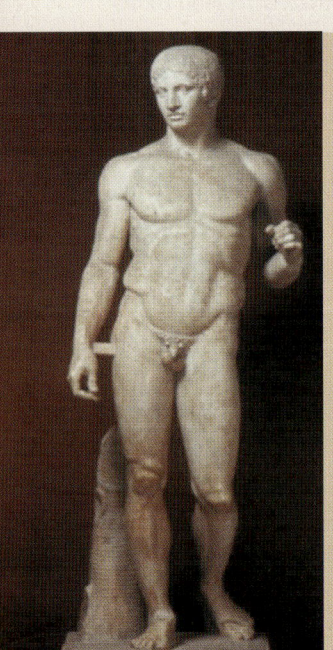 

links: Doryphoros, römische Kopie nach griechischem Original des Polyklet (um 440 v. Chr.), Museo Archeologico Nazionale, Neapel

rechts: Augustusstatue aus der Villa der Livia bei Prima Porta (Kopie des 1. Jh.s n. Chr. nach einem Original um 20 v. Chr.)

Marc Anton bei Actium sind in den abgebildeten Schutzgottheiten präsent: rechts Diana auf der Hirschkuh, ihr gegenüber Apollo auf einem Greif reitend. Am unteren Rand des Panzers sitzt *Tellus Mater*, die mit dem Füllhorn, Ähren und Kindern dargestellt ist, Symbol der Fruchtbarkeit und des Wohlstands des Goldenen Zeitalters, das an die *aurea aetas* unter Saturn anspielt. Diesen Gott erkennt man mit ausgebreitetem Mantel am oberen Saum des Panzers; der Anbruch eines neuen Tages (d. h. einer neuen glänzenden Epoche) wird symbolisiert durch den Sonnengott, der auf seiner Quadriga von links einfährt. Ihm voran fliegt Aurora, die Göttin der Morgenröte, die aus einem Gefäß Morgentau auf die Erde gießt. Auf ihrem Rücken trägt sie die Nacht, die als Zeichen des bestirnten Firmaments eine Fackel trägt. Die Schulterklappen mit den Sphingen erinnern an den Sieg über Ägypten.

Brustpanzer der Augustusstatue von Prima Porta, Umzeichnung der dargestellten Motive

Münzprägekunst: Parthermünze

Münzen eigneten sich hervorragend als Übermittler eingängiger Bildbotschaften, weil sie anders als Denkmäler nicht ortsgebunden waren, sondern in großer Stückzahl kursierten und so viele Adressaten im weitgespannten Imperium erreichten. Dies machte sich auch Augustus zunutze, wenn er seinen außenpolitischen Erfolg der Feldzeichenrückholung von den Parthern im Jahre 20 v. Chr. werbewirksam mit seinem Schriftzug (CAESAR AUGUSTUS) auf Münzen prägen ließ: Die Darstellung des in kniendem Unterwerfungsgestus die römischen Feldzeichen zurückgebenden Parthers vermittelt den Eindruck, als müsste dieses persische Volk – zur Zeit des Augustus ein ebenbürtiger Gegner aus dem Osten – nach einer militärischen Niederlage um Gnade bitten: Tatsächlich war die Feldzeichenübergabe auf friedlich-diplomatischem Wege erfolgt: Die geschichtliche Wahrheit wird durch das tausendfach um die Welt geschickte Münzbild im Sinne kaiserlicher Selbstdarstellung verfälscht.

Augusteischer Denar mit kniendem Parther (19 v. Chr.)

Steinschneidekunst: Die *Gemma Augustea*

Bei der berühmten *Gemma Augustea* handelt es sich um ein 19 x 23 cm großes Cameo (Edelsteinschnittrelief), das in zwei Bildhälften unterteilt ist. Im Zentrum der oberen Bildhälfte sitzen Augustus und seine als Stadtgöttin Roma porträtierte Gattin Livia auf einer Bank. Der Kaiser hält in der Linken ein Szepter, in der Rechten den Krummstab der Auguren (*lituus*). Der zu seinen Füßen sitzende Adler verdeutlicht seine jupitergleiche Stellung. Livia/Roma erscheint mit Lanze, Helm und Schwert, zu ihren Füßen liegen die Waffen besiegter Völker. Zwischen Livia/Roma und Augustus ist im Rund der sog. „Ziegenfisch" (*capricornus*) zu sehen, das Geburtszeichen des Kaisers. Zur Rechten des Kaisers steht die Personifikation der bewohnten Welt (*Oikumene*), die über Augustus den Ehrenkranz aus Eichenlaub für die Rettung der Bürger (*corona civica*) hält.

Neben ihr steht Neptun, der die Herrschaft des Kaisers auch über die Weltmeere symbolisiert. Zu seinen Füßen kauert entweder Italia mit dem Füllhorn oder Agrippina, die Frau von Augustus' Großneffen Germanicus, der links neben Livia/Roma im Feldherrnmantel dasteht. Zu seiner Linken vom Betrachter aus kehrt Livias Sohn und Thronnachfolger Tiberius auf dem Wagen von einem erfolgreichen Feldzug gegen die Illyrer und Pannonier (6–9 n. Chr.) zurück. Sein Erfolg wird symbolisiert durch die hinter ihm stehende Siegesgöttin Victoria. In der unteren Bildhälfte sieht man, wie römische Soldaten ein Triumphmal (*Tropaion*) mit den erbeuteten Ausrüstungsgegenständen ihrer Gegner errichten. Gefesselt sitzen oder knien im Bittgestus die unterworfenen Illyrer und Pannonier da; am rechten Bildrand wird eine Gefangene an den Haaren gezerrt.

Gemma Augustea (1. Jh. n. Chr.),
Kunsthistorisches Museum, Wien

Reliefkunst: Das sog. *Tellus Mater*-Relief auf der *Ara Pacis*

Bekannt ist diese Bildtafel als sog. *Tellus Mater*-Relief. Aber zugleich vereinigt diese Mutter Erde viele andere prominente Frauenpersönlichkeiten in sich: Venus als Ahnherrin der Julisch-Claudischen Dynastie, Ceres als Fruchtbarkeit bringende Göttin, Italia, die als Saturntochter Bezüge zum Goldenen Zeitalter aufweist, die Friedensgöttin Pax und die Kaisergattin Livia selbst, an deren Geburtstag (30.01.9 v. Chr.) die Einweihung der *Ara Pacis* erfolgte. Um die zentrale Frauenfigur sind zahlreiche Attribute für reiche Ernte, Fruchtbarkeit und Wachstum gruppiert, die auf die segenbringende Wirkung der römischen Friedensherrschaft (*Pax Augusta*) verweisen: die beiden kleinen Kinder, Rind und Schaf, Obst und Getreideähren auf dem Schoß sowie die im Hintergrund emporwachsenden Schilf- und Blumenranken. Die links auf dem Schwan sitzende Frauengestalt verkörpert die fruchtbaren Landwinde, die rechts auf einem Meeresungeheuer sitzende Frau die vom Meer kommenden Brisen. Die Urne und das Schilf links unten stehen stellvertretend für die fruchtbaren Flüsse Italiens.

Während Äneas den Schild des Vulcanus bestaunt, beginnen die Kämpfe zwischen den Trojanern und den italischen Ureinwohnern unter der Führung des Turnus (9. Buch). Äneas zieht mit Pallas los. Auf dem Schlachtfeld trifft der junge Pallas auf den erfahrenen Kämpfer Turnus, der ihn gnadenlos tötet und seinen Waffengürtel als Siegestrophäe raubt (10. Buch). Nach lange hin- und herwogendem Kampf treffen Äneas und Turnus vor der Stadt Lavinium aufeinander. Auf dem Olymp versucht Jupiter Juno davon zu überzeugen, ihren Widerstand gegen den Sieg des Äneas aufzugeben – sie sagt unter der Bedingung zu, dass die Latiner nicht den Namen der siegreichen Trojaner annehmen müssen. Jupiter verspricht ihr, dass das künftige Mischvolk aus Trojanern und italischen Ureinwohnern latinischen Brauch und Sprache beibehalten und überdies Juno in besonderer Weise verehren werde – damit ist der Weg für den Sieg des Äneas geebnet. Wenig später sinkt Turnus, getroffen vom Speer des Äneas, zu Boden (*Aen.* 12,930–952).

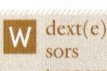 dext(e)ra sors tangere	tendere flectere accendere	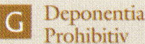 Deponentia Prohibitiv

9 Ille humilis supplex oculos dextramque precantem
  protendens „Equidem merui nec deprecor", inquit;
  „utere sorte tua. Miseri te si qua parentis
  tangere cura potest, oro (fuit et tibi talis
5 Anchises genitor) Dauni miserere senectae
  et me, seu corpus spoliatum lumine mavis,
  redde meis. Vicisti et victum tendere palmas
  Ausonii videre; tua est Lavinia coniunx,
  ulterius ne tende odiis." Stetit acer in armis
10 Aeneas volvens oculos dextramque repressit;
  et iam iamque magis cunctantem flectere sermo
  coeperat, infelix umero cum apparuit alto
  balteus et notis fulserunt cingula bullis
  Pallantis pueri, victum quem vulnere Turnus
15 straverat atque umeris inimicum insigne gerebat.
  Ille, oculis postquam saevi monumenta doloris
  exuviasque hausit, furiis accensus et ira
  terribilis: „Tune hinc spoliis indute meorum
  eripiare mihi? Pallas te hoc vulnere, Pallas
20 immolat et poenam scelerato ex sanguine sumit."
  Hoc dicens ferrum adverso sub pectore condit
  fervidus; ast illi solvuntur frigore membra
  vitaque cum gemitu fugit indignata sub umbras.

prōtendere: *hier* erheben
dēprecārī: um Gnade flehen
sors: *hier* Gunst der Stunde
K. sī (ali)qua cūra miserī parentis tē tangere potest
genitor, ōris: LW2
Anchīsēs, Daunus: EV – **senecta:** das hohe Alter – **lūmen:** *hier* Leben

palma: Hand

Ausoniī, Lāvīnia: EV

ulterius: darüber hinaus – **nē tende** ~ nōlī tendere! – **tendere:** *hier* fortfahren – **in armīs:** in voller Rüstung
reprimere (Perf.: repressī): zurückhalten – **iam iamque magis:** immer mehr – **cunctārī:** LW4 – **balteus:** Schwertgurt – **fulgēre:** LW8 – **cingulum:** Schultergurt – **bulla:** Knopf, Metallplatte – **īnsīgne, is:** LW8

ille ~ Aenēās – **oculīs haurīre** (Perf.: hausī): *hier* mit den Augen erfassen
exuviae, ārum f Pl.: erbeutete Rüstung – **furia:** Wut – **tū-ne** – **spolium:** LW3 – **indūtus** (+ Abl.): bekleidet mit – **meī, ōrum** Pl.: meine Leute
immolāre: *hier* töten
adversus: *hier* zugewandt – **condere sub** (+ Abl.): *hier* tief hineinstoßen in
fervidus: rasend (vor Zorn) – **ast** ~ at

1. Paraphrasieren Sie den Gedankengang der Turnusrede (→ S. 96f.).
2. Erschließen Sie aus Äneas' Körpersprache sein Fühlen und Denken.
3. Erklären Sie Äneas' blitzartige Verhaltensänderung.
4. Analysieren Sie V. 21–23 metrisch und tragen Sie laut vor (→ S. 16f.).
5. Erörtern Sie Äneas' Tun vor dem Hintergrund
   a) des berühmten Äneisverses *parcere subiectis et debellare superbos* (→ T 7, V. 7, S. 38) und
   b) seines Wesens als *pius Aeneas* (→ **M 1**).
6. Diskutieren Sie, ob Turnus als *subiectus* oder *superbus* einzuschätzen ist.
7. Überprüfen Sie Galinskys These (→ **M 2**) am vorliegenden Text.
8. Erläutern Sie die spezifische Gestaltung des Bildes (→ S. 42).

Barry Moser (geb. 1940):
Äneas tötet Turnus, Buchillustration

M 1 Äneas und Achill

Vergil hat mit dem *pius Aeneas* einen neuen, modernen Heldentypus erschaffen, dem es nicht um persönlichen Ruhm, sondern um die Gemeinschaft und das Fortleben des trojanischen Geschlechts geht. Gemessen an homerischen Helden lässt er ein ungewöhnliches Maß an Gnade mit seinen Gegnern walten. Nach dem Tod des Pallas aber stattet Vergil ihn mit den Zügen des archaischen Helden Achill aus, der nach dem Tod seines jungen Waffengefährten Patroklos auf dem Schlachtfeld zu wüten beginnt.

M 2 Die Eigenheit augusteischer Kunst und Literatur

Anstelle einfacher und auf der Hand liegender Botschaften verlangt die augusteische Kunst und Dichtung nach intellektueller Teilnahme des Betrachters oder Lesers und nach sorgfältiger Suche alternativer Erklärungsmöglichkeiten, damit die Aussageabsichten der Künstler in ihrer ganzen Bandbreite verstanden werden können.
(K. Galinsky, Augustan Culture, Princeton 1996, S. 22; Übersetzung: M. Lobe)

i Typisch Epos VIII: Schilderung von Zweikämpfen

Seit Homer ist es im Epos üblich, die Zweikämpfe von Helden zu schildern. Dabei beginnt das Duell meist mit wechselseitigen Beleidigungen, bevor die eigentliche Kampfhandlung stattfindet. Am Ende eines Kampfes steht oft die „Spoliierung", d. h. die Beraubung des getöteten Gegners, dem Rüstung oder Waffen als Trophäen (*spolia*) weggenommen werden.

3 Horaz – Das Lob des augusteischen Zeitalters

Horaz wird 65 v. Chr. als Sohn eines Freigelassenen geboren. Seinem Vater wird er zeitlebens dankbar sein, dass er ihm dennoch Bildung ermöglichte und ihn sogar in Athen studieren ließ. Als junger Mann gerät er dort in den Strudel der Ereignisse nach der Ermordung Cäsars. Denn Brutus und Cassius suchen unter den römischen Studenten Verbündete gegen das Heer seiner Rächer. So steht Horaz in der Schlacht von Philippi 42 v. Chr. auf Seiten der Cäsarmörder und Anhänger der Republik gegen Octavian und Antonius (→ S. 6). Obwohl er auf der falschen Seite stand, nehmen ihm das später weder Augustus noch Mäcenas übel. Mäcenas nimmt ihn in seinen Dichterkreis auf und schenkt ihm ein Landgut in den Sabiner Bergen bei Rom. Kaiser Augustus bietet ihm sogar den Posten als sein Privatsekretär an, was Horaz aber ausschlägt. Horaz revanchiert sich auf seine Weise: In den sog. Römeroden unterstützt er die Wertvorstellungen des augusteischen Zeitalters, und im Jahre 17 v. Chr. schreibt er das Säkularlied zur Einweihung einer neuen Epoche des Weltfriedens unter Kaiser Augustus.

M 1 Heiner Müller: Leben des Horaz

Der Arrivierte mit dem Hass auf sein Startloch.
Unter Brutus ist er Demokrat
Tod dem Tyrannen und mir auch ein
           Landgut
Pazifist bei Philippi, der skandiert den Boden
Dann lernt er seine Lektion (er auch), wechselt
Die Laufbahn *Schwamm drüber Augustus.* Das
           Landgut
Schenkt Maecen ihm für einen Platz in den Oden
Acht Spiegel im Schlafzimmer und kein Wort mehr von Brutus
Er macht seinen Weg in die Chrestomathien
Aere perennius Liebling der Philologen.

arriviert: zu Ansehen gelangt, gesellschaftlich aufgestiegen

der skandiert den Boden: spielt darauf an, dass Horaz sozusagen auf allen Vieren aus der Schlacht von Philippi geflohen sein soll

acht Spiegel: (falsche) Nachricht eines späten Horazerklärers, Horaz habe zur Erhöhung des sexuellen Genusses viele Spiegel aufgehängt
Chrestomathie: Zusammenstellung von Texten zu belehrenden Zwecken für Schüler und Studenten
aere perennius: Beginn der Horaz-Ode 3,30,1: *Exegi monumentum aere perennius* (Ich habe ein Werk vollendet, dauerhafter als Erz.)

1. Recherchieren Sie zu Leben und Werken des Horaz und präsentieren Sie Ihre Ergebnisse.
2. Erläutern Sie mit diesem Wissen das Urteil über Horaz, das Heiner Müller (1929–1995) in seinem Gedicht fällt.

Im Jahr 17 v. Chr., also zehn Jahre nachdem er zum Augustus geworden ist, lässt der Kaiser dreitägige Festspiele zur Einweihung eines neuen, glücklichen Jahrhunderts (*saeculum*) feiern. Horaz verfasst das offizielle Festlied, das von einem aus 27 Jungen und ebenso vielen Mädchen bestehenden Chor vorgetragen wird. Das bloße Auftreten der Kinderschar soll die eheliche Fruchtbarkeit und die Erfolge augusteischer Ehegesetzgebung symbolisieren. Im Text werden Apollo und seine Schwester Diana als göttliche Garanten des künftigen Goldenen Zeitalters gepriesen – dementsprechend wird das Lied auch vor dem Apollotempel auf dem Palatin gesungen. Ein Auszug von zwei Strophen mag als Einblick genügen (*Carm sec.* 29–32, 57–60):

Tellus Mater-Relief an der *Ara Pacis* (9 v. Chr.), Detail

1 Fertilis frugum pecorisque tellus
  spicea donet Cererem corona;
  nutriant fetus et aquae salubres
      et Iovis aurae.

5 Iam Fides et Pax et Honor Pudorque
  priscus et neglecta redire Virtus
  audet adparetque beata pleno
      Copia cornu.

Mutter Erde, fruchtbar an Feldfrüchten und Vieh, soll die Göttin Ceres mit einem Kranz aus Ähren beschenken; gesunde Gewässer und die Winde Jupiters sollen den Nachwuchs aufziehen.

Schon wagen es die Treue, der Friede, die Ehre, der frühere Anstand und die vernachlässigte Tugend zurückzukehren und die glücksgesegnete Fülle erscheint mit ihrem Füllhorn.
(Übersetzung: M. Lobe)

1. Arbeiten Sie augusteische Kernideen aus beiden Strophen heraus.
2. Weisen Sie Parallelen zwischen dem Text und dem Relief nach.
3. Entwickeln Sie aus **M 2** den eigentlichen Zweck des Säkularfestes.
4. Erschließen Sie mithilfe eines Wörterbuches das Bedeutungsspektrum von *copia*.

M 2 Das Goldene Zeitalter, von dem bei Vergil und Horaz die Rede ist, steht für mehr als den Neubeginn des großen Weltjahres; ihm liegt die Vorstellung zugrunde, der Lauf des Weltjahres lasse sich imperial beeinflussen. Der Zeitlauf wird neu gestartet, aber kraft der imperialen Macht verharrt er am Anfang, und der eigentlich als zwangsläufig angesehene Verfall über ein Silbernes und Bronzenes zum Eisernen Zeitalter ist aufgehalten. In einer Zeit, in der Verfall und Niedergang als die natürliche Tendenz der Geschichte begriffen wurden, galt dies als die weltgeschichtliche Rolle der Imperien: Sie halten den Niedergang auf und verhindern das Weltende.
(H. Münkler, Imperien, Berlin 2005, S. 139)

In seinem letzten veröffentlichten Gedicht besingt Horaz das augusteische
Zeitalter (*Carm.* 4,15, adaptiert).

W velle   custōs   **G** PC
referre   furor
licentia   rumpere

2 Phoebus me
– proelia et victas urbes loqui volentem –
lyra increpuit,
ne parva vela per aequor Tyrrhenum darem.
5 Tua, Caesar, aetas,
     et fruges uberes agris *rettulit*
     et signa (derepta postibus superbis Parthorum) Iovi
restituit
     et vacuum duellis Ianum Quirini clausit
10   **et** licentiae (ordinem rectum evaganti) frena iniecit
     emovit**que** culpas
     et veteres artes *revocavit,*
         per quas Latinum nomen
         et Italae vires
15   famaque et maiestas imperi
         (porrecta ad ortus solis ab cubili Hesperio)
crevere.
Custode rerum Caesare
non furor civilis aut vis exiget otium
20   **non** ira, quae procudit ensis et urbis miseras inimicat;
     non qui profundum Danuvium bibunt,
     non Getae,
     non Seres infidique Persae,
     non prope flumen Tanain orti
25 edicta Iulia rumpent;
nosque
     et profestis et sacris lucibus
     inter munera Liberi iocosi
     cum prole matronisque nostris
30   rite deos prius adprecati
     duces more patrum virtute functos
     carmine tibiis Lydis remixto
Troiamque et Anchisen et progeniem Veneris almae
canemus.

Phoebus ~ Apollo: EV

loquī: *hier* besingen

lyra: Leier

Tyrrhēnum aequor n: Tyrrhenisches
Meer – **Caesar** ~ Augustus: EV

frūx, frūgis f: Frucht – **über, eris:** reich
Parthī, ōrum; Iuppiter, Iovis: EV

restituere (Perf.: restituī): zurückge-
ben – **vacuus** (+ Abl.): frei von
duellum: Krieg – **Iānus:** EV, *hier*
Ianustempel – **ēvagārī** (+ Akk.):
etw. überschreiten – **ēmovēre** (Perf.:
ēmōvī): beseitigen

porrigere (PPP: porrēctum): ausdehnen – **ortus, ūs:** Aufgang
cubīle, is n (Abl. -ī): Schlafzimmer
Hesperius: westlich, im Westen
liegend

prōcūdere: schmieden – **inimīcāre:**
verfeinden – **profundus:** tief
Dānuvius: Donau

Getae, ārum: EV – **Sērēs, um** m Pl.:
die Serer (die heutigen Chinesen)
īnfīdus: treulos
Persae, ārum: EV – **prope** (+ Akk.):
bei – **Tanais** (Akk.: Tanain): der heutige Fluss Don – **orīrī:** *hier* geboren
werden – **ēdictum:** Erlass
Iūlius: julisch
lūx profēsta: Arbeitstag
Līber ~ Bacchus: EV – **iocōsus:**
fröhlich – **mātrōna:** (Ehe)Frau

adprecārī (Perf.: adprecātus sum):
(betend) anrufen – **mōre:** nach Art

remīxtus: *hier* begleitet von
tībia: Flöte – **Lydus:** lydisch
almus: gütig, fürsorglich

Horaz, *Carmen* 4,15 (Original)

Phoebus volentem proelia me loqui
victas et urbes increpuit lyra,
    ne parva Tyrrhenum per aequor
    vela darem. Tua, Caesar, aetas

fruges et agris rettulit uberes
et signa nostro restituit Iovi
    derepta Parthorum superbis
    postibus et vacuum duellis

Ianum Quirini clausit et ordinem
rectum evaganti frena licentiae
    iniecit emovitque culpas
    et veteres revocavit artes,

per quas Latinum nomen et Italae
crevere vires famaque et imperi
    porrecta maiestas ad ortus
    solis ab Hesperio cubili.

Custode rerum Caesare non furor
civilis aut vis exiget otium,
    non ira, quae procudit enses
    et miseras inimicat urbes.

Non qui profundum Danuvium bibunt,
edicta rumpent Iulia, non Getae,
    non Seres infidique Persae,
    non Tanain prope flumen orti.

Nosque et profestis lucibus et sacris
inter iocosi munera Liberi
    cum prole matronisque nostris
    rite deos prius adprecati,

virtute functos more patrum duces
Lydis remixto carmine tibiis
    Troiamque et Anchisen et almae
    progeniem Veneris canemus.

1. Untersuchen Sie anhand von **i**, ob sich Horaz in vorliegendem Gedicht an die Gepflogenheiten der *recusatio* hält.
2. Recherchieren Sie arbeitsteilig zu den Inhalten der *Res gestae* des Augustus und diskutieren Sie, ob man die Strophen 2–4 als deren dichterische Kurzfassung auffassen kann (→ **i**, S. 11).
3. Stellen Sie die Verben mit dem Präfix *re-* aus den V. 5–12 zusammen. Erfassen Sie deren gemeinsamen inhaltlichen Nenner und erklären Sie deren auffällige Häufung.
4. Analysieren Sie das jeweils vorherrschende Tempus beider Gedichthälften (V. 1–16/ V. 17–32). Interpretieren Sie das Gedicht nach dem Muster von S. 28f.
5. Weisen Sie nach, dass es als eine Art Resümee des augusteischen Zeitalters aufgefasst werden kann.

i *Recusatio*

Bei der *recusatio* handelt es sich um einen Entschuldigungstopos der augusteischen Dichtung, mit dem der Dichter andeutet, er werde anstelle eines Herrscherlobs in Form eines Epos einen unbedeutenden Gegenstand in einer literarischen Kleinform behandeln.

4 Ovid – Von Augustus verbannt

Publius Ovidius Naso, 43 v. Chr. geboren, soll nach dem Wunsch seines Vaters eine traditionelle Ämterlaufbahn einschlagen – stattdessen zieht es ihn zur Dichtkunst. Früh hat Ovid erste Erfolge mit seinen *Amores*, Liebeselegien. Die neue Staatsform des Prinzipats hatte sich längst konsolidiert, Friede herrschte, die Wunden des Bürgerkriegsjahrhunderts begannen sich zu schließen, und Rom erlebte unter Augustus einen Bauboom und großen Wohlstand. Anders als die eine Generation älteren Dichter Vergil, Horaz und Livius sieht Ovid die Segnungen der neuen Zeit als selbstverständlich an und äußert sich in seinen Werken bisweilen spöttisch über manche ihrer Widersprüchlichkeiten. 8 n. Chr., als Augustus seine Tochter Julia in die Verbannung schickt, widerfährt Ovid das gleiche Schicksal: Er wird nach Tomi ans Schwarze Meer verbannt, ohne dass bis heute die Gründe dafür bekannt sind: Ovid selbst nennt *carmen et error*. Bei dem *carmen* dürfte es sich um die *Ars amatoria* handeln, drei Bücher über die Liebeskunst, die allerdings etliche Jahre vor Ovids Verbannung erschienen waren – was den Irrtum (*error*) angeht, weiß man gar nichts. Er dürfte der eigentliche Grund für die Strafe sein. Die frivolen Bücher über die Liebeskunst liefen zwar der augusteischen Sittengesetzgebung zuwider, spielten wohl aber eher eine Nebenrolle bei der Zumessung der Strafe. Die Verbannung in die Einöde fern der Metropole Rom ist eine Katastrophe für Ovid. Davon künden seine Trauergedichte (*Tristia*) und seine Versbriefe vom Schwarzen Meer (*Epistulae ex Ponto*).

1. Recherchieren Sie zu Leben und Werken Ovids und präsentieren Sie Ihre Ergebnisse.
2. Lesen Sie den Auszug aus Ransmayrs Roman (→ **M**).
   a) Arbeiten Sie heraus, wie Augustus dargestellt wird.
   b) Untersuchen Sie, ob das Nashorn im Rahmen dieses Textes ein Sinnbild für den Kaiser selbst sein könnte.
   c) Geben Sie wieder, wie der Prozess der Urteilsfindung über Ovid dargestellt wird.
3. Analysieren Sie, wie der Maler Ovids Exilisolation in Szene setzt (→ S. 42).

Eugène Delacroix (1798–1863): Ovid bei den Barbaren. Deckengemälde im Palais Bourbon (Assemblée Nationale), Paris

M Geist und Macht

Augustus saß reglos auf einer Steinbank am Fenster und verfolgte von dort das Schlammbad eines Nashorns, ein Geschenk des Protektors von Sumatra, das sich ohne einen Laut des Behagens in einem von Palisaden gesicherten Pfuhl des inneren Hofes wälzte. [...] Der Imperator hatte sich nicht von diesem Anblick abgewandt, als der Berichterstatter eingetreten war und auf das Handzeichen eines nervösen Sekretärs zu sprechen begonnen hatte. Gelesen? Hatte der Imperator jemals eine Elegie des Naso gelesen? Ein Gedicht? Eines seiner Bücher? Augustus schien von der Behendigkeit der Bewegungen des urzeitlichen Tiers unter seinem Fenster wie gebannt; das Nashorn schleuderte Morastfontänen hoch und riss mit seinem Horn tiefe Furchen, Halbkreise und Wellenlinien in den weichen Grund. Ein Mächtiger las keine Bücher; keine Elegien. Wie alles, was in der Welt dort draußen, jenseits des Pfuhls geschah, erreichten den Imperator auch Bücher nur über die zusammenfassenden, erklärenden Berichte seiner Untertanen. Wenn Augustus über den Vollzug einer Strafexpedition oder den Bau einer Talsperre unterrichtet werden konnte, ohne dass er dabei seine Augen am Anblick von Staubwolken, Ketten und Baugerüsten ermüden musste – um wie viel mehr konnte man ihm dann nicht den Inhalt ganzer Bibliotheken zu Füßen legen, ohne dass er jemals ein Buch auch nur aufzuschlagen brauchte? [...] Nein, im Herz des Palastes hatte niemand Elegien gelesen. Bücher waren diesem Herzen so fern wie die Welt. Die Schlammschicht, mit der sich das Nashorn zweimal und dreimal am Tag umgab, schützte es jedes Mal nur kurz vor den Pferdebremsen und Fliegenschwärmen. Wenn dieser Mantel in der Sonnenhitze brach und dem Tier dann in großen Platten vom Leib sprang, schienen die Insekten mit umso größerer Wut über die ungeschützte Schwarte herzufallen und versetzten das Vieh manchmal in eine solche Raserei, dass es plötzlich losstürzte und zerstampfte und zerpflügte, was sich ihm in den Weg stellte, um sich dann endlich an den Stämmen der Palisaden und an den Bäumen des Pfuhls mit einer Heftigkeit zu reiben, als wollte es nicht nur die Fliegen und alles Ungeziefer, sondern seinen mächtigen grauen Leib selbst abstreifen. [...] Ohne ein Wort, nur mit einer jähen, knappen Handbewegung, die kaum heftiger schien als das Abschütteln einer Stubenfliege, hatte Augustus den Berichterstatter unterbrochen und war dann ganz in den Anblick des Nashorns zurückgesunken. Eine flüchtige Bewegung seiner Hand. Es war genug. Der Hof brauchte keine ganzen Sätze und keine fertigen Urteile. In den Ratskammern, an den Schreibtischen und in den Speichern der Archive hatte man nun ein Zeichen; was daran zu einem Urteil noch fehlte, war ohne Mühe zu ergänzen. Ein schlechter Diener Roms, wer eine jähe Bewegung seiner rechten Hand nicht als ein Zeichen des größten Unmuts, ja des Zorns zu deuten wusste.

(C. Ransmayr, Die letzte Welt, Nördlingen 1988, S. 70 ff.)

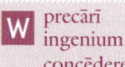

Ovid führt zunächst Beispiele auf, wie Götter durch Gedichte gnädig gestimmt wurden, und fährt dann fort (*Trist.* 2,27–44).

His precor exemplis tua nunc, mitissime Caesar,
    fiat ab ingenio mollior ira meo.
Illa quidem iusta est, nec me meruisse negabo:
    Non adeo nostro fugit ab ore pudor.
5 Sed nisi peccassem, quid tu concedere posses?
    Materiam veniae sors tibi nostra dedit.
Si, quotiens peccant homines, sua fulmina mittat
    Iuppiter, exiguo tempore inermis erit;
nunc ubi detonuit strepituque exterruit orbem,
10   purum discussis aera reddit aquis.
Iure igitur genitorque deum rectorque vocatur,
    iure capax mundus nil Iove maius habet.
Tu quoque, cum patriae rector dicare paterque,
    utere more dei nomen habentis idem.
15 Idque facis, nec te quisquam moderatius umquam
    imperii potuit frena tenere sui.
Tu veniam parti superatae saepe dedisti,
    non concessurus quam tibi victor erat.

precor, (ut): ich bitte darum, dass
K. tua … īra – **mītis, e**: milde
Caesar ~ Augustus: EV
K. ab ingeniō … īra meō (commōta)
K. illa (īra)
fugere: *hier* sich fernhalten von
peccāssem ~ peccāvīssem

Iuppiter, Iovis: EV – **exiguus:** kurz
inermis, e: unbewaffnet – **dētonāre**
(Perf.: dētonuī): losdonnern
strepitus, ūs: *hier* Donnergrollen
exterrēre (Perf.: exterruī): erschrecken – **discutere** (PPP: discussum):
herabschütteln – **āera:** Akk. Sg. zu
āēr – **capāx, ācis:** weit – **dīcāre** ~
dīcāris

frēnum: Zügel

pars: *hier* gegnerische Partei
K. veniam … quam

1. Beschreiben Sie Ovids Argumentationsstrategie und diskutieren Sie, ob diese Sie überzeugen würde.
2. Arbeiten Sie die Textpassagen heraus, die das augusteische Selbstverständnis spiegeln.
3. Erklären Sie die Funktion des Ablativs in V. 12 und 15.
4. Analysieren Sie das Bild (→ S. 42) und vergleichen Sie es mit Ovids Jupiterdarstellung.

Hans Thoma (1839–1924):
Jupiter schleudert Blitze

5 Livius – Roms sagenhafte Frühzeit

Livius, der der gleichen Generation wie Augustus, Vergil und Horaz angehört (59 v. Chr. -17 n. Chr.), gilt als bedeutendster Prosaschriftsteller der augusteischen Zeit. Sein Geschichtswerk *Ab urbe condita* umfasst 142 Bücher und stellt die Geschichte Roms von den mythischen Anfängen bis zu seiner Gegenwart dar. Mit den Büchern 1–10 und 21–45 ist heute nur ein Viertel des Gesamtwerks erhalten. Als Anhänger der alten römischen Republik versucht Livius aufzuzeigen, welche *mores* und *virtutes* Rom in der Vergangenheit stark gemacht haben, und umgekehrt, welche *vitia* in der Gegenwart Rom schwächen. Im Lobpreis der Anfänge Roms trifft er sich mit der zeitgleich entstandenen *Äneis* Vergils: Beide Werke haben die Reorganisation des römischen Staates durch Augustus ideologisch mitgetragen. Der Nachwelt galt und gilt Livius als einer der größten Schriftsteller der Antike, dessen Werk eine unerschöpfliche Fundgrube für die Kunst und Literatur bis ins 18. Jh. hinein bot.

M 1 Livius als Lobredner republikanischer Werte

Dieser (Augustus) soll im Scherz gesagt haben, Livius habe Roms Geschichte als „Pompeianer" dargestellt (Tacitus, *Annales* 4,34), also als Anhänger der von Caesar und seinem Erben Augustus überwundenen Republik. In der Tat schildert Livius den Werdegang des Römerreichs als Resultat der republikanischen Tugenden seiner Bürger, rühmt ihre anfängliche Redlichkeit und Rechtlichkeit, ihre Einfachheit, Sparsamkeit und Strenge, stellt sich dagegen strikt gegen späteren Luxus und Sittenverfall. In diesem Engagement für die von ihm hochgehaltenen Werte seines Volkes liegt der Hauptvorzug des Livius. (B. Kytzler, Lexikon der griechischen und römischen Autoren, Stuttgart, 1997, S. 200)

M 2 Augustus und der *mos maiorum* (*Res gest.* 8)

Legibus novis me auctore latis multa exempla maiorum exolescentia iam ex nostro saeculo reduxi et ipse multarum rerum exempla imitanda posteris tradidi.

Durch neue Gesetze, die auf meine Veranlassung hin eingebracht wurden, habe ich viele Beispiele der Vorfahren, die aus unserem Zeitalter schon zu verschwinden drohten, zurückgeholt und habe selbst Beispiele für viele Sachverhalte überliefert, die von der Nachwelt nachgeahmt werden können.

1. Arbeiten Sie heraus, in welchen Aspekten das Werk des Livius augusteischen Ideen entsprach.
2. Recherchieren Sie zur römischen Geschichtsschreibung vor und nach Livius und präsentieren Sie Ihre Ergebnisse (→ GW, S. 137f.).

5.1 Cincinnatus: *vir vere Romanus*

Im Krieg der Römer gegen die Nachbarvölker der Sabiner und Aequer 458
v. Chr. wird der Konsul Minucius in seinem Lager eingeschlossen. Rom steht
kopflos da, Panik bricht aus (*Liv.* 3,26,5-10; 3,29,5. 7).

W arcessere	lēgātus	**G** Gen. partitivus
parum	salūs	Gen. qualitatis
restituere	īnstruere	NcI

1 Nihil tam inopinatum nec tam insperatum accidere potuit.
Itaque tantus pavor, tanta trepidatio fuit, quanta si urbem,
non castra hostes obsiderent. Nautium consulem arcessunt.
In quo cum parum praesidii videretur dictatoremque dici
5 placeret, qui rem perculsam restitueret, L. Quinctius Cincinnatus consensū omnium dicitur. Operae pretium est au-
dire, qui omnia prae divitiis humana spernunt neque honori
magno locum neque virtuti putant esse, nisi ubi effuse af-
fluant opes. Spes unica imperii populi Romani, L. Quinctius
10 trans Tiberim, contra eum ipsum locum, ubi nunc navalia
sunt, quattuor iugerum colebat agrum, quae prata Quinctia
vocantur. Ibi ab legatis - seu fossam fodiens palae innixus,
seu cum araret, operi certe, id quod constat, agresti inten-
tus - salute data in vicem redditaque rogatus, ut, quod bene
15 verteret ipsi reique publicae, togatus mandata senatūs audi-
ret, admiratus rogitansque „satin salve?" togam propere e
tugurio proferre uxorem Raciliam iubet. Quā simul absterso
pulvere ac sudore velatus processit, dictatorem eum legati
gratulantes consalutant, in urbem vocant; qui terror sit in
20 exercitu, exponunt. [...]

Cincinnatus stellte ein Heer zusammen, schlug die Feinde und feierte einen
Triumph in Rom.

Ducti ante currum hostium duces; militaria signa praelata;
secutus exercitus praedā onustus. Epulae instructae dicun-
tur fuisse ante omnium domos, epulantesque cum carmine
triumphali et sollemnibus iocis comissantium modo cur-
25 rum secuti sunt. [...] Quinctius sexto decimo die dictaturā
in sex menses acceptā se abdicavit.

Seitentext (Vokabelhilfen):

inopīnātus: unvermutet
īnspērātus: unerwartet
trepidātiō, ōnis: Ratlosigkeit
obsidēre: belagern
praesidium: *hier* Beistand

percellere (PPP perculsum): von
Grund auf erschüttern
operae pretium est audīre (eōs),
quī: es lohnt sich, dass diejenigen
zuhören, die ... - prae (+ Abl.):
im Vergleich zu - effūsē Adv.:
verschwenderisch - affluere:
zufließen
ūnicus: einziger - nāvālia n Pl.:
Schiffswerften - iūgera, um n Pl.:
ein Morgen Land - K. colēbat agrum
quattuor iūgerum - prātum: Wiese
fodere, -iō: ausheben - pāla: Spaten
innīxus (+ Dat.): gestützt auf
arāre: pflügen - quod bene verteret
ipsī reīque pūblicae: was sich für
ihn selbst und den Staat als gut
erweisen würde - mandātum:
Auftrag - satin salvē?: Alles in
Ordnung? - tugurium: Hütte
abstergēre (PPP abstersum):
abwischen - vēlātus: *hier* standesge-
mäß gekleidet - grātulārī:
beglückwünschen

epulae, ārum Pl.: Festmahl
epulārī: schmausen - carmen
triumphāle: Siegeslied - sollemnis,
e: festtagsüblich - iocus: Scherz
cōmissārī: feiernd umherziehen
sē abdicāre: zurücktreten von

1. Paraphrasieren Sie die Not der Römer, wie sie Livius zu Beginn schildert.
2. Erschließen Sie, an welche Zeitgenossen sich Livius in seinem Exkurs Z. 6–9 wendet und welche Funktion diese Ansprache hat.
3. Interpretieren Sie den Text nach dem Muster von S. 28f.
4. Begründen Sie aus dem Text und unter Einbezug von **i** wodurch v. a. Cincinnatus zur politischen Vorbildfigur wurde.
5. Vergleichen Sie beide Statuen und weisen Sie nach, wie das Standbild des US-Präsidenten römische Symbolik aufgreift.

Cincinnatus-Statue im Eden Park, Cincinnati

Statue von George Washington (1732–1799) in Trafalgar Square, London

i Die Diktatur

Das Diktatorenamt war in der republikanischen Verfassung eine Art Monarchie auf Zeit. Es war für eine besondere Notlage des Staates gedacht, damit ein einziger Mann dank unumschränkter Macht schnell die nötigen Rettungsmaßnahmen einleiten konnte. Zur Sicherung vor Missbrauch war diese Befugnis auf sechs Monate beschränkt. Aber nicht alle damit Betrauten wollten die einzigartige Machtfülle nach dieser Zeit wieder abgeben. Sulla und Cäsar hatten das Amt des Diktators immer wieder als Basis für ihre Alleinherrschaft verwendet und so in Verruf gebracht.

i George Washington und Cincinnatus

Die Gründerväter Amerikas haben ihre Nation nach dem Vorbild der römischen Republik modelliert und dazu auch *exempla virtutis* der römischen Vorzeit für ihre Zwecke verwendet. Präsident George Washington wurde als zweiter Cincinnatus verehrt, weil er 1783 nach der siegreichen Beendigung des Unabhängigkeitskrieges sein Mandat als General niedergelegt und sich auf seine Farmresidenz Mount Vernon zurückgezogen hatte. Nach dem Unabhängigkeitskrieg gründeten ehemalige Offiziere die Bruderschaft der Cincinnati – Namensgeber der amerikanischen Metropole Cincinnati.

Prosatexte übersetzen

Prinzipiell sollten Sie sich vor jeder Übersetzung einen groben Überblick über den Inhalt der Passage verschaffen. Lesen Sie den Text aufmerksam – auch mithilfe der angegebenen Vokabeln. Sie können dabei den Text ausgehend von W-Fragen ordnen. Im ersten Livius-Text dieser Ausgabe begegnet Ihnen der folgende Satz:

> Ibi (Cincinnatus) […] ab legatis salute data in vicem redditaque rogatus, ut, quod bene verteret ipsi reique publicae, togatus mandata senatus audiret, admiratus rogitansque „Satin salve?" togam propere e tugurio proferre uxorem Raciliam iubet.

Wenn Sie, wie bei Livius zum Teil üblich, längere Satzperioden vor sich haben, müssen Sie schrittweise vorgehen, um sie richtig übersetzen zu können.

1. Markieren Sie ausgehend von den Kommata – diese können ein Hinweis auf einen Nebensatz sein – zunächst alle **Nebensätze** einschließlich ihrer Prädikate:

> Ibi (Cincinnatus) […] ab legatis salute data in vicem redditaque rogatus, ut, quod bene verteret ipsi reique publicae, togatus mandata senatus audiret, admiratus rogitansque „Satin salve?" togam propere e tugurio proferre uxorem Raciliam iubet.

2. **Analysieren Sie den Rest des Satzes systematisch und planvoll.** Bedenken Sie dabei stets zweierlei:

Livius verwendet gerne **Infinitivkonstruktionen (AcI, NcI)**, sodass stets zu überprüfen ist, ob ein Infinitiv infolge eines Hilfsverbs (z. B. *posse*, *debere*), eines unpersönlichen Ausdrucks (z. B. *placet*, *licet*) oder eines einen AcI oder NcI auslösenden Verbs steht (z. B. *oportet*; *dicit* → AcI; *dicitur* → NcI).

Livius verwendet häufig **satzwertige Konstruktionen** (z. B. **Participium coniunctum**, **Ablativus absolutus**, **attributives Gerundiv**), die anders als Nebensätze nicht durch Kommata vom Hauptsatz abgetrennt werden.

Markieren Sie zunächst Prädikat, Subjekt und Objekt. Untersuchen Sie danach den Rest auf Infinitive bzw. Infinitivkonstruktionen (diese ersetzen oft das Akkusativobjekt, manchmal auch das Subjekt) und satzwertige Konstruktionen und markieren Sie diese durch Klammern:

> Ibi (Cincinnatus) […] {ab legatis salute data in vicem redditaque} (rogatus, ut, quod bene verteret ipsi reique publicae, togatus mandata senatus audiret,) (admiratus rogitansque „Satin salve?") [togam propere e tugurio proferre uxorem Raciliam] iubet.

3. **Visualisieren Sie das logische Gefüge des Satzes**, z. B. mit der sog. **Einrückmethode**. Notieren Sie den Satz seiner Wortfolge entsprechend so, dass der Hauptsatz links steht, Nebensätze, Infinitivkonstruktionen und satzwertige Konstruktionen jeweils rechts eingerückt werden, damit so ihre Abhängigkeit deutlich wird.

> Ibi (Cincinnatus) […]
>   ab legatis salute data in vicem redditaque
>   rogatus,
>   ut,
>   quod bene verteret ipsi reique publicae,
>   togatus mandata senatus audiret,
>   admiratus
>   rogitansque „Satin salve?"
>   togam propere e tugurio proferre uxorem Raciliam
> iubet.

4. Markieren Sie zusätzlich zum Subjekt und Prädikat alle Verbformen und **übersetzen** Sie dann den Satz Zeile für Zeile von vorne nach hinten, da der Schluss des Satzes oft nur durch die zuvor gegebenen Informationen verständlich ist. Behandeln Sie dabei alle Partizipien so, als ob sie Prädikate in einer langen Satzreihe wären, und knüpfen Sie jede nachfolgende Information mit „und" an. Fügen Sie einen Ablativus absolutus als temporalen Gliedsatz (PPP: nachdem; PPA: während) in die Übersetzung ein.

Ibi **Cincinnatus**
    ab legatis salute data in vicem redditaque
    rogatus,
      ut,
            quod bene verteret ipsi reique
            publicae,
    togatus mandata senatus audiret,
admiratus
rogitansque „Satin salve?"
togam propere e tugurio proferre uxorem
Raciliam
iubet.

Dort ist Cincinnatus, nachdem er von den Gesandten gegrüßt und der Gruß (von ihm) abwechselnd erwidert worden war, gebeten worden, dass er, was / weil es sich für ihn selbst und den Staat gut wenden würde / möge, mit der Toga bekleidet die Aufträge des Senates anhört, und er hat sich gewundert und „Ist alles in Ordnung?" gefragt und hat befohlen, dass seine Ehefrau Racilia eilends die Toga aus der Hütte holt.

Beachten Sie bei der Übersetzung auch die folgenden **stilistischen Eigenheiten** des Livius:

- **Historischer Infinitiv** statt 3. Pers. Sg. / Pl. Perf.: Übersetzung mit Perfekt

- **Verwendung poetischer Formen**: 3. Pers. Pl. Ind. Perf. Aktiv: *-ere* statt *-erunt*

- Verwendung der **Stilmittel Hyperbaton und Ellipse:** Die Formen von *esse* fehlen häufig.

- **Antithetischer Stil:** *modo … modo / simul … simul / pars … pars*: teils … teils; *alii … alii / alter … alter*: die einen … die anderen / der eine … der andere; *sive … sive / seu … seu*: sei es, dass … oder dass; dabei geht Livius selten parallel vor, sondern wechselt die Konstruktion, indem er z. B. einen Grund erst mithilfe eines Participium coniunctum, dann mithilfe eines kausalen Adverbialsatzes oder eines Präpositionalausdruckes angibt: z. B. *seu fossam fodiens, seu cum araret*.

- **Constructio ad sensum:** Da sich das Prädikat am Sinn des Subjekts orientieren kann, kann es bei *plebs, populus, pars, iuventus* und *quisque* auch im Plural erscheinen.

- **Subjunktionen** bzw. **Relativpronomina** stehen häufig nicht zu Beginn eines Nebensatzes.

Livius führt ausführlich in sein Geschichtswerk ein (*Liv.*, praef. Teil 1).

2 Ich weiß nicht, ob es der Mühe wert ist, wenn ich die Geschichte des römischen Volkes von Beginn an genau beschreibe, und wenn ich es wüsste, würde ich nicht wagen, es auszusprechen, da ich
5 weiß, dass das Thema nicht nur alt, sondern auch überaus bekannt ist, weil neue Schriftsteller immer glauben, sie würden zur Geschichte irgendetwas noch besser Abgesichertes beitragen oder durch ihre Schreibkunst die Kunstlosigkeit der Vorgän-
10 ger übertreffen. Wie auch immer: Es wird mir dennoch Freude bereiten, mit all den mir zur Verfügung stehenden Kräften selbst für die Erinnerung an die Taten des ersten Volks der Erde gesorgt zu haben, und wenn mein Name in einer so großen
15 Masse von Autoren im Dunkel bleibt, so will ich mich mit dem Ansehen und der Bedeutung derjenigen trösten, die meinem Ruhm im Wege stehen. Außerdem ist es ein Stoff von unermesslichem Umfang, da er über 700 Jahre zurückreicht und
20 nach seinem Beginn aus bescheidenen Anfängen so angewachsen ist, dass er schon an seiner Überfülle leidet. Und zweifellos werden die ersten Ursprünge Roms und, was unmittelbar darauf folgt, für die meisten Leser weniger vergnüglich sein, da
25 es sie zu den aktuellen Angelegenheiten hinzieht, in denen sich die Kräfte des schon seit langer Zeit übermächtigen Volkes selbst aufreiben. Ich werde nichtsdestotrotz diesen Lohn für meine Arbeit erstreben, dass ich meinen Blick von den schlimmen
30 Dingen abwenden kann, die unsere Zeit so viele Jahre lang erlebt hat, gewiss immerhin für die Zeitspanne, in der ich all jene früheren Ereignisse im Geist vorüberziehen lasse, befreit von jeglicher Sorge, die das Gemüt des Schriftstellers wenn
35 nicht von der Wahrheit abbringen, so doch beunruhigen können. Ereignisse, die vor Gründung der Stadt bzw. vor dem Plan ihrer Gründung eher durch dichterische Geschichten denn durch unverfälschte Geschichtsdenkmäler überliefert sind,
40 will ich weder bestätigen noch widerlegen. Denn diese Rücksicht gewährt man der Vorzeit, dass sie den Ursprung von Städten erhabener macht, indem sie menschliche mit göttlichen Sagen vermischt. Und wenn es irgendeinem Volk erlaubt
45 sein muss, seine Ursprünge unsterblich zu machen und auf die Götter als Urheber zurückzuführen, dann gebührt diese Ehre dem römischen Volk. (Übersetzung: M. Lobe)

Spanische Handschrift mit der *praefatio* des Livius (14. / 15. Jh.)

Livius fährt fort (*Liv.*, praef. Teil 2).

W	parere	imitārī	G	Gerundium / Gerundiv
	vitium	vītāre		Supin II
	monumentum	fallere		

3 [...] ad illa mihi pro se quisque acriter intendat animum, quae
vita, qui mores fuerint, per quos viros quibusque artibus
domi militiaeque et partum et auctum imperium sit; labente
deinde paulatim disciplina velut desidentes primo mores se-
5 quatur animo, deinde ut magis magisque lapsi sint, tum ire
coeperint praecipites, donec ad haec tempora, quibus nec
vitia nostra nec remedia pati possumus, perventum est. Hoc
illud est praecipue in cognitione rerum salubre ac frugife-
rum, omnis te exempli documenta in inlustri posita monu-
10 mento intueri; inde tibi tuaeque rei publicae, quod imitere,
capias, inde foedum inceptu, foedum exitu, quod vites. Ceterum aut me amor negotii suscepti fallit, aut nulla umquam
res publica nec maior nec sanctior nec bonis exemplis ditior
fuit, nec in quam <civitatem> tam serae avaritia luxuriaque
15 immigraverint, nec ubi tantus ac tam diu paupertati ac par-
simoniae honos fuerit. Adeo quanto rerum minus, tanto minus cupiditatis erat: Nuper divitiae avaritiam et abundantes
voluptates desiderium per luxum atque libidinem pereundi
perdendique omnia invexere. Sed querelae, ne tum quidem
20 gratae futurae, cum forsitan necessariae erunt, ab initio certe tantae ordiendae rei absint: Cum bonis potius ominibus
votisque et precationibus deorum dearumque, si, ut poetis,
nobis quoque mos esset, libentius inciperemus, ut orsis tantum operis successus prosperos darent.

intendere animum: seine Aufmerksamkeit richten auf

dēsīdere: verfallen - **sequī animō**: (geistig) verfolgen

cōgnitiō, ōnis: Kennenlernen
salūber, bris, bre (← salūs): heilsam
frūgifer, fera, ferum: gewinnbringend
documentum: Zeugnis
inlūstris, e: leuchtend - **foedus**: widerwärtig - **inceptū**: zu Beginn
exitū: am Ende - **dītis, e**: reich
K. nec (ūlla cīvitās fuit), in quam

sērus: spät

immigrāre: eindringen - **parsimōnia**: Sparsamkeit - **adeō** ~ nam - **rēs**: *hier* Besitz - **dīvitiae, ārum**: LW1
abundāns, tis: übermäßig
K. dēsīderium pereundī perdendīque omnia per lūxum atque libīdinem
invehere (Perf.: invēxī): mit sich bringen - *K.* querelae, quae nē tum quidem grātae erunt, cum forsitan necessāriae erunt - **forsitan**: vielleicht - **precātiō, ōnis**: Anrufung

prosperus: glücklich

1. Erstellen Sie eine grafische Analyse des Satzes 3b-7 (→ S. 60f.).
2. Arbeiten Sie die von Livius genannten Schwierigkeiten beim Verfassen eines Geschichtswerks sowie seine Motivation heraus (*praef.* Teil 1).
3. Stellen Sie zusammen, wie Livius die Größe der Frühzeit Roms und die Gefährdungen seiner Gegenwart beschreibt (*praef.* Teil 2).
4. Erfassen Sie in Partnerarbeit Darstellungsziele und Absicht seiner Geschichtsschreibung (*praef.* Teil 2).
5. Recherchieren Sie zum Selbstverständnis moderner Geschichtsschreibung und vergleichen Sie es mit dem des Livius.

Nach der Schilderung der Stadtgründung durch Romulus stellt Livius weitere Maßnahmen des ersten Königs vor (*Liv.* 1,8).

W			G	
multitūdō	condere		Gerundium / Gerundiv	
sententia	vīrēs		Abl. absolutus	
adicere	sīve … sīve			

4 Rebus divinis rite perpetratis vocataque ad concilium multitudine, quae coalescere in populi unius corpus nulla re praeterquam legibus poterat, <Romulus> iura dedit; quae ita sancta generi hominum agresti fore ratus, si se ipse vene-
5 rabilem insignibus imperii fecisset, cum cetero habitu se augustiorem, tum maxime lictoribus duodecim sumptis fecit. Alii ab numero avium, quae augurio regnum portenderant, eum secutum numerum putant.

Me haud paenitet eorum sententiae esse, quibus et appa-
10 ritores hoc genus ab Etruscis finitimis, unde sella curulis, unde toga praetexta sumpta est, et numerum quoque ipsum ductum <esse> placet, et ita habuisse Etruscos, quod ex duodecim populis communiter creato rege singulos singuli populi lictores <regi> dederint.

15 Crescebat interim urbs munitionibus alia atque alia appetendo loca, cum in spem magis futurae multitudinis quam ad id, quod tum hominum erat, munirent.

Deinde ne vana urbis magnitudo esset, adiciendae multitudinis causa vetere consilio condentium urbes,
20 qui obscuram atque humilem conciendo ad se multitudinem natam e terra sibi prolem ementiebantur,
locum, qui nunc saeptus descendentibus inter duos lucos est, asylum aperit.

Eo ex finitimis populis turba omnis sine discrimine, liber an
25 servus esset, avida novarum rerum perfugit, idque primum ad coeptam magnitudinem roboris fuit. Cum iam virium haud paeniteret, consilium deinde viribus parat. Centum creat senatores, sive quia is numerus satis erat, sive quia soli centum erant, qui creari patres possent. Patres certe ab
30 honore patriciique progenies eorum appellati.

---

rēs dīvīnae: *hier* Opferhandlungen – **perpetrāre:** vollziehen – **concilium:** Versammlung – **coalēscere:** zusammenwachsen – **praeterquam:** außer – **iūra** n Pl.: *hier* Rechtssatzungen – **ita …, sī:** nur dann …, wenn – **agrestis:** LW1 – **habitus, ūs:** das Äußere – **sūmere:** *hier* heranziehen – **avis, is** f: Vogel – **augurium:** Vorzeichen – **portendere:** ankündigen – **mē haud paenitet … esse:** ich bin nicht abgeneigt, … zu sein – **quibus … placet** (+ AcI): die glauben, dass – **appāritōrēs hoc genus:** diese Art Amtsdiener – **sella curūlis:** Amtssessel – **praetexta:** mit Purpurstreifen – **dūcere** (ab): *hier* herleiten (von) – **ita habēre:** *hier* es so halten

alia atque alia: einen nach dem anderen – **appetere:** *hier* (ins Stadtgebiet) einbeziehen – **ad id:** *hier* mit Rücksicht auf das

vānus: sinnentleert, ungenutzt

conciēre: herbeirufen

nātam (esse) – ēmentīrī: vorgeben

saeptus: umzäunt
dēscendentibus: „für die Herabsteigenden", d. h. wenn man von oben kommt – **lūcus:** Hain – (utrum) – **an:** ob … oder – **avidus** (+ Gen.): begierig nach – **perfugere** ~ fugere – **rōbur, oris** n: *hier* Verstärkung – **prīmum … rōboris** ~ prīmum … rōbur – **haud paenitēre** (+ Gen.): durchaus zufrieden sein (mit)

1. Beschreiben Sie, wie Romulus seine Vorrangstellung unterstreicht.
2. Untersuchen Sie, weshalb Livius für die Beschreibung des Romulus das Adjektiv *augustiorem* (Z. 5f.) wählt – vor dem Hintergrund, dass das erste Buch des Livius 27 v. Chr. erschienen ist (→ **i**, S. 10f.).
3. Recherchieren Sie über die Etrusker und ihren Einfluss auf Rom. Werten Sie für Ihre Präsentation das Bildmaterial aus.
4. Erstellen Sie eine grafische Analyse des syntaktischen Gefüges *Deinde ne vana ... asylum aperit* (Z. 18–23; → S. 60f.).
5. Arbeiten Sie die Wachstumsphasen der noch jungen Stadt heraus.
6. Erklären Sie aus dem Text und **i**, wie sich die Ursprungsbevölkerung Roms zusammensetzt.

Statue eines römischen Lictors
mit *fasces*

i Asyl

Bei einem Asyl handelt es sich ursprünglich um eine Zufluchtsstätte für entlaufene Sklaven oder Verurteilte meist in heiligen Hainen oder Tempeln, wo sie vor strafrechtlicher Verfolgung geschützt waren. Der moderne Begriff des Asylrechts bezeichnet das Recht eines Staates, z. B. politischen Flüchtlingen Aufnahme und Schutz zu gewähren.

Denar (8 v. Chr.): Augustus in der Toga, auf einer *sella curulis* sitzend; vor ihm ein Barbar, der ihm ein Kind entgegenhält

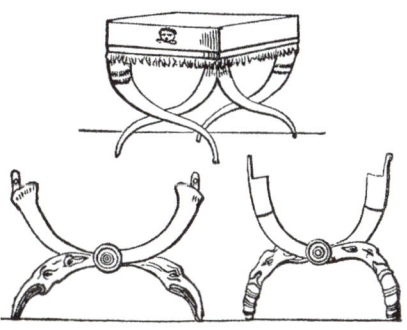

Rekonstruktionszeichnungen einer
sella curulis

Illustration (19. Jh.): Ein Consul schreitet in seiner *toga praetexta* durch die Menge; ihm voraus gehen die Lictoren mit den *fasces*.

Als Romulus einmal auf dem Marsfeld eine Heeresmusterung abhält, kommt es zu einem plötzlichen Unwetter: Danach ist der König nicht mehr zu sehen. Nach dem Wiedereinsetzen heiteren Sonnenscheins habe das Heer junger Soldaten den Königsstuhl verwaist vorgefunden und habe den Beteuerungen der dem Romulus am nächsten stehenden Senatoren Glauben geschenkt, wonach der Sturm Romulus in die Höhe gerissen habe. Einige hätten nun Romulus als Gott, König und Vater Roms hochleben lassen – und schon sei die Menge in Bittgebete an den in den Himmel aufgefahrenen Romulus verfallen. Nach Livius habe es schon damals Zweifler gegeben, die vermuteten, dass Romulus von den Senatoren getötet worden sei. Die offizielle Lesart mit der Gottwerdung aber habe sich durchgesetzt – nicht zuletzt dank eines gewissen Proculus Iulius, der vor dem Volk behauptet habe, dass Romulus ihm erschienen sei (*Liv.* 1,16,1–8).

<table>
<tr><td></td><td>parēns
intuērī
nūntiāre</td><td>rēs mīlitāris
colere
mīrus</td><td></td><td>Jussiv</td></tr>
</table>

5 „Romulus", inquit, „Quirites, parens urbis huius, prima hodierna luce caelo repente delapsus se mihi obvium dedit. Cum perfusus horrore venerabundusque adstitissem petens precibus, ut contra intueri fas esset, ‚Abi, nuntia', inquit,
5 ‚Romanis, caelestes ita velle, ut mea Roma caput orbis terrarum sit; proinde rem militarem colant sciantque et ita posteris tradant nullas opes humanas armis Romanis resistere posse.' „Haec", inquit, „locutus sublimis abiit." Mirum <est>, quantum illi viro nuntianti haec fides fuerit,
10 quamque desiderium Romuli apud plebem exercitumque facta fide immortalitatis lenitum sit.

Quirītēs: EV – hodiernus: heutiger délābī (Perf.: dēlāpsus sum): herabschweben – obvium sē dare: entgegenkommen – perfūsus (+ Abl.): durchströmt von – horror, ōris: FW – venerābundus: ehrfürchtig adstāre (Perf.: adstitī): stehen bleiben

dēsīderium: LW3

immortālitās, ātis: Unsterblichkeit lēnīre (PPP: lēnītum): lindern

1. Erschließen Sie aus dem Vortext und **M 1** die Haltung beider Historiker zur verherrlichenden Legendenbildung von Herrschern.
2. Diskutieren Sie, ob es vergleichbare Täuschungsmanöver in der Moderne gibt.
3. Erklären Sie die Funktion der Konjunktive in Z. 6f.
4. Analysieren Sie, welcher Moment der Marsfeldepisode im Kupferstich dargestellt ist (→ S. 42).

5. Vergleichen Sie Romulus' Vermächtnis an die Römer (Z. 4-8) mit Vergils Versen: *Tu regere imperio populos, Romane, memento/(hae tibi erunt artes), pacique imponere morem,/parcere subiectis et debellare superbos* (T 7, V. 5-8, S. 38).

6. Vergleichen Sie die Himmelfahrt des Romulus mit der Erscheinung Jesu vor seinen Jüngern (→ M 2).

Matthäus Merian der Ältere
(1593-1650):
Romulus wird in den Himmel
entrückt, Kupferstich

M 1 Eine historische Parallele

Livia* selbst machte einem gewissen Numerius Atticus, einem Senator und ehemaligen Prätor, ein Geschenk von dritthalbhundert Tausend Denaren, weil er Augustus' Geist, so wie ehemals Proculus den des Romulus himmelan fliegend gesehen zu haben beschworen hatte. (Cassius Dio, Römische Geschichte, 56,46,2; Übersetzung J. A. Wagner)

* Ehefrau des Augustus

M 2 Himmelfahrt Jesu (Lk 24,36-52)

Während sie aber darüber redeten, stand er selbst in der Mitte und sprach zu ihnen: „Friede sei mit euch!" Erschrocken und von Furcht ergriffen, meinten sie aber einen Geist zu sehen. Und er sprach zu ihnen: „Was seid ihr bestürzt, und warum steigen Zweifel in euren Herzen auf? Seht meine Hände und meine Füße, dass ich es selbst bin! Rühret mich an und seht, dass ein Geist nicht Fleisch und Bein hat, wie ihr es an mir seht. [...] So steht es geschrieben, dass Christus leiden und am dritten Tage von den Toten auferstehen werde. In seinem Namen soll, ausgehend von Jerusalem, Umkehr und Vergebung der Sünden allen Völkern verkündigt werden. Ihr seid Zeugen dafür." [...] Und es geschah, während er sie segnete, schied er von ihnen und wurde in den Himmel emporgehoben. Sie warfen sich anbetend vor ihm nieder und kehrten in großer Freude nach Jerusalem zurück.

Zwei Jahrhunderte nach Romulus lässt der siebte König Roms, Tarquinius Superbus, 509 v. Chr. die Stadt Ardea belagern. Im Feldlager unterhalten sich junge Offiziere (sein Sohn Sextus, sein Neffe Brutus und sein Cousin Collatinus) über Frauen, wobei Collatinus die Anständigkeit seiner Frau Lucretia hervorhebt. Nach einem spontanen Besuch bei ihr verliebt sich Sextus in sie und quartiert sich Tage später in ihrem Haus ein (*Liv.* 1,58,2–12).

W	tūtus	proficiscī	**G**	historischer Infinitv
	pars	opus est		indirekte Rede
	animus	vestīgium		

6 [...] postquam satis tuta circa sopitique omnes videbantur, strictō gladiō ad dormientem Lucretiam venit sinistrāque manū mulieris pectore oppressō „Tace, Lucretia", inquit; „Sextus Tarquinius sum; ferrum in manū est; moriere, si
5 emiseris vocem." Cum pavida ex somno mulier nullam opem, prope mortem imminentem videret, tum Tarquinius fateri amorem, orare, miscere precibus minas, versare in omnes partes muliebrem animum. Ubi obstinatam videbat et ne mortis quidem metū inclinari, addit ad metum dede-
10 cus: Cum mortuā iugulatum servum nudum positurum ait, ut in sordidō adulteriō necata dicatur. Quō terrore cum vicisset obstinatam pudicitiam velut vi victrix libido, profectusque inde Tarquinius ferox expugnatō decore muliebri esset, Lucretia maesta tantō malō nuntium Romam eun-
15 dem ad patrem Ardeamque ad virum mittit, ut cum singulis fidelibus amicis veniant; ita factō maturatōque opus esse; rem atrocem incidisse. Sp. Lucretius cum P. Valeriō Volesi filiō, Collatinus cum L. Iuniō Brutō venit, cum quō forte Romam rediens ab nuntiō uxoris erat conventus. Lucretiam
20 sedentem maestam in cubiculō inveniunt. Adventū suorum lacrimae obortae, quaerentique viro: „Satin salve?" „Minime" inquit; „quid enim salvi est mulieri amissā pudicitiā? Vestigia viri alieni, Collatine, in lectō sunt tuō; ceterum corpus est tantum violatum, animus insons; mors testis erit.
25 Sed date dexteras fidemque haud impune adultero fore. Sextus est Tarquinius, qui hostis pro hospite priore nocte vi armatus mihi sibique, si vos viri estis, pestiferum hinc abstulit gaudium." Dant ordine omnes fidem; consolantur aegram animi avertendō noxam ab coactā in auctorem

circā Adv.: ringsum – **sōpītus:** eingeschlafen – **dormīre:** schlafen

morīēre: morīēris
vōcem ēmittere: einen Laut von sich geben – **pavida ex somnō:** aus dem Schlaf aufgeschreckt – **imminēre:** bevorstehen – **versāre:** bearbeiten
inclīnārī: ins Wanken geraten
dēdecus, oris: Schande
K. (Tarquinius) ait (sē) cum mortuā servum iugulātum (et) nūdum positūrum (esse) – **iugulāre:** erstechen – **sordidus:** schändlich
adulterium: Ehebruch – K. cum libīdō velut vī victrīx ... pudicitiam vīcisset – **victrīx, īcis:** siegreich
decor muliebris: Jungfräulichkeit

fidēlis, e: vertrauenswürdig
ita factō mātūrātōque opus est: in dieser Lage ist schnelles Handeln nötig – **incidere:** passieren

Lucrētius: Vater Lucretias
Valerius: Freund des Collatinus (EV)
L. Iunius Brūtus: EV – **oborīrī:** hervorbrechen – **Satin salvē?:** Geht es dir gut? – **quid ... salvī est mulierī:** wie kann es einer Frau gutgehen, wenn...
īnsōns: unschuldig

haud impūne est (+ Dat.): es geht für jemanden nicht straflos aus

pestifer, fera, ferum: Verderben bringend

aeger animī: seelisch verletzt – **āvertere noxam ab aliquō in aliquem:** die Schuld von jemand auf jemand übertragen

30 delicti: mentem peccare, non corpus, et, unde consilium afuerit, culpam abesse. „Vos", inquit, „videritis, quid illi debeatur: ego me etsi peccatō absolvo, suppliciō non libero; nec ulla deinde impudica Lucretiae exemplō vivet." Cultrum, quem sub veste abditum habebat, eum in corde defi-
35 git, prolapsaque in vulnus moribunda cecidit. Conclamat vir paterque.

dēlictum: Schandtat

illī: dem Tarquinius – **peccātum:** Vergehen – **absolvere:** freisprechen
K. nec ūlla (fēmina) impudīca exemplō Lucrētiae vīvet
dēfigere: hineinstechen

prōlābī in vulnus: vornüber auf die Wunde sinken

1. Paraphrasieren Sie, wie Sextus sein Ziel bei Lucretia zu erreichen sucht (→ S. 96f.). Beschreiben Sie, wie die stilistische Gestaltung die Darstellung der Szene unterstützt (→ GW: Stilmittel, S. 141f.).
2. Arbeiten Sie aus dem Text ein Charakterbild des Königssohnes heraus.
3. Erstellen Sie eine grafische Analyse der Z. 11b–16a (→ S. 60f.).
4. Erläutern Sie, welche Zwecke Lucretia mit ihrem Selbstmord verfolgt.
5. Erörtern Sie in Partnerarbeit die Reaktion Lucretias nach der Tat vor dem Hintergrund des römischen Frauenideals und aus moderner Sicht.
6. Vergleichen Sie Tizians Bild in den Details mit Livius' Darstellung (→ S. 42).

i Das Ideal der *virgo intacta*

In der konservativen römischen Gesellschaft sollte eine junge Frau als unberührte Jungfrau (*virgo intacta*) in die Ehe gehen. Als Ehefrau oblag ihr die Führung des Haushalts und die Erziehung der gemeinsamen Kinder. Diesem Idealbild der treuen *matrona* entsprach die Realität der späten Republik immer weniger. Augustus wollte dies durch seine Ehe- und Sittengesetzgebung und das Vorbild der eigenen Familie verändern: Tochter und Enkelinnen spannen zuhause Wolle – wie es junge Römerinnen über Jahrhunderte getan hatten.

Tizian (um 1487/90–1576): Tarquinius und Lucretia, Museé des Beaux-Arts, Bordeaux

Als Brutus in Collatia seinen Cousin Collatinus und Lucretias Vater fassungslos über den Selbstmord der Lucretia sieht, fasst er einen Plan (*Liv.* 1,59,1–7).

W occupātus sanguis testis	patī efferre custōs	**G** PFA Constructio ad sensum quisque mit Superlativ

7 Brutus illis luctu occupatis cultrum ex vulnere Lucretiae extractum, manantem cruore prae se tenens, „Per hunc", inquit, „castissimum ante regiam iniuriam sanguinem iuro vosque, di, testes facio me L. Tarquinium Superbum cum
5 scelerata coniuge et omni liberorum stirpe ferrō, ignī, quācumque dehinc vī possim, exsecuturum nec illos nec alium quemquam regnare Romae passurum." Cultrum deinde Collatino tradit, inde Lucretio ac Valerio, stupentibus miraculo rei, unde novum in Bruti pectore ingenium.
10 Ut praeceptum erat, iurant; totique ab luctu versi in iram, Brutum iam inde ad expugnandum regnum vocantem sequuntur ducem. Elatum domo Lucretiae corpus in forum deferunt, concientque miraculo, ut fit, rei novae atque indignitate homines. Pro se quisque scelus regium ac vim
15 queruntur. Movet cum patris maestitia, tum Brutus castigator lacrimarum atque inertium querelarum auctorque (quod viros, quod Romanos deceret) arma capiendi adversus hostilia ausos. Ferocissimus quisque iuvenum cum armis voluntarius adest; sequitur et cetera iuventus. Inde patre praeside
20 relicto Collatiae custodibusque datis, ne quis eum motum regibus nuntiaret, ceteri armati duce Brutō Romam profecti. Ubi eō ventum est, quācumque incedit armata multitudo, pavorem ac tumultum facit; rursus ubi anteire primores civitatis vident, quidquid sit, haud temere esse rentur. Nec
25 minorem motum animorum Romae tam atrox res facit quam Collatiae fecerat; ergo ex omnibus locis urbis in forum curritur.

K. Brūtus ... cultrum ... extrāctum (et) cruōre mānantem prae sē tenēns inquit – **culter, trī**: LW6 – **mānāre**: triefen – **cruor, ōris**: Blut – *K.* Per hunc ... sanguinem iūrō vōsque, dī, testēs faciō mē Tarquinium ... exsecūtūrum ... nec illōs ... rēgnāre ... passūrum (esse)
per: bei ... (Schwurformel) – **castus**: unschuldig – **stirps, stirpis** f: Brut
exsequī: verfolgen – **Lucrētius**: Vater Lucretias – **Valerius**: Freund des Collatinus – **stupēre** (+ Abl.): staunen über – **ingenium**: *hier* Geist, Haltung – **expūgnāre rēgnum**: die Königsherrschaft beseitigen
K. (Brūtus et amīcī) mīrāculō atque indīgnitāte reī novae hominēs concient – **conciēre**: aufwiegeln
ut fit: ut fierī solet – **cum ... tum**: sowohl ... als besonders – **castīgātor, ōris**: Tadler – *K.* auctor ... arma capiendī adversus eōs, quī hostīlia ausī (essent) – **querēla**: LW3 – **quod Rōmānōs decet**: was sich für echte Römer gehört – **hostīlia** n Pl.: landesfeindliche Dinge, Landesverrat – **ferōx, ōcis**: LW6 – **praeses, idis**: Vorgesetzter – **quācumque**: wohin auch immer – **pavor, ōris**: LW I – **anteīre**: vorangehen
prīmōrēs m Pl.: die ersten Männer
temere Adv.: ohne Grund – *K.* Ubī (Rōmānī) vident prīmōrēs cīvitātis anteīre, rentur (id) haud temere esse, quidquid sit – **atrōx, ōcis**: LW6

Auf dem Forum in Rom hält Brutus eine flammende Rede, in der er die Untat des Königssohnes Sextus an Lucretia, ihren Selbstmord und das Leid ihres Vaters schildert, bevor er unter Verweis auf den Hochmut des Tarquinius und die Leiden des einfachen Volkes die Absetzung des Königs fordert. Tatsächlich wurde Tarquinius Superbus in die Verbannung geschickt – die Königsherrschaft in Rom war damit für immer beendet. Brutus und Collatinus wurden der Sage nach die ersten beiden Konsuln der von nun an neubegründeten Staatsform der Republik.

1. Arbeiten Sie beide Aussagen aus dem Schwur des Brutus heraus.
2. Erschließen Sie aus **M** die Bedeutung des *novum in Bruti pectore ingenium* (Z. 9).
3. Analysieren Sie, in welchen Einzelschritten sich die Dynamik des Aufstandes gegen die Königsherrschaft entfaltet.
4. Erläutern Sie die Wirkung ausgewählter Stilmittel auf die Dramaturgie des Textes (→ GW: Stilmittel, S. 141f.).
5. Beschreiben Sie möglichst genau das Porträt (→ S. 42).

i Brutus I und II

Weil er König Tarquinius Superbus vertrieben hatte, galt Brutus den Römern als heldenhafter Begründer der Republik, einer Staatsverfassung, in der die Konsuln, der Senat und das Volk mitbestimmten. Im Jahre 44 v. Chr., ein halbes Jahrtausend später, stand wieder ein Brutus an der Spitze einer Verschwörung – gegen Cäsar, der sich gerade die Diktatur auf Lebenszeit hatte verleihen lassen und damit die Idee republikanischer Mitbestimmung schwer beschädigt hatte. Auch wenn Marcus Iunius Brutus keinerlei verwandtschaftliche Beziehung zum sagenumwobenen Brutus hatte, redeten ihm v. a. republikanisch gesinnte Senatoren ständig ein, sich seines frühzeitlichen Namensvetters mit einer vergleichbaren Tat als würdig erweisen zu müssen: Sie stilisierten die Beseitigung Cäsars als ebensolchen Akt der Befreiung von einer Tyrannei. Brutus ließ sich von diesen Einflüsterungen anstecken und gehörte an den Iden des März zu den Ersten, die auf Cäsar einstachen.

Etruskische Bronzebüste (4./3. Jh. v. Chr.): möglicherweise ein Porträt des L. Iunius Brutus, des Gründers der Republik

M Die Brutuslegende

Lucius Brutus war angeblich ein Sohn der Schwester des Tarquinius Superbus, der in der machtbesessenen Königssippe nur überlebte, weil er den unzurechnungsfähigen Narren gespielt habe. Zu dieser Legende trug sein Beiname Brutus (‚dumm') bei. Als Begleiter der beiden Königssöhne nach Delphi habe nur er den Sinn des Orakelspruchs verstanden, wonach der in Rom herrschen werde, der als Erster die Mutter küssen würde. Nach Rom zurückgekehrt, küsste Brutus die Erde als gemeinsame Mutter der Menschen. Der Sage nach sei dies die Verheißung seiner künftigen Größe gewesen. Nach der Untat an Lucretia habe er sein wahres Gesicht gezeigt und sei zum Anführer der Revolution gegen Tarquinius Superbus und die Königsherrschaft geworden.

Allgemeines

Ganz egal, ob Sie sich für Latein als schriftliches oder mündliches Abiturprüfungsfach entschieden haben, müssen Sie frühzeitig mit der Vorbereitung auf die Abiturprüfung beginnen. Bedenken Sie, dass der Ausbildungsabschnitt 12/2 sehr kurz ist und nahtlos in die Abiturprüfung übergeht. Aus diesem Grund sollten Sie mit Ihren Vorbereitungen bereits zu Beginn des Ausbildungsabschnittes 12/2 beginnen.

Schriftliche Abiturprüfung

Die schriftliche Abiturprüfung in Latein ist wie eine Schulaufgabe zweigeteilt. Deshalb müssen auch Sie bei der Vorbereitung der Abiturprüfung zweigleisig fahren. Die Vorbereitung auf den Übersetzungsteil kann nur dann erfolgreich sein, wenn sie nicht kurzfristig erfolgt. Beherzigen Sie deshalb konsequent die auf S. 9 gegebenen Ratschläge 1.–4. Zusätzlich sollten sie anhand einer Wortkunde systematisch alten Wortschatz und in den Lesebüchern 1 und 2 den Lernwortschatz wiederholen. Dasselbe gilt für grundlegende Grammatikphänomene, wozu Sie eine Schulgrammatik heranziehen können. Auf diese Weise können Sie sicherstellen, dass Sie während der Prüfung nicht zu viel Zeit mit dem Nachschlagen im Wörterbuch verbrauchen und deshalb in Zeitnot geraten. Für die Bearbeitung des Aufgabenteils berücksichtigen Sie hingegen die auf S. 9 gegebenen Ratschläge 5.–6. Darüber hinaus sollten Sie die wesentlichen Sachinhalte der Ausbildungsabschnitte 11/1–12/1 wiederholen und z. B. anhand von Karteikarten oder Mind-Maps (→ S. 100f.) so vorstrukturieren, dass Sie diese für den Aufgabenteil wichtigen Sachinformationen in wenigen Tagen auffrischen können. Bedenken Sie bei der Vorbereitung für den Aufgabenteil außerdem, dass das dafür nötige Sach- und Methodenwissen auch für die Übersetzung fruchtbar gemacht werden kann, da Sie auf Basis dieses Wissens leichter Zugang zu dem von Ihnen zu übersetzenden Text erhalten. Den Autor des Textes erfahren Sie aus den dem lateinischen Übersetzungstext vorgeschalteten Zeilen.

Jedenfalls benötigen Sie einen „Fahrplan" für die schriftliche Abiturprüfung in Latein. Da diese, wie oben bereits gesagt, aus einer Übersetzung und einem Aufgabenteil besteht, sollten Sie die Ihnen dafür gewährte Zeit von 240 Minuten klug einteilen. Veranschlagen Sie deshalb zunächst ca. 150 Minuten für die Übersetzung und ca. 70 Minuten für den Aufgabenteil, sodass sich ein Zeitpuffer von ca. 20 Minuten ergibt. Grundsätzlich gilt: Die Übersetzung geht vor, da sie den Hauptteil der Note ausmacht. Beginnen Sie deshalb mit der Übersetzung, auch um die geistige Frische des Anfangs für eine konzentrierte Leistung zu nutzen. Legen Sie während der Übersetzungsphase kleine Pausen ein, da Sie nur so über eine lange Zeit konzentriert bleiben können. Falls Sie einen Satz zunächst nicht lösen können: keine Panik! Stellen Sie ihn zurück, bearbeiten die restliche Übersetzung und den Aufgabenteil, und planen die letzten 15 Minuten der Prüfung für diesen Satz ein. Oftmals lässt sich so eine vorübergehende Blockade beheben.

Anders als beim Übersetzungsteil, wo es für Sie keine Wahl gibt, dürfen Sie sich im Aufgabenteil die von Ihnen zu bearbeitenden Fragen selbst auswählen. Lassen Sie sich durch diese Wahlmöglichkeiten nicht dazu verleiten, bei der Vorbereitung auf Lücke zu lernen, sondern bereiten Sie den gesamten Stoff vor. Nur so haben Sie eine echte Wahl. Für die Auswahl der Aufgaben sollten Sie nicht länger als ca. 15 Minuten benötigen. Bearbeiten Sie dann den Aufgabenteil in der Reihenfolge der von Ihnen gewählten Aufgaben und wenden Sie vor allem in Teil 3 die im Lesebuch eingeübten Techniken an. Es gilt gerade im Aufgabenteil nicht, das Rad neu zu erfinden, sondern bewährtes und eingeübtes Sach- und Methodenwissen nachzuweisen.

Mündliche Abiturprüfung

Die mündliche Abiturprüfung besteht wie die schriftliche aus zwei Teilen. Im Teil 1 wird Ihnen aus dem selbstgewählten Schwerpunkt ein Text von ca. 50–60 lateinischen Wörtern vorgelegt, den Sie mit einer Vorbereitungszeit von einer halben Stunde übersetzen und zu dem Sie im Anschluss ein Kurzreferat halten sollen.

Teil 2 umfasst Fragen zu den zwei weiteren von Ihnen ausgewählten Ausbildungsabschnitten. Bedenken Sie, dass es sich um eine mündliche und gut planbare Prüfung handelt. Bereiten Sie das nötige Sachwissen deshalb so vor, dass Sie in freier Rede unter Gebrauch der Fachsprache darüber Auskunft geben können. Hören Sie der Aufgabenstellung Ihres Lehrers genau zu, überlegen Sie ruhig einen Moment und versuchen Sie strukturiert zu antworten. Je mehr Sie von sich aus – fundiert und umfassend – sagen, desto weniger ist der Prüfer genötigt, Fragen zu stellen. Das aber heißt: Sie können die mündliche Prüfung aktiv in Ihrem Sinne mitgestalten. Stellen Sie sich am besten vor, Sie führten ein Gespräch auf Augenhöhe. Trauen Sie sich etwas zu: *Sapere aude*!

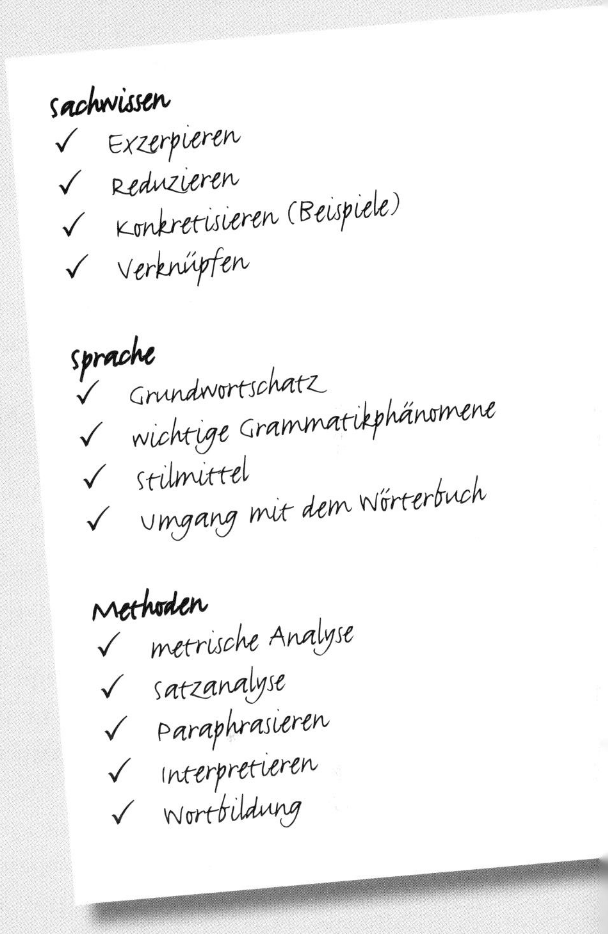

Sachwissen
- ✓ Exzerpieren
- ✓ Reduzieren
- ✓ Konkretisieren (Beispiele)
- ✓ Verknüpfen

Sprache
- ✓ Grundwortschatz
- ✓ wichtige Grammatikphänomene
- ✓ Stilmittel
- ✓ Umgang mit dem Wörterbuch

Methoden
- ✓ metrische Analyse
- ✓ Satzanalyse
- ✓ Paraphrasieren
- ✓ Interpretieren
- ✓ Wortbildung

Der abgesetzte Tarquinius flieht in die etruskische Stadt Clusium zu König Lars Porsenna und bewegt diesen, mit einem gewaltigen Heer vor die Mauern Roms zu ziehen. Als König Porsenna das Ackerland um Rom verwüsten lässt, um die belagerten Römer auszuhungern, trägt der junge römische Adlige Mucius dem Senat seinen Plan vor (*Liv.* 2,12,5–13,6).

W	iuvāre	aciēs	**G**	indirekte Fragesätze
	caedēs	īnsidiae		Prädikativum
	ōrdō	audēre		Substantivierung der Adjektive

8 „Transire Tiberim", inquit, „patres, et intrare, si possim, castra hostium volo, non praedo nec populationum in vicem ultor; maius, si di iuvant, in animō est facinus." Adprobant patres; abditō intra vestem ferrō proficiscitur. Ubi eō venit,
5 in confertissimā turbā prope regium tribunal constitit. Ibi cum stipendium militibus forte daretur et scriba cum rege sedens pari fere ornatū multa ageret eumque milites vulgō adirent, timens sciscitari, uter Porsenna esset, ne ignorandō regem semet ipse aperiret, quis esset, [...] scribam pro rege
10 obtruncat. Vadentem inde, quā per trepidam turbam cruentō mucrone sibi ipse fecerat viam, cum – concursū ad clamorem factō – comprehensum regii satellites retraxissent, ante tribunal regis destitutus, tum quoque inter tantas fortunae minas metuendus magis quam metuens: „Roma-
15 nus sum", inquit, „civis; C. Mucium vocant. Hostis hostem occidere volui, nec ad mortem minus animi est, quam fuit ad caedem; et facere et pati fortia Romanum est. Nec unus in te ego hos animos gessi; longus post me ordo est idem petentium decus. Proinde in hoc discrimen, si iuvat, accin-
20 gere, ut in singulas horas capite dimices tuō, ferrum hostemque in vestibulō habeas regiae. Hoc tibi iuventus Romana indicimus bellum. Nullam aciem, nullum proelium timueris; uni tibi et cum singulis res erit." Cum rex simul irā infensus periculōque conterritus circumdari ignes mini-
25 tabundus iuberet, nisi expromeret propere, quas insidiarum sibi minas per ambages iaceret: „En tibi", inquit, „ut sentias, quam vile corpus sit iis, qui magnam gloriam vident" dextramque accensō ad sacrificium foculō inicit. Quam cum velut alienatō ab sensū torreret animō, prope attonitus
30 miraculō rex cum ab sede suā prosiluisset amoverique ab

Tiberis, is: LW1 – *K.* Trānsīre ... volō ... nōn praedō ... nec ultor (prädikativ) – **praedō, ōnis:** Räuber **populātiō, ōnis:** Verwüstung **in vicem:** im Gegenzug – **ultor, ōris:** Rächer – **abdere** (PPP abditum): LW6 **cōnfertus:** dicht gedrängt **tribūnal, ālis** n: Feldherrnsitz **stīpendium:** Sold – **scrība, ae** m: Schreiber – **ōrnātus, ūs:** schmuckvolles Gewand – **vulgō:** in großer Masse **timēre** (+ Inf.): sich scheuen **scīscitārī:** fragen – **sēmet:** sē **obtruncāre:** ermorden – **inde, quā:** dorthin, wo – **mucrō, ōnis:** Dolch **satelles, itis** m: Begleiter **dēstituere:** hinstellen – *K.* Cum rēgiī satellitēs (Mūcium) vādentem ... (et) comprehēnsum retrāxissent, ante tribūnal dēstitūtus ... inquit – **minae, ārum:** LW6 – **animōs gerere:** Gefühle hegen – *K.* post mē longus ōrdō est (eōrum, quī) idem decus petunt – **discrīmen, inis** n: höchste Gefahr – **accingere in** m. Akk.: rüste dich! (Imp. Sg. von mediopass. accinquī) – **in singulās hōrās:** in jeder beliebigen Stunde – **dīmicāre capite:** ums Leben kämpfen – **vestibulum rēgiae:** Eingangshalle des Königshauses – **indīcere:** erklären **īnfēnsus:** aufgebracht **minitābundus:** unter Drohungen **exprōmere:** verraten – **properē:** LW1 **ambāgēs, um** f Pl.: Andeutung **iacere:** äußern – *K.* quās minās īnsidiārum (Mūcius) sibi (= Porsennae) per ambagēs iaceret – **ēn tibi:** schau her! – **foculus:** Feuerherd **aliēnāre animum ab sensū:** den Geist gegenüber dem Schmerz verschließen – **torrēre:** verbrennen **mīrāculum:** LW7 – **prōsilīre:** aufspringen

altaribus iuvenem iussisset: „Tu vero abi", inquit, „in te magis quam in me hostilia ausus. Iuberem macte virtute esse,
si pro meā patriā ista virtus staret; nunc iure belli liberum
te, intactum inviolatumque hinc dimitto." [...] Mucium di-
35 missum, cui postea Scaevolae a clade dextrae manūs cognomen inditum, legati a Porsennā Romam secuti sunt.

altāria, ium n Pl.: Brandaltar
hostīlis, e: feindselig – **iubērem
macte virtūte esse:** ich würde
deiner Tapferkeit Glück wünschen
intāctus: unangetastet – *K.* cui
posteā cognōmen Scaevolae …
inditum (est) – **Scaevola:** Links-
hand – **clādēs, is:** *hier* Verlust
indere (PPP: inditum): geben

1. Paraphrasieren Sie den Plan, den Mucius den Senatoren unterbreitet
   (→ S. 96f.).
2. Weisen Sie dem Vorhaben des Mucius einen modernen Begriff zu.
3. Erläutern Sie die Funktion der Stilmittel in der Rede des Mucius
   (Z. 14–23; → GW: Stilmittel, S. 141f.).
4. Erschließen Sie mithilfe eines Wörterbuches die eigentliche Bedeutung
   von *ambages* (Z. 26). Erläutern Sie die vorgeschlagene Übersetzung.
5. Erörtern Sie in Gruppen, welche Absicht solche Heldengeschichten in
   augusteischer Zeit hatten.
6. Analysieren Sie das Bild und überprüfen Sie, welche Elemente der
   livianischen Erzählung berücksichtigt sind (→ S. 42).
7. Recherchieren Sie zum Bedeutungsspektrum von *virtus* und anschlie-
   ßend zu den von Livius geschilderten *exempla virtutis* des Horatius
   Cocles und der Cloelia und präsentieren Sie Ihre Ergebnisse.

i *Exempla virtutis*

Für den auf die Tradition der Vorväter (*mos maiorum*) bedachten römischen Staat waren Vorbilder
wichtig. Geschichtliche Persönlichkeiten und ihre
Taten wurden mündlich überliefert bzw. in Ge-
schichtswerken festgehalten – oder sie boten als
Statuen an prominenten Plätzen Rollenmodelle
für die gegenwärtigen Römer. Besonders Augustus versuchte nach dem Jahrhundert der Bürgerkriege über die Propagierung von Vorbildern altrömische Werte wiederzuerwecken.

Peter Paul Rubens (1577–1640)
und Anthonis van Dyck (1599–1641):
Mucius Scaevola vor Porsenna,
Museum der Schönen Künste, Budapest

Unter Ständekämpfen versteht man die politische Auseinandersetzung zwischen den beiden gesellschaftlichen Ständen der Patrizier und Plebejer. Die Patrizier als Abkömmlinge alter Adelsgeschlechter besitzen Reichtümer und Ländereien, verfügen durch das Monopol der Ämterbesetzung über die Macht im frührömischen Staat und genießen zahlreiche Privilegien. Die Masse der einfachen Leute aus dem Volk (Plebejer) ist indes nicht mehr bereit, das soziale Ungleichgewicht länger zu ertragen und fordert mehr Rechte und finanzielle Erleichterungen. Im Jahre 494 v. Chr. eskaliert der Streit: Die Plebejer ziehen in der sog. *secessio plebis* aus Rom auf den nahegelegenen Mons Sacer aus (*Liv.* 2,32,4-33,2).

W	plēbs	membrum	G	indirekte Rede
	interim	alere		Gerundium / Gerundiv
	orīrī	pariter		

9 Ibi sine ullo duce vallō fossāque communitis castris quieti, rem nullam nisi necessariam ad victum sumendō, per aliquot dies neque lacessiti neque lacessentes sese tenuēre. Pavor ingens in urbe, metūque mutuō suspensa erant omnia.
5 Timere relicta ab suis plebs violentiam patrum; timere patres residem in urbe plebem, incerti manere eam an abire mallent: quamdiu autem tranquillam, quae secesserit, multitudinem fore? Quid futurum deinde, si quod externum interim bellum exsistat? Nullam profecto nisi in concordia
10 civium spem reliquam ducere; eam per aequa, per iniqua reconciliandam civitati esse. Placuit igitur oratorem ad plebem mitti Menenium Agrippam, facundum virum et, quod inde oriundus erat, plebi carum. Is intromissus in castra priscō illō dicendi et horridō modō nihil aliud quam hoc
15 narrasse fertur: tempore, quo in homine non ut nunc omnia in unum consentiant, sed singulis membris suum cuique consilium, suus sermo fuerit, indignatas reliquas partes suā curā, suō labore ac ministeriō ventri omnia quaeri, ventrem in mediō quietum nihil aliud quam datis voluptatibus frui;
20 conspirasse inde, ne manus ad os cibum ferrent, nec os acciperet datum, nec dentes, quae acciperent, conficerent. Hāc irā, dum ventrem fame domare vellent, ipsa unā membra totumque corpus ad extremam tabem venisse. Inde apparuisse ventris quoque haud segne ministerium esse, nec
25 magis ali quam alere eum, reddentem in omnes corporis partes hunc quo vivimus vigemusque, divisum pariter in

vallum: Wall – **fossa**: LW1
commūnīre: befestigen – **aliquot**: einige – **lacessere**: herausfordern
sēse: sē – **pavor, ōris**: LW1
mūtuus: wechselseitig – **suspēnsus**: in der Schwebe – **reses, idis**: zurückgeblieben – *K.* incertī, (utrum) mällent eam (= plēbem) manēre an abīre – **quamdiū**: wie lange? – **tranquillus**: ruhig – **sēcēdere**: ausziehen **externus**: auswärtig – **exsistere**: ausbrechen – **spem dūcere in concordiā**: die Hoffnung auf die Eintracht setzen – **per aequa, per inīqua**: um jeden Preis
reconciliāre: wiedergewinnen
fācundus: redegewandt – **oriūndus erat** ~ ortus erat – **intrōmittere**: hineinlassen – **prīscus**: altertümlich
horridus: ungeschliffen
in ūnum cōnsēntīre: einträchtig übereinstimmen – **indīgnārī** (+ AcI): sich empören darüber, dass – **quaerere**: *hier* zusammensuchen – **fruī** (+ Abl.): genießen – **cōnspīrāre**: sich verschwören – **datum**: *hier* die angebotene Nahrung – **cōnficere**: *hier* zerkleinern – **domāre**: bezwingen – **ūnā**: zugleich
tābēs, is f: Entkräftung – **appārēre, appāreō, appāruī**: sich zeigen
sēgnis, e: träge – *K.* (ventrem) reddentem … hunc sanguinem, quō vīvimus …, (sanguinem) dīvīsum … in vēnās, mātūrum cōnfectō cibō

venas maturum confecto cibo sanguinem. Comparando hinc, quam intestina corporis seditio similis esset irae plebis in patres, flexisse mentes hominum. Agi deinde de concor-
30 dia coeptum, concessumque in condiciones, ut plebi sui magistratus essent sacrosancti, quibus auxilii latio adversus consules esset, neve cui patrum capere eum magistratum liceret. Ita tribuni plebei creati duo, C. Licinius et L. Albinus.

mātūrus (+ Abl.): angereichert mit
cōnfectus: *hier* verdaut
K. comparāndō, quam ... similis esset
flectere mentēs: umstimmen
agere dē: verhandeln über
K. Deinde dē concordiā agī coeptum et concessum (est) ... – **concēdere in** (+ Akk.): sich einigen auf
sacrōsānctus: unantastbar – **auxiliī lātiō, ōnis:** Beistandsrecht – K. nēve (ali)cui – **capere:** *hier* übernehmen
tribūnī plēbei Pl.: Volkstribunen
creāre: LW4

1. Beschreiben Sie die Stimmungslage beider nach dem Auszug der *plebs* in Rom zurückgebliebenen Bevölkerungsgruppen.
2. Erklären Sie in diesem Zusammenhang die Funktion der Infinitive in Z. 5.
3. Erklären Sie, warum Menenius als Unterhändler gesandt wird.
4. Erschließen Sie, welchen Zweck Menenius mit seiner Geschichte verfolgt. Analysieren Sie, welcher literarischen Gattung sie angehört.
5. Diskutieren Sie die Aussage des Philosophen Ernst Bloch, der die Geschichte des Menenius als „eine der ältesten Soziallügen" bezeichnet.

i Die Schaffung des Volkstribunats als Kompromiss zwischen Plebejern und Patriziern

Die Patrizier gestanden den Plebejern im Jahre 494 v. Chr. das Amt des Volkstribunen zu, der ein Einspruchsrecht gegenüber allen Senats- und Magistratsbeschlüssen hatte (Veto- bzw. Interzessionsrecht), um das einfache Volk vor Willkürmaßnahmen der Senatoren und patrizischen Beamten zu schützen. Er genoss den Status absoluter Unantastbarkeit (*sacrosanctitas*), um sein Amt ohne Angst vor einem Angriff oder Anschlag ausüben zu können.

Im 1. Jh. v. Chr., in der Endphase der Republik, geriet das Amt des Volkstribunen zunehmend in die Hände adliger Politiker, die über die geschickte Beeinflussung der Volksversammlungen öffentlichen Druck auf den Senat und andere Beamten erzeugten. Endgültig entwertet wurde das Amt des Volkstribunen, als Kaiser Augustus sich die *tribunicia potestas* verleihen ließ – damit fielen Macht und Gegenmacht in einer einzigen Person zusammen.

Der römische Patrizier Gnaeus Marcius, der wegen seiner Verdienste um die Einnahme der Stadt Corioli den Ehrennamen Coriolanus trägt, hat sich im Krieg gegen die Volsker als Feldherr ausgezeichnet. Bei einer auftretenden Hungersnot schlägt Coriolan den Konsuln vor, das von ihnen gekaufte Getreide den Plebejern zu einem absurd hohen Preis anzubieten, um sie zu zwingen, im Gegenzug für einen günstigen Preis ihre frisch erstrittenen Rechte, insbesondere das Volkstribunat, aufzugeben. Der Hass auf Coriolan ist so groß, dass selbst Menenius Agrippa in der Volksversammlung dessen Verbannung auf Lebenszeit nicht verhindern kann. Coriolan läuft sofort zu den Volskern über und stachelt die alten Feinde Roms zum Krieg auf. Als Befehlshaber des volskischen Heeres verwüstet er die Ländereien der Plebejer, die Besitzungen der Patrizier lässt er aber unangetastet, um Zwietracht zwischen beiden Ständen zu säen. Wider Erwarten einigen sich Volk und Patrizier in Rom auf Gesandtschaften zu Coriolan, zuerst von Senatoren, dann von Priestern, die dieser alle abweist (*Liv.* 2,39).

W frequēns, īnfestus, parere — oppūgnāre, pergere, frangere — **G** Subjunktion ut (versch. Bedeutungen), Doppelfrage, Irrealis

10 Tum matronae ad Veturiam matrem Coriolani Volumniamque uxorem frequentes coeunt. Id publicum consilium an muliebris timor fuerit, parum invenio: Pervicere certe, ut et Veturia, magno natu mulier, et Volumnia duos parvos ex
5 Marcio ferens filios secum in castra hostium irent et, quoniam armis viri defendere urbem non possent, mulieres precibus lacrimisque defenderent. Ubi ad castra ventum est nuntiatumque Coriolano est adesse ingens mulierum agmen, is primo, ut qui nec publica maiestate in legatis nec in sacer-
10 dotibus tanta offusa oculis animoque religione motus esset, multo obstinatior adversus lacrimas muliebres erat; dein familiarium quidam, qui insignem maestitiā inter ceteras cognoverat Veturiam, inter nurum nepotesque stantem: „Nisi me frustrantur", inquit, „oculi, mater tibi coniunxque et liberi
15 adsunt." Coriolanus prope ut amens consternatus ab sede sua cum ferret matri obviae complexum, mulier in iram ex precibus versa: „Sine, priusquam complexum accipio, sciam", inquit, „ad hostem an ad filium venerim, captiva materne in castris tuis sim. In hoc me longa vita et infelix senecta tra-
20 xit, ut exsulem te deinde hostem viderem? Potuisti populari hanc terram, quae te genuit atque aluit? Non tibi, quamvis infesto animo et minaci perveneras, ingredienti fines ira

mātrōna: ehrbare Frau – coīre: zusammenkommen – K. parum inveniō, (utrum) id ... cōnsilium an ... timor fuerit – muliebris: LW6 pervincere (Perf.: pervīcī): durchsetzen – magnō nātū: alt – Mārcius ~ Coriolan – sēcum: bezieht sich auf mātrōnae (Z. 1)

ut quī: da er ja – K. ut quī nec pūblicā māiestāte in legātīs nec tantā religiōne in sacerdotibus (offūsā oculīs animōque) mōtus esset pūblica māiestās in legātīs: durch die Gesandten verkörperte Staatsmacht – religiō in sacerdotibus: durch die Priester verkörperte Heiligkeit – offundī (PPP: offūsum): sich zeigen – obstinātus: LW6 maestitia: LW7 – nurus, ūs f: Schwiegertochter – frūstrārī: täuschen – ut āmēns: wie von Sinnen – cōnsternātus: aufgeschreckt complexus, ūs: Umarmung – sine ... sciam: lass mich wissen, ob – K. sine (ut) sciam, (utrum) ad hostem an ad fīlium vēnerim – in hoc: hier dafür, dazu – exsul, exsulis: Verbannter – gignere (Perf.: genuī): hervorbringen

cecidit? Non, cum in conspectu Roma fuit, succurrit: Intra
illa moenia domus ac penates mei sunt, mater coniunx libe-
25 rique? Ergo ego nisi peperissem, Roma non oppugnaretur;
nisi filium haberem, libera in libera patria mortua essem.
Sed ego mihi miserius nihil iam pati nec tibi turpius usquam
possum, nec ut sum miserrima, diu futura sum: De his vi-
deris, quos, si pergis, aut immatura mors aut longa servitus
30 manet." Uxor deinde ac liberi amplexi, fletusque ab omni
turba mulierum ortus et comploratio sui patriaeque fregere
tandem virum. Complexus inde suos dimittit: Ipse retro ab
urbe castra movit.

K. Nōn tibi fīnēs ingredientī īra
cecidit? **īra cadit:** der Zorn schwindet
succurrere: in den Sinn kommen –
penātēs, ium m Pl.: Schutzgötter der
Familie

K. sed ego nihil iam miserius mihi
nec turpius tibi patī possum, nec diū
(miserrima) futūra sum, ut sum (mag
ich auch ... sein) miserrima – **dē hīs
vidēre:** auf diese (deine Kinder)
achten – **immātūrus:** vorzeitig
K. Uxor deinde ac līberī (Coriolānum) amplexī (sunt)
complōrātiō, ōnis: Wehklagen
(über) – **retrō:** rückwärts

1. Beschreiben Sie Ziel und Absicht der Frauengesandtschaft.
2. Arbeiten Sie die einzelnen Phasen von Coriolans Reaktion auf die Frauengesandtschaft heraus.
3. Interpretieren Sie die Rede der Veturia nach dem Muster von S. 28f.
4. Vergleichen Sie Livius' Darstellung mit dem Bild (→ S. 42).

Eustache Le Sueur (1616–1655): Volumnia und Veturia vor Coriolanus, Louvre, Paris

5.7 Res publica restituta?

Ca. 100 Jahre nach Livius bewertet Tacitus den Aufstieg des Augustus zur Macht und seine Regierung (*Ann.* 1,2–4).

11 Posito triumviri nomine consulem se ferens et ad tuendam plebem tribunicio
iure contentum, ubi militem donis, populum annona, cunctos dulcedine otii pel-
5 lexit, insurgere paulatim, munia senatus,
magistratuum, legum in se trahere nullo
adversante, cum ferocissimi per acies aut
proscriptione cecidissent, ceteri nobilium,
quanto quis servitio promptior, opibus et
10 honoribus extollerentur ac novis ex rebus
aucti tuta et praesentia quam vetera et pe-
riculosa mallent.
Neque provinciae illum rerum statum ab-
nuebant, suspecto senatus populique im-
15 perio ob certamina potentium et avaritiam
magistratuum invalido legum auxilio, quae
vi, ambitu, postremo pecunia turbabantur.

Es folgt eine Schilderung, wie Tiberius zum Nach-
folger des Augustus wurde.

Bellum ea tempestate nullum nisi adversus Germanos supererat abolendae magis
20 infamiae ob amissum cum Quintilio Varo
exercitum quam cupidine proferendi imperii aut dignum ob praemium. Domi res
tranquillae, eadem magistratuum vocabu-
la; iuniores post Actiacam victoriam, etiam
25 senes plerique inter bella civium nati: Quo-
tus quisque reliquus, qui rem publicam vi-
disset?
Igitur verso civitatis statu nihil usquam
prisci et integri moris: Omnes exuta ae-
30 qualitate iussa principis aspectare nulla in
praesens formidine, dum Augustus aetate
validus seque et domum in pacem susten-
tavit.

Nachdem er den Titel eines Triumvirs abgelegt hatte, trat er als Konsul auf und war zum Schutz des Volks mit den Rechtsbefugnissen eines Volkstribunen zufrieden. Sobald er das Militär mit Geschenken, das Volk mit Getreidespenden, alle zusammen mit des Friedens Süße verlockt und einer Friedenszeit für sich gewonnen hatte, hob er allmählich ab. Die Aufgaben des Senates, der Beamten und der Gesetze zog er ohne Gegenwehr an sich, weil die Mutigsten in den Schlachten oder durch die Proskriptionen umgekommen waren und weil die übriggebliebenen Adeligen, je bereitwilliger einer zu sklavischer Ergebenheit war, desto leichter zu Macht und Ehren hinaufbefördert wurden und, da sie von der neuen Lage profitierten, lieber die sichere Gegenwart wollten.

Und auch die Provinzen lehnten jenen neuen Stand der Dinge nicht ab, weil die Herrschaft des Senats und Volks ihnen Angst gemacht hatte wegen der durch den Wettstreit unter den Mächtigen hervorgerufenen Habgier der Beamten; und auch weil die Gesetze nur schwache Hilfe boten, da ihre Anwendung durch Gewalt, durch Parteilichkeit, schließlich auch durch Bestechung gestört wurde.

Als einziger Krieg war in dieser Zeit nur noch der gegen die Germanen übrig, mehr, um die Schmach des zusammen mit Quintilius Varus verlorenen Heeres zu tilgen, als aus Begierde, das Reich noch weiter auszudehen, oder weil es irgendeinen andern würdigen Lohn dafür gegeben hätte. Im Inneren war die Situation ruhig, die Bezeichnungen für die Staatsämter waren dieselben geblieben. Die Jüngeren waren erst nach dem Sieg von Actium (31 v. Chr.) und auch die meisten Alten waren erst während der Bürgerkriege geboren. Wie wenige gab es noch, die die Republik erlebt hatten?
Nachdem sich also der Zustand des Staates geändert hatte, war nichts mehr von alter und reiner Sitte zu finden. Nachdem die Gleichheit den Menschen ausgezogen worden war, schauten sie nur noch auf die Befehle des Prinzeps, freilich ohne Angst für die Gegenwart, solange Augustus im kräftigen Alter war und sich und sein Haus auf Frieden hin ausrichtete.

1. Recherchieren und referieren Sie das Wesentliche zu Tacitus und seinem Werk.
2. Erklären Sie unter Verwendung der entscheidenden Wendungen aus dem lateinischen Text, wie Tacitus die Botschaft der abgebildeten Münze (→ M) zu widerlegen versucht.
3. Vergleichen Sie zunächst in Partnerarbeit die Bewertung des Augustus durch Tacitus und den Historiker K. Galinsky (→ M). Diskutieren Sie dann auf der Grundlage Ihres bisher erworbenen Wissens, welche der beiden Bewertungen der Politik des Augustus eher gerecht wird.

Aureus (28 v. Chr.), British Museum, London: Octavian als Konsul auf der *sella curulis* sitzend

M Ein modernes Urteil über Augustus

Eine Republik, die von einem Monarchen regiert wurde, [war] für diverse zeitgenössische und spätere Schriftsteller gar kein Widerspruch, sondern lediglich eine verbesserte Form der Republik. Doch in welcher Hinsicht hatte Octavian / Augustus dann, wie er behauptete, die Republik (*res publica*) wiederhergestellt (*restituit*)? Die Römer kannten das Wort *restituit* vor allem von Inschriften an Tempeln und anderen Gebäuden, die nach einer Naturkatastrophe oder altersbedingtem Verfall wieder aufgebaut worden waren. Dabei ist es wichtig festzuhalten, dass sie nur selten genau so wiederhergestellt wurden, wie sie vorher ausgesehen hatten – es gab immer ein paar Modifikationen. Und das gilt auch hier. Es wäre falsch, die Republik als feststehende und unveränderbare Staatsform anzusehen; sie veränderte sich immer wieder. [...] Und so signalisiert die auf die Münze geprägte Phrase *leges et iura restituit* (die sich eventuell auf einen Senatsbeschluss auf Basis einer Initiative seitens Octavians bezieht) die Rückkehr zu einer Regierung auf Basis von Recht und Gesetz – im Gegensatz zu einer Staatsform, in der Octavians Wort automatisch Gesetz gewesen wäre. Er war klug genug, das Gerüst der Republik prinzipiell aufrechtzuerhalten. [...]

Man darf durchaus fragen, wie viele Menschen sich überhaupt eine Rückkehr zur Republik wünschten – der Republik mit all ihrer Instabilität, mit ihrem aristokratischen Gedrängel um die Macht und mit einer Regierung, die die Grundbedürfnisse der Menschen, wie persönliches Glück, häusliche Ruhe und ein produktives Leben für sich und ihre Familien, vernachlässigte. [...] Was [die überwiegende Mehrheit der Einwohner Italiens] sich unter *libertas* vorstellte, war nicht die Freiheit, sich im Klüngel um Status und Ämter in Rom zu behaupten, sondern Freiheit von den Auswirkungen, der Zwietracht und den vielen Querelen, die dieses System ihnen gebracht hatte. Deshalb verweist das Ende der *Res Gestae* auch auf ihren Anfang, wo Augustus behauptet, er habe die Republik aus der Tyrannei einer politischen Gruppierung befreit. Aus all dem ergibt sich aber noch ein weiterer Grund, warum Augustus das republikanische System „wiederherstellen" wollte: eben weil es die Menschen ständig daran erinnern sollte, welche Schwächen und Risiken ihm innewohnten. Eine Republik ohne einen starken Führer – das war es nicht, was sich die meisten Leute unter einer idealen Regierung vorstellten. (K. Galinsky: Augustus, S. 76; 80)

Cicero (106–43 v. Chr.) steht im Jahr 63 v. Chr. als Konsul an der Spitze des römischen Staates, obwohl er als sog. *homo novus* keiner adeligen Familie entstammt. Dieser vorläufige Höhepunkt seiner politischen Karriere, den er sich nicht zuletzt als grandioser Anwalt und Redner erarbeitet hat, erfüllt Cicero mit großem Stolz, und das umso mehr, da er als Konsul eine Verschwörung gegen den Staat unter Führung des Catilina vereitelt hat.

Marcus Tullius Cicero, Porträtbüste
(o. J.), Vatikanische Museen, Rom

Trotz dieses Erfolgs verliert Cicero im Machtspiel zwischen Optimaten und Popularen schon bald an der ihm angemessen erscheinenden politischen Bedeutung. Als Optimaten (*optimates*: die Besten) bezeichnen sich die Angehörigen des Senatorenstandes, die Politik mithilfe des Senats machen. Es geht ihnen v. a. darum, die Autorität des Senats gegenüber dem Volk zu verteidigen. Sie halten insbesondere die Macht der Volkstribune für gefährlich, da durch das – leicht zu erkaufende – Veto schon eines einzigen Volkstribunen jeder Senatsbeschluss blockiert werden kann. Die Angehörigen des Senatorenstandes, die ihre politischen Ziele mithilfe des Volkstribunats und der Volksversammlungen gegen die Senatsmehrheit durchzusetzen versuchen, bezeichnen sich hingegen als Popularen (*populares*: Volksmänner). Um sich beim Volk beliebt zu machen, versprechen sie diesem Acker- und Getreidegesetze, Mietminderung und Schuldenerlasse. Den Anfang dieser populären Politik haben die Brüder Tiberius und Gaius Gracchus (→ EV) von ca. 135–120 v. Chr. gemacht, und seitdem ist der römische Staat nicht mehr richtig zur Ruhe gekommen.

Hinzu kommt, dass sich die mit der Größe des Reiches wachsenden Aufgaben nur noch mit Sonderkommandos bewältigen lassen. Deshalb verleiht der Senat einzelnen Feldherrn, zunächst Marius und Sulla, danach Pompejus außerordentliche Machtbefugnisse. Diese bauen aus verarmten Teilen der Bevölkerung große, nur ihnen verpflichtete Berufsheere auf und nutzen sie vornehmlich dazu, für sich selbst Geld und Macht zu erwerben, sind aber nach Beendigung des Sonderkommandos stets wieder ins zweite Glied zurückgetreten, sodass das politische System der römischen Republik insgesamt intakt bleibt. Dies scheint sich auch dadurch zu bestätigen, dass Cicero bereits ein Jahr, nachdem er 58 v. Chr. aufgrund der von ihm als Konsul mit zu verantwortenden Hinrichtung einiger Mitverschwörer Catilinas auf Antrag des – von Cäsar gesteuerten – Volkstribunen Clodius aus Rom verbannt worden ist, auf Betreiben des Pompejus triumphal rehabilitiert wird. Den Grund für diesen Vorfall sieht Cicero deshalb nicht in einer Systemkrise – d. h. nicht in Mängeln der Verfassung der römischen Republik, die Cicero als die ideale Staatsverfassung gilt –, sondern in einer Führungskrise – d. h. darin, dass einige der führenden Männer zu egoistisch agieren. Diese Führungskrise ist aber für Cicero überwindbar, vorausgesetzt, dass alle Gutgesinnten (*boni*) wieder an einem Strick ziehen (*consensus omnium bonorum*) und zur politischen Ethik der Vorfahren (*mos maiorum*), durch die Rom groß geworden ist, zurückkehren. Den Anfang damit müssen die führenden Persönlichkeiten (*principes*) des Senatoren- und Ritterstandes machen, da nur mit ihnen die frühere Einheit (*concordia ordinum*) wiederhergestellt werden kann. Doch als es Cäsar wenig später in Lucca gelingt, sein separates, 60 v. Chr. geschlossenes Bündnis mit Pompejus und Crassus (*Triumvirat*) zu erneuern, sind selbst Ciceros Hoffnungen vorerst dahin. Entmutigt schreibt er in einem Brief an seinen Freund Pomponius Atticus (*Ad Att.* 4,18):

1 Amisimus, mi Pomponi, omnem non modo sucum ac sanguinem, sed etiam colorem et speciem pristinam civitatis. Nulla est res publica, quae delectet, in qua ac-
5 quiescam. „Idne igitur", inquies, „facile fers?" Id ipsum. Recordor enim, quam bella paulisper nobis gubernantibus civitas fuerit, quae mihi gratia relata sit. Nullus dolor me angit unum omnia posse. Dirum-
10 puntur ii, qui me aliquid posse doluerunt. Multa mihi dant solacia, nec tamen ego de meo statu demigro, quaeque vita maxime est ad naturam, ad eam me refero, ad litteras et studia nostra. Dicendi laborem de-
15 lectatione oratoria consolor. Domus me et rura nostra delectant. Non recordor, unde ceciderim, sed unde surrexerim.

Ach, mein lieber Pomponius, nicht nur allen Saft und alle Kraft haben wir verloren, selbst die Farbe und das frühere Gesicht des Staates ist dahin! Es gibt kein Gemeinwesen mehr, an dem ich mich freuen, mit dem ich mich trösten könnte. „Und das nimmst Du so gelassen hin?" Jawohl, denn ich denke daran, wie gut es eine Weile um unser Staatswesen stand, als ich das Ruder führte, und wie man es mir gedankt hat. Dass alle Macht in der Hand eines Einzelnen liegt, macht mir keinen Kummer; die, denen mein Einfluss ein Dorn im Auge war, bersten vor Ärger. In vielem finde ich Trost, doch gehe ich von meiner politischen Einstellung nicht ab und ziehe mich in eine Lebensweise zurück, die meinem Naturell am meisten entspricht, zu meinen Büchern, meinen wissenschaftlichen Studien. Über die Beschwerden des Redenmüssens tröstet mich das Vergnügen hinweg, das mir die Redekunst an sich bereitet. Haus und Hof machen mir Freude. Nicht die Höhe, aus der ich heruntergestürzt bin, steht mir vor Augen, sondern die Tiefe, aus der ich mich wieder erhoben habe. (Übersetzung: H. Kasten)

Bald aber setzt Cicero, im Glauben an die Bekehrbarkeit des Menschen zum Guten, seinen Kampf für die Republik fort, wenn auch nun mit literarischen Mitteln. Da er nämlich aus der Tagespolitik ausgeschaltet ist, hat er notgedrungen die Zeit, seine politischen Überzeugungen in Worte zu fassen – und so entsteht in den Jahren zwischen 55 und 51 v. Chr. in Anlehnung an Platons *Politeia* (Der Staat) Ciceros Staatsschrift *De re publica*. Erfolgreich ist Cicero damit allerdings nicht, zumindest nicht kurzfristig. Denn als Cäsar aus Angst vor Anklagen wegen seiner Amtsführung in Gallien seine Macht nicht mehr ablegen und nicht mehr in die Reihe seiner Standesgenossen zurücktreten kann, sieht er sich gezwungen, den Rubikon zu überschreiten und den Bürgerkrieg mit Pompejus bzw. den Optimaten zur Wahrung seiner Würde (*dignitas*) zu beginnen.

1. Arbeiten Sie heraus, was Cicero zur düsteren Einschätzung der Lage zu Beginn des Briefes veranlasst hat.
2. Interpretieren Sie den Text nach dem Muster von S. 28f.

6.1 *Virtus et patria*

Cicero versucht den Verfall des Staats zu verhindern, indem er mit seiner Schrift *De re publica* (→ i) zur Einhaltung der römischen Verfassung (→ i) aufruft (*De rep.* 1,1–2; 8).

W salūs	voluptās	**G** Subjunktion ut
querī	ūtī (+ Abl.)	Satzanalyse
virtūs	ūsus	

2 Omitto innumerabiles viros, quorum singuli saluti huic civitati fuerunt et qui sunt haud procul ab aetatis huius memoria. Commemorare eos desino, ne quis se aut suorum aliquem praetermissum queratur. Unum hoc definio,
5 tantam esse necessitatem virtutis generi hominum a natura tantumque amorem ad communem salutem defendendam datum, ut ea vis omnia blandimenta voluptatis otiique vicerit.

Nec vero habere virtutem satis est quasi artem aliquam,
10 nisi utare. Etsi ars quidem, cum ea non utare, scientiā tamen ipsā teneri potest, virtus in usu sui tota posita est. Usus autem eius est maximus civitatis gubernatio et earum ipsarum rerum, quas isti in angulis personant, reapse, non oratione perfectio. [...]

15 Neque enim hac nos patria lege genuit aut educavit, ut nulla quasi alimenta exspectaret a nobis ac tantummodo nostris ipsa commodis serviens tutum perfugium otio nostro suppeditaret et tranquillum ad quietem locum, sed, ut plurimas et maximas nostri animi, ingenii, consilii partes
20 ipsa sibi ad utilitatem suam pigneraretur tantumque nobis in nostrum privatum usum, quantum ipsi superesse posset, remitteret.

Randglossen:

innumerābilis, e → A1

commemorāre → A1

blandīmentum: Schmeichelei

K. Nec vērō satis est habēre virtūtem quasi ... – **ūtāre** ~ ūtāris

positum esse in (+ Abl.): beruhen auf
K. ... et perfectiō eārum ipsārum rērum ... – **perfectiō, ōnis** → A1
istī in angulīs: diese epikureischen Philosophen in ihren Schlupfwinkeln – **personāre**: laut rühmen
reāpse: durch die Tat – *K.* Neque enim ... → A2 – **alimenta** n Pl.: Lohn für die Erziehung – **tantummodo**: nur – **perfugium**: Zuflucht
suppeditāre: zur Verfügung stellen
pignerārī: beanspruchen
ipsī ~ patriae
superesse: *hier* entbehrlich sein

remittere: *hier* überlassen

---

1. Beachten Sie die Regeln der Wortbildung auf S. 122 und erschließen Sie die Bedeutung von *innumerabilis*, *commemorare* und *perfectio*.
2. Analysieren Sie den Satz *Neque enim* ... (Z. 15–22; → S. 60f.).
3. Erklären Sie, was für Cicero *virtus* bedeutet und warum nur so verstandene *virtus* den Bestand der römischen Verfassung (→ i) garantiert.
4. Paraphrasieren Sie in Partnerarbeit die Ausführungen Ciceros zur *patria* und begründen Sie, warum sie auch heute nicht überholt sind (→ S. 96f.).
5. Überprüfen Sie in Gruppen, welche Elemente der römischen Verfassung (→ i) bis heute in der deutschen Politik erhalten geblieben sind.

i Die Verfassung der römischen Republik

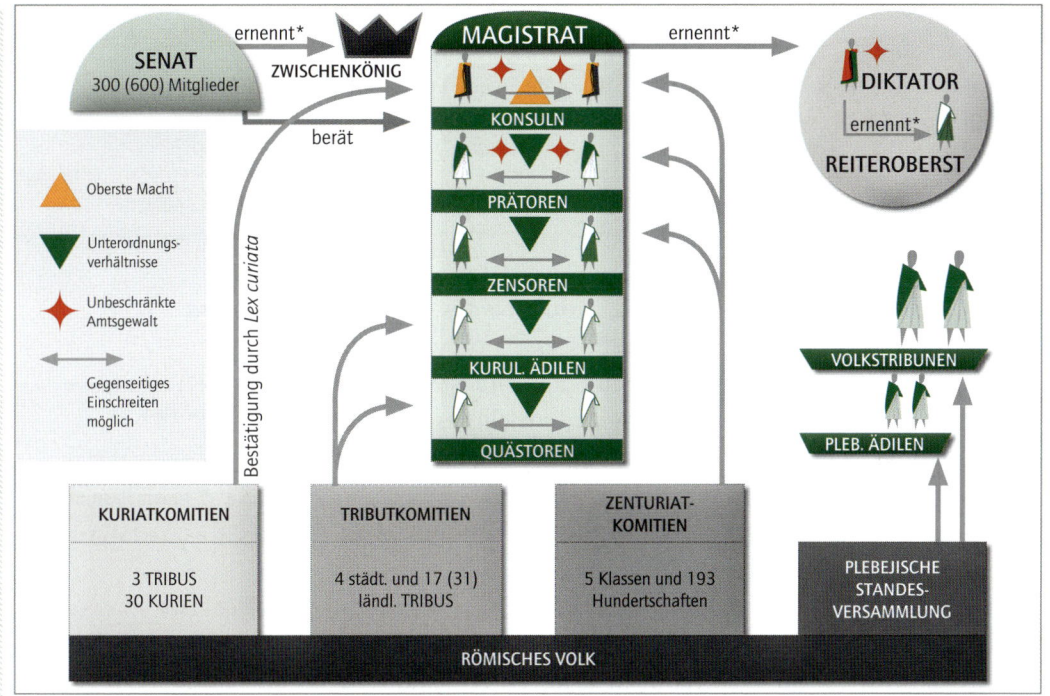

* im Falle des Notstandes

(Quelle: dtv-Atlas Weltgeschichte, Band 1. ³⁴München 1998, S. 74)

Grundprinzipien der römischen Verfassung

Annuität: Beschränkung der Amtszeit auf ein Jahr

Iterationsverbot: Verbot, dasselbe Amt zwei- oder mehrere Male zu bekleiden; zur Zeit Ciceros oft gebrochen

Kollegialität: Teilung der Amtsgewalt mit mindestens einem Amtskollegen

Kontinuationsverbot: Verbot, an ein Amt im direkt darauffolgenden Jahr ein anderes Amt anzufügen

Kumulationsverbot: Verbot der gleichzeitigen Bekleidung mehrerer Ämter

i *De re publica*

In den Jahren 54–51 v. Chr. verfasst Cicero in Anlehnung an Platons *Politeia* einen Dialog in sechs Büchern, in dem er Scipio Aemilianus und dessen Freunde (→ **i**, S. 87) drei Tage lang Grundfragen der römischen Politik erörtern lässt:

Tag 1 (Buch I–II): Staatsformen im Allgemeinen; der römische Staat im Besonderen

Tag 2 (Buch III–IV): Gesetze, Recht und Gerechtigkeit

Tag 3 (Buch V–VI): politischer Einsatz und seine Folgen

Nach dem Vorwort übergibt Cicero das Wort an Scipio Aemilianus (→ **i**) und seine Freunde. Diese besuchen ihn während des Latinerfestes (*feriae Latinae*) auf seinem Landgut. Als sie sich über eine jüngst stattgefundene Sonnenfinsternis unterhalten, ergreift Laelius, der beste Freund Scipios, das Wort (*De rep.* 1,32–34).

W metuere	cēnsēre	**G** AcI
fierī	ūsuī esse (+ Dat.)	Steigerung der Adjektive
efficere	exīstimāre	

3 „Quam ob rem si me audietis, adulescentes, solem alterum ne metueritis! Aut enim nullus esse potest aut sit sane, ut visus est, modo ne sit molestus, aut scire istarum rerum nihil aut, etiamsi maxime sciemus, nec meliores ob eam
5 scientiam nec beatiores esse possumus. Senatum vero et populum ut unum habeamus, et fieri potest et permolestum est, nisi fit, et secus esse scimus et videmus, si id effectum sit, et melius nos esse victuros et beatius."
Tum Mucius: „Quid esse igitur censes, Laeli, discendum
10 nobis, ut istud efficere possimus ipsum, quod postulas?"
Laelius: „Eas artes, quae efficiant, ut usui civitati simus. Id enim esse praeclarissimum sapientiae munus maximumque virtutis vel documentum vel officium puto. Quam ob rem, ut hae feriae nobis ad utilissimos rei publicae sermones
15 potissimum conferantur, Scipionem rogemus, ut explicet, quem existimet esse optimum statum civitatis! Deinde alia quaeremus. Quibus cognitis spero nos ad haec ipsa via perventuros earumque rerum rationem, quae nunc instant, explicaturos."
20 Cum id et Philus et Manilius et Mummius admodum adproba<vissent> (Lücke im Text)
Laelius: „Non solum ob eam causam fieri volui, quod erat aequum de re publica potissimum principem rei publicae dicere, sed etiam, quod memineram persaepe te cum
25 Panaetio disserere solitum coram Polybio, duobus Graecis vel peritissimis rerum civilium, multaque colligere ac docere optimum longe statum civitatis esse eum, quem maiores nostri nobis reliquissent. Qua in disputatione quoniam tu paratior es, feceris – ut etiam pro his dicam – si, de re
30 publica quid sentias, explicaris, nobis gratum omnibus."

sōl alter → A2

modo nē (Subj.): vorausgesetzt dass nicht – etiamsī ~ etsī

scientia: LW2 – permolestum → A1
secus est: das Gegenteil ist der Fall

Mūcius: EV – Laelī: Vok. zu Laelius: EV

K. (cēnseō vōbīs) eās artēs (discendās esse), quae …

documentum → A1

hae fēriae: das Latinerfest (ā) nōbīs … cōnferantur – cōnferre: *hier* verwenden

quaerere: *hier* untersuchen
viā Adv.: methodisch

Philus, Mānīlius, Mummius: EV
admodum → A1
adprobāvissent ~ probāvissent
K. fierī (, ut Scīpiō explicāret,) voluī

persaepe → A1

Panaetius: EV – solitum (esse)
cōram (Präp. + Abl.): in Gegenwart von – Polybius: EV
colligere (solitum esse) ac

parātus ← parāre – fēceris ~ faciēs
K. fēceris … nōbīs grātum omnibus, sī – grātum facere (+ Dat.): jdm. einen Gefallen tun – explicā(ve)ris

1. Erschließen Sie mithilfe eines Wörterbuches die Bedeutung von *permolestum*, *documentum*, *admodum* und *persaepe*. Beachten Sie dabei den jeweiligen Kontext.

2. Arbeiten Sie mithilfe der Abbildung heraus, warum der lateinische Begriff für Sonnenfinsternis *sol alter* (Z. 1 f.) bzw. *duo soles* ist.

3. Paraphrasieren Sie in Partnerarbeit, wie Laelius das Gespräch auf den Staat lenkt und warum er Scipio für den geeignetsten Redner zu diesem Thema erachtet (→ S. 96 f.).

4. Erklären Sie in Gruppenarbeit aus dem Text und mithilfe von **i**, warum Cicero Scipio Aemilianus zum Hauptredner von *De re publica* gemacht hat.

Sonnenfinsternis

i Scipio Aemilianus

Scipio Aemilianus, der leibliche Sohn des Lucius Aemilius Paulus und Adoptivsohn des Publius Cornelius Scipio, des Sohnes von Scipio Africanus, ist nach der Zerstörung von Karthago und Korinth (146 v. Chr.) bzw. Numantia (133 v. Chr.) der bedeutendste Staatsmann seiner Zeit. Als sein Schwager Tiberius Gracchus aufgrund der Verarmung eines Großteils der römischen Soldaten eine Agrarreform anstrebt, unterstützen Scipio Aemilianus und seine Freunde – darunter die Konsuln C. Laelius und L. Furius Philus, der römische Dichter C. Lucilius, der griechische Philosoph Panaitios und der griechische Historiker Polybios – zwar dessen Pläne, nicht aber ihre radikale Umsetzung, die Tiberius Gracchus 131 v. Chr. das Leben kostet. Als Scipio Aemilianus 129 v. Chr. eine Rede zu den Agrargesetzen des Gracchus halten will, wird er unter ungeklärten Umständen am Morgen tot im Bett aufgefunden. Cicero lässt seine Gespräche über den Staat nach dem Vorbild von Platos *Phaidon* (dieser Dialog spielt kurz vor dem Tod des Sokrates) kurz vor dem Tod Scipios spielen und macht so *De re publica* gleichsam zu dessen geistigem Testament für die Römer.

Der 106 v. Chr. geborene Cicero kannte Scipio Aemilianus und dessen Freunde nicht persönlich. Er war aber ein großer Verehrer Scipios und kannte die im Kreis seiner Freunde (sog. Scipionenkreis) kultivierte Lebensart aus Erzählungen. Sie bestand in einer vernünftigen Mischung aus römischer Traditionsverbundenheit und Öffnung zur griechischen Philosophie, die er als vorbildlich für sein eigenes politisches Handeln ansah.

6.3 Staatsdefinition

Scipio beginnt seine Ausführungen über den Staat mit einer Definition des Begriffs *res publica* (*De rep.* 1,39–42).

W causa   cōnstituere   **G** Ncl
      īnstituere   dēligere   prädikatives Gerundiv
      causā (nachgestellt) (+ Gen.)   suscipere

4 „Est igitur", inquit Africanus, „res publica res populi, populus autem non omnis hominum coetus quoquo modo congregatus, sed coetus multitudinis iuris consensu et utilitatis communione sociatus. Eius autem prima causa coeundi

5 est non tam imbecillitas quam naturalis quaedam hominum quasi congregatio. Non est enim singulare nec solivagum genus hoc, sed ita generatum, ut ne in omnium quidem rerum affluen<tia>" (Lücke im Text)

Scipio: „Hi coetus igitur hac, de qua exposui, causa instituti

10 sedem primum certo loco domiciliorum causa constituerunt. Quam cum locis manuque saepsissent, eiusmodi coniunctionem tectorum oppidum vel urbem appellaverunt, delubris distinctam spatiisque communibus. Omnis ergo populus, qui est talis coetus multitudinis, qualem exposui,

15 omnis civitas, quae est constitutio populi, omnis res publica, quae, ut dixi, populi res est, consilio quodam regenda est, ut diuturna sit. Id autem consilium primum semper ad eam causam referendum est, quae causa genuit civitatem.

Deinde aut uni tribuendum est aut delectis quibusdam

20 aut suscipiendum est multitudini atque omnibus. Quare, cum penes unum est omnium summa rerum, regem illum unum vocamus et regnum eius rei publicae statum. Cum autem est penes delectos, tum illa civitas optimatium arbitrio regi dicitur. Illa autem est civitas popularis – sic

25 enim appellant –, in qua in populo sunt omnia. Atque horum trium generum quodvis, si teneat illud vinculum, quod primum homines inter se rei publicae societate devinxit, non perfectum illud quidem neque mea sententia optimum, sed tolerabile tamen et aliud ut alio possit esse

30 praestantius. Nam vel rex aequus ac sapiens vel delecti ac principes cives vel ipse populus, quamquam id est minime probandum, tamen nullis interiectis iniquitatibus aut cupiditatibus posse videtur aliquo esse non incerto statu."

quōquō modō congregātus: irgendwie versammelt – **ūtilitās:** LW2
commūniō, ōnis → A1 – **sociātus:** verbunden – eius (multitūdinis)
coeundī – **coīre** ← coetus
imbēcillitās, ātis: Schwäche
congregātiō, ōnis: Geselligkeit
sōlivagus: allein umherschweifend
generātus: geartet
affluentia: Überfluss

domicilium: Wohnung

locīs manūque saepīre: durch natürliche und künstliche Befestigungen schützen – **coniūnctiō, ōnis** → A1
dēlūbrīs distīnctus: durch Heiligtümer gegliedert

cōnstitūtiō, ōnis: feste Ordnung

referre ad (+ Akk.): beziehen auf
gignere: LW2 – (cōnsilium) tribuendum est

penes (Präp. + Akk.): im Besitz von

status: LW3

arbitriō (+ Gen.): nach dem Willen von – **populāris, e** ← populus

hōrum ... quodvīs: jede von diesen

perfectus → A1

K. tamen (est) et (ita,) aliud (genus)

nūllīs interiectīs ... aut ... (Abl. abs.): wenn keine ... oder ... auftreten
inīquitās, ātis → A1

1. Beachten Sie die Regeln der Wortbildung auf S. 122 und erschließen Sie die Bedeutung von *communio*, *coniunctio*, *perfectus* und *iniquitas*.
2. Vergleichen Sie die Staatsdefinition Ciceros mit modernen Staatsdefinitionen (→ **i**).
3. Listen Sie die in Z. 19–33 angeführten Staatsformen unter Angabe ihrer charakteristischen Merkmale tabellarisch auf.
4. Erläutern Sie in Gruppenarbeit das Staatsverständnis von Thomas Hobbes (→ Abb., **M**). Diskutieren Sie dann, ob Ihnen die Theorie von Hobbes oder Cicero zutreffender erscheint.

Umschlag von Th. Hobbes' „Leviathan" (1651)

M Thomas Hobbes (englischer Philosoph und Staatstheoretiker): Der Leviathan

Aristoteles hatte gelehrt, der Mensch sei ein auf die Mitmenschen und auf die Polis angelegtes und angewiesenes Wesen (*zoon politikon*). Th. Hobbes aber behauptet: Der Mensch ist kein Gemeinschaftswesen, sondern dem Menschen ein Wolf (*homo homini lupus*), denn er sucht von Natur aus keine Gesellschaft um der Gesellschaft willen, sondern um von ihr Ehre und Vorteil zu erlangen. Somit sind die Mitmenschen nur zur Befriedigung höchst egoistischer Bedürfnisse des Einzelnen da. Daraus entsteht notwendigerweise Streit und Krieg. Angesichts dieses Krieges aller gegen alle (*bellum omnium contra omnes*) entdecken die Menschen, dass ihr eigentliches Ziel der Friede sein muss, und beginnen zu fragen, wie sie zum Frieden gelangen können. Dabei wird ihnen klar, dass das nur durch die Bildung eines Staates durch einen Vertrag möglich ist. Dieser ist aber kein Gesellschaftsvertrag wie bei Rousseau. Denn Gegenstand dieses Vertrages ist die mit der Aufgabe von Persönlichkeitsrechten verbundene Unterwerfung des Willens aller unter den souveränen Willen eines Menschen oder einer Versammlung. Der so entstandene Staat ist damit ein künstliches Gebilde, das Hobbes als Ausdruck dieses Künstlichen „Leviathan" nennt. (nach W. Blum, in: Politische Philosophen, S. 114ff.)

i Staat

Nach modernen Staatsdefinitionen sind für einen Staat charakteristisch: **1. Staatsgebiet:** ein klar abgegrenztes räumliches Gebiet; **2. Staatsvolk:** Dazu gehört, wer die Staatsbürgerschaft besitzt. Diese regelt sich entweder nach dem Personal- oder Abstammungsprinzip (*ius sanguinis*: z. B. Deutschland) oder dem Territorialprinzip (*ius soli*: z. B. Frankreich, USA); **3. Staatsgewalt:** Sie ist ursprünglich (d. h. an den Träger des Staates gebunden) und souverän (d. h. der Träger des Staates hat freie Entscheidungsgewalt); **4. Staatszweck:** Er legitimiert die Staatsgewalt. Man unterscheidet zwischen den klassischen Staatszwecken (Gewährung von Sicherheit nach innen und außen; Erstellung einer Ordnung („Nachtwächterstaat")) und den modernen Staatszwecken (klassische Staatszwecke und Befriedigung sozialer, materieller und kultureller Bedürfnisse („Sozialstaat")).

6.4 Die „erträglichen" Staatsformen

Nach der Vorstellung der Monarchie, Aristokratie und Demokratie kommt Scipio auf deren Schwachpunkte zu sprechen (*De rep.* 1,43–45).

W	carēre (+ Abl.)	praeceps	G	Subjunktion cum
	regere	licentia		esse (+ Gen.)
	tollere	requīrere		Kondizionalsätze

5 Sed et in regnis nimis expertes sunt ceteri communis iuris et consilii et in optimatium dominatu vix particeps libertatis potest esse multitudo, cum omni consilio communi ac potestate careat, et, cum omnia per populum geruntur

5 quamvis iustum atque moderatum, tamen ipsa aequabilitas est iniqua, cum habet nullos gradus dignitatis. Itaque si Cyrus ille Perses iustissimus fuit sapientissimusque rex, tamen mihi populi res – ea enim est, ut dixi antea, publica – non maxime expetenda fuisse illa videtur, cum regeretur unius

10 nutu ac modo. Si Massilienses, nostri clientes, per delectos et principes cives summa iustitia reguntur, inest tamen in ea condicione populi similitudo quaedam servitutis. Si Athenienses quibusdam temporibus sublato Areopago nihil nisi populi scitis ac decretis agebant, quoniam distinctos dig-

15 nitatis gradus non habebant, non tenebat ornatum suum civitas.

Atque hoc loquor de tribus his generibus rerum publicarum non turbatis atque permixtis, sed suum statum tenentibus. Quae genera primum sunt in iis singula vitiis, quae ante

20 dixi, deinde habent perniciosa alia vitia. Nullum est enim genus illarum rerum publicarum, quod non habeat iter ad finitimum quoddam malum praeceps ac lubricum. Nam illi regi, ut eum potissimum nominem, tolerabili aut, si vultis, etiam amabili Cyro subest ad immutandi animi licentiam

25 crudelissimus ille Phalaris, cuius in similitudinem dominatus unius proclivi cursu et facile delabitur. Illi autem Massiliensium paucorum et principum administrationi civitatis finitimus est, qui fuit quodam tempore apud Athenienses triginta virorum illorum consensus et factio. Iam Atheniensium

30 populi potestatem omnium rerum ipsi, ne alios requiramus, ad furorem multitudinis licentiamque conversam pesti (Lücke im Text)

---

optimātēs: LW4 - dominātus → A1

quamvīs Adv.: wenn auch noch so
aequābilitās, ātis: Rechtsgleichheit
Cyrus: EV – Persēs: Perser
sapiēns: LW4

nūtus, ūs: das (Kopf-)Nicken
Massiliēnsēs, ium m Pl.: die Einwohner von Massilia
similitūdō, inis → A1
Atheniēnsēs, ium m Pl.: die Athener
Arēopagus: der Areopag
scītum: Beschluss
ōrnātus, ūs → A1

permixtīs ~ mixtīs - status: LW3

K. iter ... praeceps ac lūbricum
lūbricus: schlüpfrig, glatt

potissimum: LW3 tolerābilis: LW4

amābilis → A1 - Cyrus: EV
subesse (+ Dat.): unter etw. verborgen sein - immūtandī ~ mūtandī
Phalaris: EV - prōclīvī cursū: auf abschüssiger Bahn

trīgintā: dreißig

cōnsēnsus: LW4

K. potestātem ... ad furōrem ... licentiamque conversam ipsī pesti (feram fuisse cōnstat.)

... mirique sunt orbes et quasi circuitus in rebus publicis commutationum et vicissitudinum. Quos cum cognosse sapientis est, tum vero prospicere impendentes, in gubernan-
35 da re publica moderantem cursum atque in sua potestate retinentem, magni cuiusdam civis et divini paene est viri. Itaque quartum quoddam genus rei publicae maxime probandum esse sentio, quod est ex his, quae prima dixi, moderatum et permixtum tribus.
40 Hic Laelius: „Scio tibi ita placere, Africane. Saepe enim ex te audivi. Sed tamen, nisi molestum est, ex tribus istis modis rerum publicarum velim scire, quod optimum iudices. (Lücke im Text)

circuitus, ūs: periodischer Umlauf

vicissitūdō, inis: Wechsel
cognōsse ~ cognōvisse
K. tum vērō magnī ... virī est prōspicere impendentēs (circuitūs), ...
moderantem ~ moderārī
retinentem ~ retinēre

molestus: LW3
K. vēlim scīre, quod ex trībus ... optimum iūdicēs.

1. Beachten Sie die Regeln der Wortbildung auf S. 122 und erschließen Sie die Bedeutung von *dominatus, similitudo, ornatus* und *amabilis*.
2. Formulieren Sie für jeden Absatz eine passende Überschrift und zeigen Sie auf, wie die Absätze innerlich miteinander verknüpft sind.
3. Verdeutlichen Sie in Partnerarbeit anhand einer Tabelle, warum die „erträglichen" Verfassungen nur „suboptimal" sind.
4. Überlegen Sie, welche Gründe Scipio dazu veranlasst haben könnten, die gemischte Verfassung für die beste zu halten (vgl. Z. 37–39).
5. Beschreiben Sie die Abbildungen in allen Details und ordnen Sie sie einer konkreten Textstelle zu (➜ S. 42).

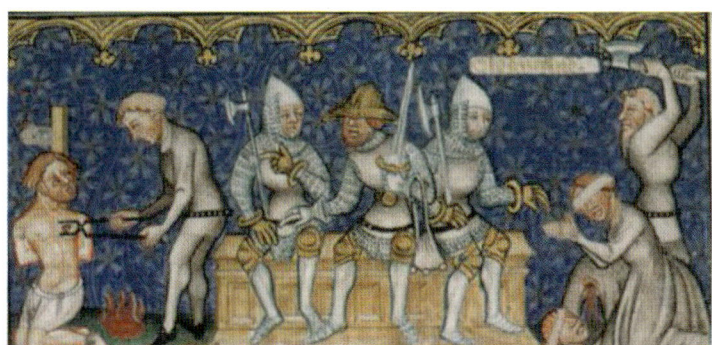

Die schlechten und die guten Regierungsformen, Frontispiz in Nicolas Oresme, Les Politiques d'Aristote (um 1375), Bibliotheke Royale, Brüssel

Bevor Scipio die von ihm bevorzugte gemischte Verfassung beschreibt, holt er weiter aus (*De rep.* 1,65-67).

W		G
tuērī	ūtī (+ Abl.)	Deponentia
spoliāre (+ Abl.)	(īn)sequī (+ Akk.)	PC
cōnārī	īrāscī	

6 Et Scipio: „Est omnino, cum de illo genere rei publicae, quod maxime probo, quae sentio, dixero, accuratius mihi dicendum de commutationibus rerum publicarum, etsi minime facile eas in ea re publica futuras puto. Sed huius
5 regiae prima et certissima est illa mutatio: Cum rex iniustus esse coepit, perit illud ilico genus et est idem ille tyrannus, deterrimum genus et finitimum optimo. Quem si optimates oppresserunt – quod ferme evenit – habet statum res publica de tribus secundarium. Est enim quasi regium, id est patrium
10 consilium populo bene consulentium principum. Sin per se populus interfecit aut eiecit tyrannum, est moderatior, quoad sentit et sapit et sua re gesta laetatur tuerique vult per se constitutam rem publicam. Sin quando aut regi iusto vim populus attulit regnove eum spoliavit aut etiam – id,
15 quod evenit saepius, – optimatium sanguinem gustavit ac totam rem publicam substravit libidini suae, cave, putes aut mare ullum aut flammam esse tantam, quam non facilius sit sedare quam effrenatam insolentia multitudinem! Tum fit illud, quod apud Platonem est luculente dictum, si modo
20 id exprimere Latine potuero. Difficile factu est, sed conabor tamen.
,Cum‘, enim inquit, ,inexplebiles populi fauces exaruerunt libertatis siti malisque usus ille ministris non modice temperatam, sed nimis meracam libertatem sitiens hausit, tum
25 magistratus et principes, nisi valde lenes et remissi sint et large sibi libertatem ministrent, insequitur, insimulat, arguit, praepotentes reges tyrannos vocat.‘ Puto enim tibi haec esse nota.“ „Vero mihi“, inquit ille <Laelius>, „notissima.“
„Ergo illa sequuntur: ‚Eos, qui pareant principibus, agitari
30 ab eo populo et servos voluntarios appellari. Eos autem, qui in magistratu privatorum similes esse velint, eosque privatos, qui efficiant, ne quid inter privatum et magistratum differat, ferunt laudibus, mactant honoribus, ut necesse sit

---

K. Est ... mihi dīcendum (ea), quae sentiō – **accūrātus:** sorgfältig

(com)mutātio, ōnis: LW5

futūrās (esse)

īlicō Adv. ~ statim
dēterrimum ~ pessimum
finitimus: LW5 - **optimātēs:** LW4
fermē Adv.: meistens - **status:** LW3
secundārium ~ secundum

moderātus: LW5 - **quoad** (Subj.): solange als - **laetārī** ← laetitia

quandō ~ aliquandō

saepius: Komp. zu saepe - **gustāre:** *hier* lecken - **substernere, -sternō, -strāvī:** unterwerfen - K. cavē, (ut) putēs - **quam nōn ...** ~ ut nōn eam K. facilius sit eam sedāre quam
sedāre: beruhigen - **effrēnātus īnsolentiā:** vor Übermut außer Rand und Band geraten - **Platō, ōnis:** EV
lūculentē: treffend - **potuerō** ~ poterō

inexplēbilis: unersättlich - **faucēs, ium** f Pl.: Rachen - **exārēscere, -ārēscō, -āruī:** austrocknen
modicē ← modus
merācus: rein - **sitiēns** ← sitis
remissus: nachgiebig

largē: reichlich - **ministrent** ~ tribuant
īnsimulāre: verdächtigen - **arguere:** beschuldigen - **praepotentēs** m Pl.: Herrscher - K. (Platō dīcit) eōs ... appellārī - **agitāre:** *hier* verfolgen
voluntārius: freiwillig

ferunt ~ efferunt
mactāre: beschenken

in eiusmodi re publica plena libertatis esse omnia; ut et privata
35 domus omnis vacet dominatione et hoc malum usque ad
bestias perveniat; denique ut pater filium metuat, filius patrem neglegat, absit omnis pudor; ut plane liberi sint, nihil
intersit, civis sit an peregrinus; magister ut discipulos metuat
et iis blandiatur spernantque discipuli magistros; adulescen-
40 tes ut senum sibi pondus adsumant, senes autem ad ludum
adulescentium descendant, ne sint iis odiosi et graves. Ex
quo fit, ut etiam servi se liberius gerant, uxores eodem iure
sint quo viri inque tanta libertate canes etiam et equi, aselli
denique libere sic incurrant, ut iis de via decedendum sit.
45 Ergo ex hac infinita,' inquit, ,licentia haec summa cogitur,
ut ita fastidiosae mollesque mentes evadant civium, ut si minima vis adhibeatur imperii, irascantur et perferre nequeant.
Ex quo leges quoque incipiunt neglegere, ut plane sine ullo
domino sint.'"

plānē Adv.: völlig

K. (utrum) cīvis sit an – **peregrīnus:**
Fremder – **blandīrī:** schmeicheln

pondus, eris n: Gewicht – **adsūmere:**
hier anmaßen – **odiōsus:** verhasst
gravis: *hier* lästig

asellus: Esel

incurrere: *hier* heranstürmen
dēcēdendum ~ cēdendum
īnfīnītus: grenzenlos
haec summa cōgitur ~ sequitur
fastīdiōsus: verwöhnt
ēvādere: *hier* werden
ex quō: darauf – **plānē:** völlig

1. Interpretieren Sie Absatz 1 nach dem Muster von S. 28f.
2. Finden Sie eine prägnante Überschrift für Absatz 2.
3. Beschreiben Sie das Fresko in allen Details (➜ **i**) und erklären Sie, die Entartung welcher Staatsform es beschreiben könnte (➜ S. 42).
4. Arbeiten Sie in Partnerarbeit Platons Thesen (Z. 29ff.) heraus. Diskutieren Sie dann, ob diese Thesen auch auf unsere heutigen demokratischen Gesellschaften zutreffen.

Ambrogio Lorenzetti (ca. 1290–1348): Die schlechte Regierung, Ausschnitt aus einem Fresko im Rathaus in Siena

i „Die gute und die schlechte Regierung"

Der italienische Maler Ambrogio Lorenzetti (ca. 1290–1348) schmückte 1338/39 das Rathaus von Siena mit dem Wandgemälde „Die gute und die schlechte Regierung" aus. Auf eine Allegorie der guten (➜ S. 95) bzw. schlechten Regierung (➜ Abb.) ließ er jeweils mehrere Bilder folgen, auf denen er die Auswirkungen guten und schlechten Regierens auf Stadt und Land darstellte. Diese Gemälde sollten den Ratsherren Ansporn und Mahnung zugleich sein.

Scipio setzt seine Ausführungen fort (*De rep.* 1,68–69).

W	revertī nāscī orīrī	convertere ēvenīre opprimere		G	Substantivierung der Adjektive relativer Satzanschluss

7 „Atque ut iam ad sermonis mei auctorem revertar: Ex hac
nimia licentia, quam illi solam libertatem putant, ait ille ut
ex stirpe quadam exsistere et quasi nasci tyrannum. Nam ut
ex nimia potentia principum oritur interitus principum, sic
5 hunc nimis liberum populum libertas ipsa servitute afficit.
Sic omnia nimia, cum vel in tempestate vel in agris vel in
corporibus laetiora fuerunt, in contraria fere convertuntur.
Maximeque id in rebus publicis evenit nimiaque illa libertas
et populis et privatis in nimiam servitutem cadit. Itaque ex
10 hac maxima libertate tyrannus gignitur et illa iniustissima et
durissima servitus. Ex hoc enim populo indomito vel potius
immani deligitur aliqui plerumque dux contra illos principes
afflictos iam et depulsos loco, audax, impurus, consectans
proterve bene saepe de re publica meritos, populo gratifi-
15 cans et aliena et sua. Cui quia privato sunt oppositi timores,
dantur imperia et ea continuantur, praesidiis etiam, ut Athenis Pisistratus, saepiuntur. Postremo, a quibus producti
sunt, exsistunt eorum ipsorum tyranni. Quos si boni oppresserunt, ut saepe fit, recreatur civitas. Sin audaces, fit illa
20 factio, genus aliud tyrannorum, eademque oritur etiam ex
illo saepe optimatium praeclaro statu, cum ipsos principes
aliqua pravitas de via deflexit. Sic tamquam pilam rapiunt
inter se rei publicae statum tyranni ab regibus, ab iis autem
principes aut populi, a quibus aut factiones aut tyranni nec
25 diutius umquam tenetur idem rei publicae modus.
Quod ita cum sit, ex tribus primis generibus longe prae-
stat mea sententia regium. Regio autem ipsi praestabit id,
quod erit aequatum et temperatum ex tribus primis rerum
publicarum modis. Placet enim esse quiddam in re publi-
30 ca praestans et regale, esse aliud auctoritati principum im-
partitum ac tributum, esse quasdam res servatas iudicio
voluntatique multitudinis. Haec constitutio primum habet
aequabilitatem quandam, qua carere diutius vix possunt
liberi, deinde firmitudinem, quod et illa prima facile in con-
35 traria vitia convertuntur, ut exsistat ex rege dominus, ex

stirps, is f: Wurzelstock

interitus, ūs: Untergang

laetus: *hier* üppig

cadere in (+ Akk.): in etw. umschlagen
gignere: LW2 – **iniūstus:** LW6
indomitus → A1

afflictus → A1
dēpulsus locō: aus ihrer (gesellsch.) Stellung vertrieben – **impūrus:** *hier* gemein – **protervē cōnsectārī:** schamlos verfolgen – **grātificāns ~** tribuēns – **imperium:** *hier* Vollmacht
continuāre: *hier* verlängern
Pīsistratus: EV – (iī ducēs) saepiuntur
saepīre: umgeben – **prōdūcere:** *hier* fördern – **recreārī:** sich erholen
sīn: LW6 – **factiō:** LW5
status: LW3 – **optimātēs:** LW4

prāvitās, ātis: Schlechtigkeit
dēflectere → A1
pila: Ball

diutius: Komp. zu diū
modus ~ genus

praestābit id, quod ... → i

aequātus: ausgeglichen

praestāns: LW4 – **rēgālis** → rēx
impartīre: zuteilen
servāre: *hier* vorbehalten

aequābilitās, ātis: Rechtsgleichheit
firmitūdō, inis → firmus

optimatibus factio, ex populo turba et confusio, quodque ipsa genera generibus saepe commutantur novis. Hoc in hac iuncta moderateque permixta constitutione rei publicae non ferme sine magnis principum vitiis evenit. Non est enim
40 causa conversionis, ubi in suo quisque est gradu firmiter collocatus et non subest, quo praecipitet ac decidat.

optimātēs: LW4 – factiō, ōnis: LW5
cōnfūsiō, ōnis → A1
commūtantur ~ mūtantur
moderātus: LW5

fermē ~ ferē
conversiō, ōnis → A1
gradus: LW5 – nōn subest, quō: es gibt nichts, wohin
dēcidat ~ dēcadat

1. Erschließen Sie mithilfe eines Wörterbuches die Bedeutung von *indomitus*, *afflictus*, *deflectere*, *confusio* und *conversio*. Beachten Sie dabei den jeweiligen Kontext.
2. Fertigen Sie in Gruppenarbeit aus Absatz 1 und Text 6, Z. 1–21 (S. 92) ein Schaubild zur Theorie des Verfassungskreislaufes an, in das Sie auch die Gründe, die zum jeweiligen Wechsel der Verfassung führen, aufnehmen.
3. Erklären Sie in Partnerarbeit, warum für Scipio die Monarchie in der Theorie die beste Staatsform darstellt.
4. Paraphrasieren Sie mithilfe von **i** den Inhalt von Absatz 2 (➡ S. 96f.).
5. Beschreiben Sie das Fresko in allen Details (➡ **i**, S. 93) und zeigen Sie auf, worin seine Aussage über die von Cicero vorgetragenen Gedanken hinausgeht (➡ S. 42).

Ambrogio Lorenzetti (ca. 1290–1348): Die gute Regierung, Ausschnitt aus einem Fresko im Rathaus in Siena

i Die gemischte Verfassung (*genus mixtum*)

In der Verfassung der römischen Republik sind Elemente aus Monarchie, Aristokratie und Demokratie vertreten und „vermischt":

Monarchisches Element: Konsuln: Sie haben nahezu königliche Macht (Richtlinienkompetenz). Diese müssen sie aber mit einem Amtskollegen (Kollegialität) teilen; zudem ist ihre Amtszeit auf ein Jahr beschränkt (Annuität; Kontinuationsverbot), in dem sie auch kein weiteres Amt bekleiden dürfen (Kumulationsverbot) und nach dem sie zur Verantwortung gezogen werden können.

Aristokratisches Element: Senat: Er hat die Gesetzesinitiative, kann aber Gesetze nicht beschließen.

Demokratisches Element: Volksversammlung: Sie hat keine Gesetzesinitiative, aber ein Vetorecht.

Texte paraphrasieren

Das Verfahren des Paraphrasierens, d. h. des Herausarbeitens wesentlicher Textaussagen, ist Ihnen bereits bekannt, soll aber hier noch einmal systematisierend dargestellt werden.

Gehen Sie anders als bei der Übersetzung eines Textes nicht Wort für Wort bzw. Satz für Satz vor, sondern versuchen Sie, ein erstes Vorverständnis des gesamten Textabschnittes zu gewinnen, indem Sie diesen satzübergreifend erschließen. Unabhängig davon, ob es sich um einen Prosatext oder um ein Gedicht handelt, können Sie dabei die folgenden Strukturelemente eines Textes zur Vorerschließung nutzen:

Schlüsselwörter / dominierende Wort- und Sachfelder: Mehrfach auftauchende Begriffe (Schlüsselwörter) bzw. eine Häufung von Wörtern aus der gleichen Wortfamilie bzw. aus dem gleichen Lebensbereich (Sachfeld) zeigen das Thema eines Textes an.

Tempusprofil: Aus dem Wechsel des Tempus (Tempusprofil) lassen sich oft Informationen über den Inhalt gewinnen, da die lateinischen Tempora bestimmte Funktionen haben: Die eigentliche Handlung wird im Perfekt erzählt. Im Imperfekt und Plusquamperfekt werden meist Hintergrundinformationen (Vorgeschichte, Landschaftsbeschreibung) gegeben. Das Präsens drückt zeitlos gültige Erkenntnisse und beliebig oft wiederholbare Vorgänge aus. Es wird aber auch gebraucht, um die Spannung zu steigern (historisches Präsens).

Konnektoren: Satzverbindungen (Konnektoren) dienen der logischen Verknüpfung von Textinhalten, weil sie eine Handlung zeitlich gliedern, Folgen darstellen, Begründungen anführen oder Gegensätze herausarbeiten. Anhand von Konjunk-tionen (z. B. *et, etiam, -que, neque, sed, at, tamen, nam, enim, itaque*), Subjunktionen (z. B. *cum, ut, ne, quia,*

quod), Adverbien (z. B. *primo, tum, cras, hodie*) und auch Interjektionen (Ausrufe, z. B. *ecce, heu*) lassen sich deshalb Hinweise auf die Handlungsstruktur eines Textes gewinnen.

Handlungsträger und Handlungen: Das wesentliche Strukturelement von Texten stellt der Wechsel der Handlungsträger (Subjekte) dar. Aus ihnen, ihren Handlungen (Prädikaten) und deren jeweiligen Objekten lässt sich der grobe Handlungsverlauf erschließen.

Haben Sie anhand der genannten Kriterien die wesentlichen Anhaltspunkte für die korrekte Wiedergabe der Textaussage gefunden, können Sie diese anhand weiterer, außerhalb des eigentlichen Textes liegender Kriterien präzisieren.

Thema: Wenn ein Text keine Überschrift trägt, die Hinweise auf sein Thema enthält, müssen Sie das Thema des Textes selbst formulieren. Dies können Sie in der Regel aber erst, wenn Sie den Text auf die bisher angeführten Kriterien hin untersucht haben. Formulieren Sie deshalb eine Überschrift, die die gewonnenen Erkenntnisse in einem prägnanten Satz verdichtet („Der zu paraphrasierende Text lässt sich unter die Überschrift ... stellen."). Indem Sie so das Thema des Textes gleich zu Beginn zutreffend formulieren, zeigen Sie, dass Sie dessen wesentliche(n) Aussage(n) verstanden haben.

Praxisbeispiel: Cicero, *De rep.* 3,26
Paraphrasieren Sie **kurz** die folgende Passage aus dem dritten Buch von Ciceros Werk *De re publica*.

> Negant sapientem idcirco virum bonum esse,
> quod eum sua sponte ac per se bonitas et
> iustitia delectet, sed quod vacua metu, cura,
> sollicitudine, periculo vita bonorum viro
> rum sit, contra autem improbis semper [...]
> ante oculos iudicia et supplicia versentur.

Untersuchen Sie den Text zunächst auf Schlüsselwörter bzw. dominierende Sachfelder, Konnektoren und Handlungsträger, und visualisieren Sie Ihr Ergebnis durch die entsprechenden farbigen Markierungen.

> Negant sapientem idcirco virum bonum
> esse, quod eum sua sponte ac per se
> bonitas et iustitia delectet,
> sed quod vacua metu, cura, sollicitudine,
> periculo vita bonorum virorum sit,
> contra autem improbis semper […]
> ante oculos iudicia et supplicia versentur.

Die Handlungsträger bleiben unklar, da Cicero hier das Subjekt nicht nennt. Die nicht genannten Handlungsträger bestreiten nicht, dass der Weise gerecht ist, sie bestreiten aber, dass er aus uneigennützigen Gründen (*per se*) gut ist. Der Weise bzw. tüchtige Menschen handeln vielmehr deshalb gut, weil sie nur so ein ruhiges und sorgenfreies Leben führen können, da sie so keine Angst vor Strafe haben müssen. Das ist keine stoische Position, womit zumindest klar ist, dass die Handlungsträger keine Stoiker sein können.

Lassen Sie danach Gattung und zeitgeschichtlichen Hintergrund einfließen:

Das Wort *sapiens* verweist darauf, dass der Text um eine philosophische Frage kreist. Im Hintergrund steht letztlich das Glück des Menschen (*vacua metu, cura, sollicitudine, periculo vita*: Eudämonie). Dass dieses Thema auch in einer politischen Schrift auftaucht, ist nicht verwunderlich, wenn man bedenkt, dass die Staatsphilosophie als Teil der Philosophie danach strebt, Lebensumstände für den Menschen zu schaffen, die sein Glück ermöglichen. Eine wesentliche Voraussetzung für das Glück des Menschen sind gerechte Lebensumstände (*iustitia*).

Formulieren Sie abschließend eine Überschrift:

Aus den gewonnenen Informationen lässt sich der Text unter die Überschrift bzw. das Thema „Warum handelt der Weise gerecht?" stellen.

Rom hatte nicht immer eine gemischte Verfassung. In den ersten ca. 250 Jahren seiner Geschichte wurde es von Königen regiert (→ i). Der erste von insgesamt sieben Königen war Romulus (*De rep.* 2,4-6).

W	condere	opprimere	**G**	indirekte Fragesätze
	tollere	cōnārī		AcI/NcI
	praestāre (+ Dat.)	dēligere		

8 „Quod habemus", inquit [Scipio], „institutae rei publicae tam clarum ac tam omnibus notum exordium quam huius urbis condendae principium profectum a Romulo? Qui patre Marte natus [...] cum Remo fratre dicitur ab Amu-
5 lio, rege Albano, ob labefactandi regni timorem ad Tiberim exponi iussus esse. Quo in loco cum esset silvestris beluae sustentatus uberibus pastoresque eum sustulissent et in agresti cultu laboreque aluissent, perhibetur, ut adoleverit, et corporis viribus et animi ferocitate tantum ceteris praestitis-
10 se, ut omnes, qui tum eos agros, ubi hodie est haec urbs, incolebant, aequo animo illi libenterque parerent. Quorum copiis cum se ducem praebuisset, ut iam a fabulis ad facta veniamus, oppressisse Longam Albam, validam urbem et potentem temporibus illis, Amuliumque regem interemisse
15 fertur. Qua gloria parta urbem auspicato condere et firmare dicitur primum cogitavisse rem publicam. Urbi autem locum, quod est ei, qui diuturnam rem publicam serere conatur, diligentissime providendum, incredibili opportunitate delegit.
20 Neque enim ad mare admovit: Quod ei fuit illa manu copiisque facillimum, ut in agrum Rutulorum Aboriginumve procederet aut in ostio Tiberino – quem in locum multis post annis rex Ancus coloniam deduxit – urbem ipse conderet. Sed hoc vir excellenti providentia sensit ac vidit, non
25 esse opportunissimos situs maritimos urbibus eis, quae ad spem diuturnitatis conderentur atque imperii: primum, quod essent urbes maritimae non solum multis periculis oppositae, sed etiam caecis.
Nam terra continens adventus hostium non modo expectatos, sed etiam repentinos multis indiciis et quasi fra-
30 gore quodam et sonitu ipso ante denuntiat. Neque vero quisquam potest hostis advolare terrā, quin eum non modo adesse, sed etiam, quis et unde sit, scire possimus.

K. Quod exōrdium īnstitūtae ... tam nōtum habēmus quam ...
exōrdium: Anfang
profectum ā (+ Abl.): ausgehend von – **Rōmulus, Mārs, Remus, Amūlius:** EV – **Albānus:** von Alba Longa (EV) – **Tiberis, is:** EV
labefactāre: *hier* gefährden
expōnere: LW4 – **silvestris bēlua** → A1 – **sustentātus:** *hier* am Leben erhalten – **ūber, eris** n → A1
agrestis cultus → A1 – **perhibētur** (+ NcI): man erzählt, dass
ferōcitās, ātis: Unerschrockenheit

Amūlius: EV – **interēmisse ~** interfēcisse – *K.* ... partā dīcitur prīmum cōgitāvisse urbem ... condere et rem pūblicam firmāre.
auspicātō: nach Durchführung der Vogelschau – **diuturnus:** LW4
firmāre ~ cōnfirmāre
serere ~ condere
opportūnitās, ātis ← opportūnus

K. Neque enim (urbem) ad ...
fuit: *hier Realis* es wäre gewesen
Rutulī, ōrum: EV
Aborīginēs, um: EV
ōstium Tiberīnum: Tibermündung
Ancus: EV

situs maritimus: die Lage am Meer
diuturnitās, ātis ← diuturnus
maritimus: am Meer gelegen
oppositus: *hier* ausgesetzt
caecus → A1
terra continēns: Festland
repentīnus: plötzlich
fragor, ōris: Getöse
sonitus, ūs: Lärm
advolāre: heranfliegen
K. quīn scīre possīmus eum ...
quīn: ohne dass

Maritimus vero ille et navalis hostis ante adesse potest,
35 quam quisquam venturum esse suspicari queat. Nec vero,
cum venit, prae se fert aut, qui sit, aut, unde veniat, aut
etiam, quid velit. Denique ne notā quidem ullā, pacatus an
hostis sit, discerni ac iudicari potest.

maritimus ... et nāvālis: vom Meer aus mit Schiffen kommend
prae sē ferre → A1
notā: Zeichen
K. (utrum) pācātus (venit) an ...
pācātus: *hier* in friedlicher Absicht
discernere: unterscheiden

1. Erschließen Sie mithilfe eines Wörterbuches die Bedeutung von *silvestris belua, uber, agrestis cultus, caecus* und *prae se ferre*. Beachten Sie dabei den jeweiligen Kontext.
2. Analysieren Sie die Sätze *Quo in loco ...* (Z. 6–11) und *Urbi autem ...* (Z. 16–19; → S. 60f.).
3. Paraphrasieren Sie in Partnerarbeit den Inhalt von Absatz 1 (→ S. 96f.).
4. Arbeiten Sie in Gruppen aus Absatz 2 und 3 heraus, worin die *opportunitas* (Z.18) Roms begründet liegt.
5. Recherchieren Sie, welche bei Livius 1,4 erwähnte Tradition der Rettung des Romulus A. Leibovitz (→ Abb.) aufgegriffen hat.

i Vom Königtum zur Mischverfassung

Grundverfassung: *Romulus* gründet die Stadt und richtet den Senat als königliches Beratungsgremium ein. Wegen ihrer Beliebtheit werden die Senatoren Väter (*patres*), ihre Kinder *patricii* genannt. → **Religiöse Erweiterung:** *Numa Pompilius* kultiviert als zweiter König das Kriegsvolk des Romulus durch Gottesfurcht (*religio*) und Milde (*clementia*) und richtet verschiedene Priesterschaften (z. B. Vestalinnen; Auguren) ein. → **Politische Erweiterung:** *Lucius Tarquinius* baut als fünfter König einen eigenen Ritterstand (*ordo equester*) auf und plant den Bau eines Jupitertempels auf dem Kapitol. → **Politische Reform:** *Servius Tullius* richtet als sechster König eine Volksversammlung nach Besitzklassen (*comitia centuriata*) ein, sodass bei Abstimmungen nicht die Masse, sondern der Besitz den Ausschlag gibt. → **Beginn der Republik:** *Lucius Brutus* vertreibt ca. 510 v. Chr. den siebten König Tarquinius Superbus und seine Familie aus Rom. Die regulären patrizischen Ämter der Republik (Konsul, Prätor, Ädil, Quästor) und das Notstandsamt der Diktatur werden allmählich eingerichtet.

Annie Leibovitz / Lavazza: Die Wölfin (Fotomontage; 2009)

Wissen verknüpfen — vernetzt denken

In der Abiturprüfung müssen Sie neben Fragen, die auf einzelne Autoren oder Sachthemen wie Satire, Geschichtsschreibung, Philosophie oder Politik bezogen sind, auch mit Fragestellungen rechnen, die verschiedene Autoren oder Sachthemen miteinander verknüpfen. Deshalb sollten Sie - unabhängig davon, ob Sie die Abiturprüfung in Latein schriftlich oder mündlich ablegen wollen - bei der Wiederholung der verschiedenen Sachinhalte vor der Abiturprüfung in zwei Schritten vorgehen.
Wiederholen Sie zunächst die einzelnen Sachthemen bzw. Kurshalbjahre unabhängig voneinander, sodass Sie sich zu jedem Sachthema einen fundierten, d. h. auch auf Detailwissen beruhenden Überblick verschaffen. Nur mithilfe dieses Detailwissens können Sie nämlich auf ein einziges Sachthema bezogene Fragen umfassend und überzeugend beantworten. Versuchen Sie dann in einem zweiten Schritt, Querverbindungen zwischen den einzelnen Sachthemen herzustellen. Hierbei kommt es weniger auf Detailwissen an - selbst wenn dieses im Einzelfall nützlich sein kann -, sondern darauf, anhand übergreifender Gesichtspunkte Zusammenhänge zwischen Stoffen herzustellen, die nur auf den ersten Blick verschieden sind. Hilfreich sein kann dabei die Technik des Mind-Mapping.

Mind-Mapping

Einer Mind-Map (Gedanken- bzw. Gedächtnis(land)karte) liegt ein Baumdiagramm zugrunde, bei dem Zusammenhänge durch gegenseitige Verknüpfungen sichtbar gemacht werden. Anders als beim Brainstorming liegt einer Mind-Map von Anfang an eine vernetzte Struktur zugrunde. Sie eignet sich deshalb zur Verknüpfung bereits vorstrukturierten Wissens.

Im Folgenden wird versucht, anhand einer Mind-Map ausgehend von den Sachinhalten der Oberstufe wesentliche Zusammenhänge aufzuzeigen. Nehmen Sie also die Mind-Map auf der folgenden Seite als Ausgangspunkt, um die darin knapp zusammengefassten Inhalte in ausführlicher und zusammenhängender Form darzustellen.

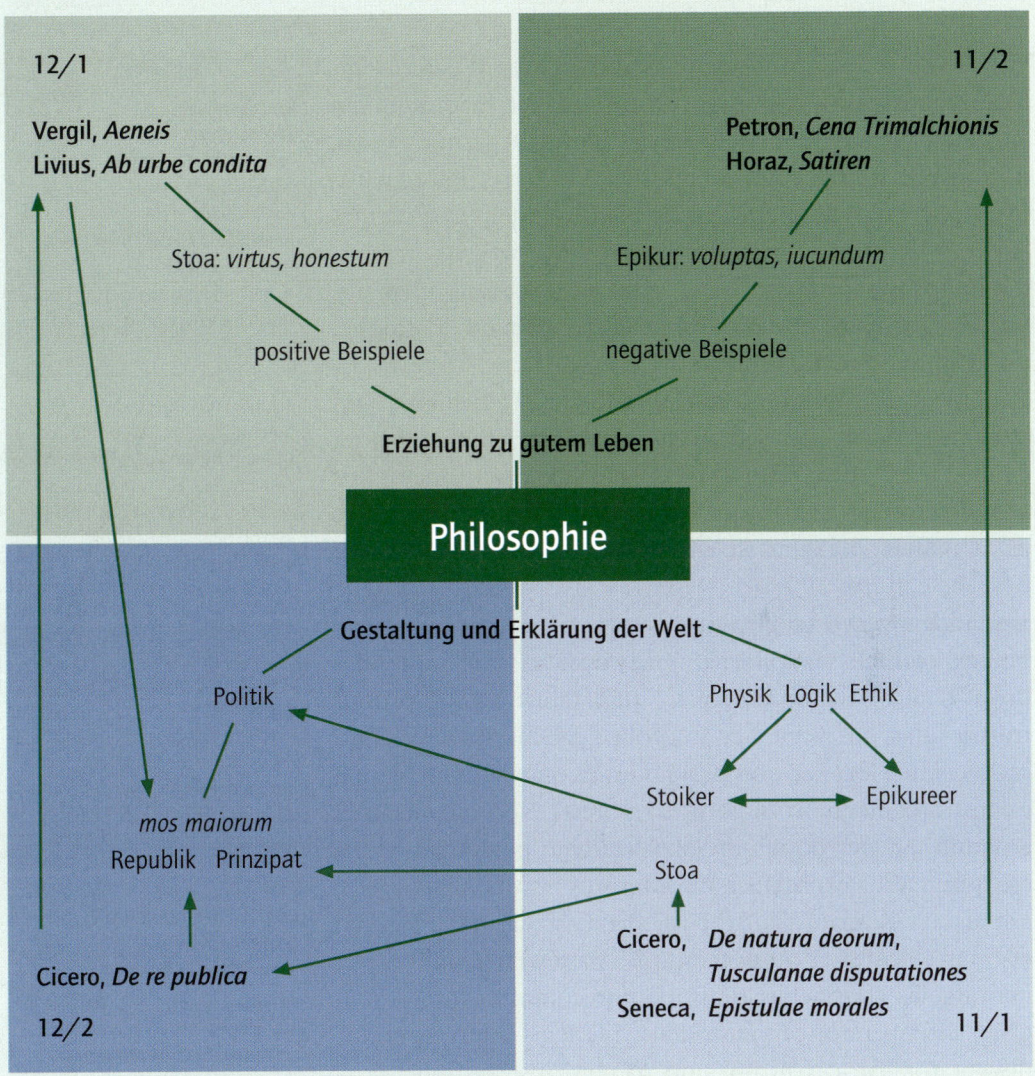

12/1

Vergil, *Aeneis*
Livius, *Ab urbe condita*

Stoa: *virtus, honestum*

positive Beispiele

11/2

Petron, *Cena Trimalchionis*
Horaz, *Satiren*

Epikur: *voluptas, iucundum*

negative Beispiele

Erziehung zu gutem Leben

Philosophie

Gestaltung und Erklärung der Welt

Politik

Physik Logik Ethik

Stoiker ⟷ Epikureer

mos maiorum
Republik   Prinzipat

Stoa

Cicero, *De re publica*

Cicero, *De natura deorum,*
Tusculanae disputationes
Seneca, *Epistulae morales*

12/2

11/1

6.7 Recht und Gesetze

Am zweiten Tag der Gespräche über den Staat geht Philus (→ EV) auf den Zusammenhang zwischen Naturrecht (→ **i**), Gesetz und Gerechtigkeit ein (*De rep.* 3,18–19; 33).

W			G	
quī-, quae-, quodcumque	quisque, quidque		Konjunktionen	
patī	iubēre		Gerundium	
sequī				

9 Quaero autem, si iusti hominis et si boni est viri parere legibus, quibus? An quaecumque erunt? At nec inconstantiam virtus recipit nec varietatem natura patitur legesque poenā, non iustitiā nostrā comprobantur. Nihil habet igitur natu-
5 rale ius. Ex quo illud efficitur ne iustos quidem esse naturā. An vero in legibus varietatem esse dicunt, naturā autem viros bonos eam iustitiam sequi, quae sit, non eam, quae putetur? Esse enim hoc boni viri et iusti: tribuere id cuique, quod sit quoque dignum.

10 Ecquid ergo primum mutis tribuemus beluis? Non enim mediocres viri, sed maximi et docti, Pythagoras et Empedocles, unam omnium animantium condicionem iuris esse denuntiant clamantque inexpiabiles poenas impendere iis, a quibus violatum sit animal. Scelus est igitur nocere
15 bestiae, … (Lücke im Text)

Est quidem vera lex recta ratio: naturae congruens, diffusa in omnes, constans sempiterna, quae vocet ad officium iubendo, vetando a fraude deterreat, quae tamen neque probos frustra iubet aut vetat nec improbos iubendo aut vetando
20 movet. Huic legi nec obrogari fas est neque derogari aliquid ex hac licet neque tota abrogari potest. Nec vero aut per senatum aut per populum solvi hac lege possumus neque est quaerendus explanator aut interpres Sextus Aelius. Nec erit alia lex Romae, alia Athenis, alia nunc, alia posthac, sed
25 et omnes gentes et omni tempore una lex et sempiterna et immutabilis continebit; unusque erit communis quasi magister et imperator omnium deus: Ille legis huius inventor, disceptator, lator. Cui qui non parebit, ipse se fugiet ac – naturam hominis aspernatus hoc ipso – luet maximas poe-
30 nas, etiamsi cetera, supplicia quae putantur, effugerit.

---

an: *hier* etwa
incōnstantia: Unbeständigkeit
recipere: *hier* gestatten
varietās, ātis → A1
comprobāre → A1
K. nē iūstōs quidem (virōs) esse
varietās, ātis → A1
K. nōn eam (iūstitiam sequī), quae (iūstitia esse) putētur? (Dīcunt) enim esse …

ecquid: etwa irgendetwas
prīmum: *hier* zunächst – **mūtus:** stumm – **bēlua:** Tier – **Pȳthagorās, Empedoclēs:** EV – **animantium** ~ animālium – **dēnūntiāre:** LW8
inexpiābilis, e: unsühnbar
impendēre: LW5

diffūsus: *hier* sich erstreckend
K. (Rēcta ratiō est) nātūrae …
sempiternus ~ aeternus
dēterrēre → A1
K. Nec fās est huic lēgī obrogārī neque licet … neque potest …
obrogāre (+ Dat.): *hier* ändern
dērogāre: teilweise aufheben
abrogāre: aufheben

explānātor: Ausleger – **interpres:** Deuter – **Sextus Aelius:** EV
posthāc ~ posteā
sempiternus ~ aeternus
immūtābilis, e → A1 – **continēre:** *hier* binden – *K.* et deus erit ūnus commūnis … – **inventor** → A1
disceptātor: Richter – **lātor:** Antragsteller – **aspernātus hōc ipsō:** gerade dadurch, dass er verschmäht – **luere:** *hier* leiden
K. quae supplicia putantur

1. Beachten Sie die Regeln der Wortbildung auf S. 122 und erschließen Sie die Bedeutung von *varietas*, *comprobare*, *deterrere*, *immutabilis* und *inventor*.

2. Arbeiten Sie heraus, welches Problem Philus in Absatz 1 anspricht.

3. Fassen Sie den Inhalt von Absatz 2 in einer These zusammen. Begründen Sie danach, warum Ihnen diese These (nicht) berechtigt erscheint.

4. **a)** Verknüpfen Sie in Partnerarbeit den Inhalt von Absatz 3 mit Grundpositionen der hellenistischen Philosophie (→ S. 100f.).

   b) Interpretieren Sie Absatz 3 nach dem Muster von S. 28f.

5. Beschreiben und vergleichen Sie die beiden Karikaturen. Diskutieren Sie danach in Gruppen, ob der Karikaturist den Grundsatz Ciceros *tribuere id cuique, quod sit quoque dignum* (Z. 8f.) teilt.

i Naturrecht

Unter Naturrecht versteht man eine im natürlichen Empfinden der Menschen verankerte Rechtsauffassung. Das Naturrecht ist in seinen Grundsätzen (z. B. Menschenrechte) unwandelbar, überstaatlich und zeitlos für alle Menschen gültig. Je nach Standpunkt leitet sich das Naturrecht bzw. Naturgesetz von Gott (Religion) oder der Vernunft (Philosophie) ab. In Einzelfällen kann das Naturrecht in Widerspruch zur kodifizierten Gesetzgebung stehen.

Baaske Cartoons / Mester

Baaske Cartoons / Mester

Um die Bedeutung der Gerechtigkeit für den Staat herauszuarbeiten, argumentiert Philus (→ EV) nach dem Vorbild des Karneades (→ i), aber zunächst als *advocatus diaboli* gegen die Gerechtigkeit (*De rep.* 3,24; 27–28).

W	accēdere	damnāre	**G**	Abl. qualitatis
	efficere	colere		doppelter Akkusativ
	omittere	dīligere		NcI

10 Philus: „Sapientia iubet augere opes, amplificare divitias, proferre fines – unde enim esset illa laus in summorum imperatorum incisa monumentis ‚fines imperii propagavit‘, nisi aliquid de alieno accessisset? – imperare quam plurimis,
5 frui voluptatibus, pollere, regnare, dominari. Iustitia autem praecipit parcere omnibus, consulere generi hominum, suum cuique reddere, sacra publica aliena non tangere. Quid igitur efficitur, si sapientiae pareas? Divitiae, potestates, opes, honores, imperia, regna vel privatis vel populis. Sed quo-
10 niam de re publica loquimur suntque illustriora, quae publice fiunt, quoniamque eadem est ratio iuris in utroque, de populi sapientia dicendum puto. Et ut iam omittam alios: Noster hic populus, quem Africanus hesterno sermone a stirpe repetivit, cuius imperio iam orbis terrae tenetur, ius-
15 titia an sapientia est e minimo omnium <maximus factus?>
(Lücke im Text)
Philus: „Quaero: Si duo sint, quorum alter optimus vir, aequissimus, summa iustitia, singulari fide, alter insigni scelere et audacia, et si in eo sit errore civitas, ut bonum illum virum sceleratum, facinerosum, nefarium putet, contra
20 autem eum, qui sit improbissimus, existimet esse summa probitate ac fide, proque hac opinione omnium civium bonus ille vir vexetur, rapiatur, manus ei denique auferantur, effodiantur oculi, damnetur, vinciatur, uratur, exterminetur, egeat, postremo iure etiam optimo omnibus miserrimus
25 esse videatur, contra autem ille improbus laudetur, colatur, ab omnibus diligatur, omnes ad eum honores, omnia imperia, omnes opes, omnes undique copiae conferantur, vir denique optimus omnium existimatione et dignissimus omni fortuna optima iudicetur: Quis tandem erit tam demens, qui
30 dubitet, utrum se esse malit? Quod in singulis, idem est in populis: Nulla est tam stulta civitas, quae non iniuste imperare malit quam servire iuste.

sapientia: LW3 – **amplificāre:** vergrößern – **prōferre:** *hier* ausdehnen
K. laus in … monumentīs incīsa
incīsus: *hier* eingemeißelt
prōpāgāre: ausdehnen

pollēre: stark sein – **rēgnāre** → A1

ratiō, ōnis: *hier* das Wesen

aliōs (populōs)

hesternus: gestrig
ā stirpe repetere: auf den Anfang zuückführen – *K.* (utrum) iūstitiā an

si duo → A2

singulāris: LW4

error, ōris → A1

facinerōsus → A1 – **contrā** Adv.:
hier dagegen

probitās, ātis → A1 – **prō:** *hier* entsprechend – **rapere:** *hier* ins Gefängnis schleppen – **effodere:** ausstechen – **vincīre:** LW4
extermināre: verbannen
egēre: Not leiden
contrā Adv.: *hier* dagegen

cōpiae ~ dīvitiae

exīstimātiōne: nach Einschätzung

uter, utra, utrum: wer von beiden
est: *hier* es trifft zu
iniūstus: LW6

1. Beachten Sie die Regeln der Wortbildung auf S. 122 und erschließen Sie die Bedeutung von *regnare*, *error*, *facinerosus* und *probitas*.
2. Analysieren Sie den Satz *Si duo* ... (Z. 16–29; → S. 60f.).
3. Arbeiten Sie die Grundaussage von Absatz 1 heraus. Überprüfen Sie, ob diese im Widerspruch zu Vergils *Aeneis* 6,851–853 (→ T 7, V. 5–7, S. 38) steht.
4. Interpretieren Sie Absatz 2 nach dem Muster von S. 28f.
5. Beschreiben Sie in Partnerarbeit die Figuren des Gemäldes in allen Details (→ S. 42). Begründen Sie, ob sich die Republik Bern (Figur mit dem Schild) mit diesem Gemälde eher ihrer *sapientia* oder *iustitia* rühmt.
6. Diskutieren Sie in Gruppen, ob der Ehrliche wirklich immer der Dumme ist oder ehrlich letztlich doch am längsten währt.

i Karneades

Griechischer Philosoph (ca. 213–128 v. Chr.); besuchte als Schulleiter der platonischen Akademie zusammen mit Kritolaos (Peripatos) und Diogenes (Stoa) 155 v. Chr. Rom. Dort hielt er am einen Tag eine Rede „für", am darauffolgenden Tag eine Rede „gegen die Gerechtigkeit". Da Cato der Ältere solche Redekunst als gefährlich für den Bestand der politischen Ordnung erachtete, drängte er darauf, die Philosophengesandtschaft so schnell wie möglich wieder nach Griechenland zurückzuschicken.

Allegorie der Republik Bern, 1682, Bernisches Historisches Museum

6.8 Der gerechte Krieg

Laelius verteidigt die Gerechtigkeit gegen die Angriffe des Philus (→ EV).
Seine Ausführungen sind allerdings nur in Fragmenten erhalten (*De rep.*
3,34–37).

W	suscipere	fierī	G	Gerundium / Gerundiv
	exstinguere	frangere		AcI / NcI
	cōnferre	praeesse		

11 Nullum bellum suscipi a civitate optima nisi aut pro fide aut
pro salute.

Nullus interitus est rei publicae naturalis ut hominis, in quo
mors non modo necessaria est, verum etiam optanda persae-
5 pe. Civitas autem cum tollitur, deletur, exstinguitur, simile
est quodam modo, ut parva magnis conferamus, ac si omnis
hic mundus intereat et concidat.

Illa iniusta bella sunt, quae sunt sine causa suscepta. Nam
extra ulciscendi aut propulsandorum hostium causam bel-
10 lum geri iustum nullum potest.

Nullum bellum iustum habetur nisi denuntiatum, nisi dictum, nisi de repetitis rebus.

Noster autem populus sociis defendendis terrarum iam omnium potitus est.

15 Responsum est a parte iustitiae ideo [bellum] iustum esse,
quod talibus hominibus sit utilis servitus, et pro utilitate
eorum fieri, cum recte fit, id est, cum improbis aufertur
iniuriarum licentia et domiti melius se habebunt, quia indo-
miti deterius se habuerunt. An non cernimus optimo cuique
20 dominatum ab ipsa natura cum summa utilitate infirmorum
datum?

Sed et imperandi et serviendi sunt dissimilitudines cognos-
cendae. Nam ut animus corpori dicitur imperare, dicitur
etiam libidini, sed corpori ut rex civibus suis aut parens li-
25 beris, libidini autem ut servis dominus, quod eam coercet
et frangit, sic regum, sic imperatorum, sic magistratuum, sic
patrum, sic populorum imperia civibus sociisque praesunt
ut corporibus animus.

Est enim genus iniustae servitutis, cum ii sunt alterius, qui
30 sui possunt esse; cum autem ii famulantur ...

K. (Dīcit) nūllum bellum suscipī ...

interitus, ūs: Untergang

persaepe: sehr oft
simile ... ac sī: ähnlich ... wie wenn

concidere: einstürzen

iniūstus: LW6

extrā (+ Akk.): *hier* außer
prōpulsāre: abwehren

dēnūntiāre: LW8
K. nisi dē repetītīs rēbus (gestum)
dē repetītīs rēbus: wegen der Zu-
rückforderung von Eigentum

Respōnsum ... habuērunt: indirek-
tes Zitat bei Augustinus (→ EV),
civ. 19,21 – **ūtilitās:** LW2

domitī, ōrum m Pl.: die Unterworfenen – **melius sē habēre:** sich in bes-
serer Lage befinden – **indomitī:** *hier*
vor der Unterwerfung – **dominātus,
ūs:** Herrschaft – K. datum (esse)

dissimilitūdō, inis: Unterschied

ūtilitās: LW2 – K. dīcitur etiam
libīdinī (imperāre), sed (dīcitur) cor-
porī (imperāre) ut ...
coercēre: zügeln

alterīus / suī esse: in eines anderen / der eigenen Gewalt sein
famulārī: dienen

1. Entwickeln Sie in Gruppenarbeit aus Text 11, **M** und Vergils *Aeneis* 1,278f. (→ T 2, V. 42f., S. 19) und 6,851–853 (→ T 7, V. 5–7, S. 38) die Theorie des gerechten Krieges (→ S. 100f.).

2. Erstellen Sie anhand von Übersetzungen von Cäsar, *bell. Gall.* 7,77, Sallust, *hist.* 4,69,1–23, Tacitus, *Agr.* 30–32 und Augustinus, *civ.* 4,4 Kurzreferate zur sog. „Imperialismuskritik" (→ S. 100f.).

3. Benennen Sie die in Z. 21–28 verwendeten Stilmittel und erläutern Sie ihre Funktion für die Textaussage (→ GW: Stilmittel, S. 141f.).

4. Erklären Sie in Gruppenarbeit die Bildunterschrift der Karikatur. Diskutieren Sie dann, ob Krieg manchmal nötig ist. Belegen Sie Ihre Argumente mit geeigneten historischen Beispielen.

Semper idem - immer derselbe

M Die Rede des römischen Generals Cerialis in Trier (Tacitus, *hist.* 4,73–74)

Euer Land und das der übrigen Gallier haben römische Feldherrn und Imperatoren betreten, nicht aus Eigennutz, sondern auf Hilfesuch eurer Vorfahren, die innerer Hader bis an den Rand des Untergangs trieb, während die zu Hilfe gerufenen Germanen ihren Bundesgenossen so, als wären sie Feinde, das Joch der Knechtschaft auferlegt hatten. [...] Die Germanen haben immer die gleiche Ursache, nach Gallien herüberzukommen: Willkür, Habsucht und Lust, ihre Wohnsitze zu wechseln [...]: Allerdings, Freiheit und andere prächtige Namen dienen als Vorwand. [...] Zwingherrschaften und Kriege hat es in Gallien immer gegeben, bis ihr unserer Rechtsordnung beigetreten seid; wir haben [...] euch nach Siegesrecht nur das auferlegt (d. h. Tribute), womit wir den Frieden schützen können. [...] Alles Übrige habt ihr mit uns gemeinsam. (Übersetzung: H. Vretska)

Buch 5 von *De re publica* ist nahezu ganz verloren. Sein Thema scheint das moralische Verhalten der politischen Anführer gewesen zu sein (*De rep.* 5,1).

W	vāstus	ēgregius	**G** Adverbialsätze mit Konjunktiv /
	lātus	parcus	mit Indikativ
	vetus	saevus	

12 „Moribus antiquis res stat Romana virisque."

Quem quidem ille versum vel brevitate vel veritate tamquam ex oraculo quodam mihi esse effatus videtur. Nam
neque viri, nisi ita morata civitas fuisset, neque mores,
5 nisi hi viri praefuissent, aut fundare aut tam diu tenere
potuissent tantam et tam vaste lateque imperantem rem
publicam. Itaque ante nostram memoriam et mos ipse patrius
praestantes viros adhibebat et veterem morem ac maiorum
instituta retinebant excellentes viri.
10 Nostra vero aetas cum rem publicam sicut picturam accepis-
set egregiam, sed evanescentem vetustate, non modo eam
coloribus isdem, quibus fuerat, renovare neglexit, sed ne id
quidem curavit, ut formam saltem eius et extrema tamquam
lineamenta servaret. Quid enim manet ex antiquis mori-
15 bus, quibus ille dixit rem stare Romanam, quos ita oblivione
obsoletos videmus, ut non modo non colantur, sed iam
ignorentur? Nam de viris quid dicam? Mores enim ipsi inter-
ierunt virorum penuria, cuius tanti mali non modo reddenda
ratio nobis, sed etiam tamquam reis capitis quodam modo
20 dicenda causa est. Nostris enim vitiis, non casu aliquo, rem
publicam verbo retinemus, re ipsa vero iam pridem amisimus.

ille ~ Ennius: EV

effārī, effor, effātus sum: aussprechen

mōrātus: gesittet

fundāre: gründen

praestāns: LW4 – **adhibēre:** LW6

īnstitūtum: Einrichtung
excellēns: LW8
pictūra: Gemälde
ēvānēscēns, entis: verblassend
renovāre: erneuern

saltem Adv.: wenigstens
extrēmum ... līneāmentum: Umriss

oblīviōne obsolētus: in Vergessen-heit geraten

interīre: LW11

pēnūria ~ inopia

reus capitis: ein auf Tod und Leben Angeklagter

verbō ... rē ipsā: in der Theorie ... in der Praxis

13 Sallust, *Catilina* 9–10 (→ i)

Igitur domi militiaeque boni mores colebantur. Concordia
maxuma, minuma avaritia erat. Ius bonumque apud eos non
legibus magis quam natura valebat. Iurgia, discordias, simul-
tates cum hostibus exercebant, cives cum civibus de virtute
5 certabant. In suppliciis deorum magnifici, domi parci, in
amicos fideles erant. Duabus his artibus – audacia in bello,
ubi pax evenerat, aequitate – seque remque publicam cura-
bant. Quarum rerum ego maxuma documenta haec habeo,
quod in bello saepius vindicatum est in eos, qui contra impe-
10 rium in hostem pugnaverant quique tardius revocati proelio
excesserant, quam, qui signa relinquere aut pulsi loco ce-
dere ausi erant. In pace vero, quod beneficiis magis quam

domī mīlitiaeque: im Frieden und im Krieg – **maxuma, minuma** ~ maxima, minima
iūrgium: Streit
simultās, ātis: Feindschaft

supplicium: *hier* Opfer

saepius: Komp. zu saepe

tardus: langsam

metu imperium agitabant et accepta iniuria ignoscere quam
persequi malebant.

15 Sed ubi labore atque iustitia res publica crevit, reges magni
bello domiti, nationes ferae et populi ingentes vi subacti,
Carthago, aemula imperi Romani, ab stirpe interiit, cuncta
maria terraeque patebant, saevire fortuna ac miscere omnia
coepit. Qui labores, pericula, dubias atque asperas res facile

20 toleraverant, iis otium divitiaeque, optanda alias, oneri mise-
riaeque fuere. Igitur primo imperii, deinde pecuniae cupido
crevit: Ea quasi materies omnium malorum fuere. Namque
avaritia fidem, probitatem ceterasque artes bonas subvortit.
Pro his superbiam, crudelitatem, deos neglegere, omnia ve-

25 nalia habere edocuit. Ambitio multos mortales falsos fieri
subegit, aliud clausum in pectore, aliud in lingua promptum
habere, amicitias inimicitiasque non ex re, sed ex commodo
aestumare magisque voltum quam ingenium bonum habere.
Haec primo paulatim crescere, interdum vindicari. Post, ubi

30 contagio quasi pestilentia invasit, civitas immutata, imperium ex iustissumo atque optumo crudele intolerandumque
factum.

agitāre: hier ausüben

domitī (sunt) – subāctī (sunt)

Carthāgō, inis: EV – **aemula:** Rivalin
ab stirpe: mit Stumpf und Stiel
interīre: LW11 – **saevīre** → saevus

dīvitiae, ārum Pl.: LW10 – **aliās** Adv.:
sonst – **fuēre** ~ fuērunt – **cupīdō** ~
cupiditās – **māteriēs, eī** f: Brennstoff

probitās, ātis: Rechtschaffenheit
subvortere: zerstören – **vēnālis:**
käuflich – (avāritia) **ēdocuit** ~ docuit
ambitiō, ōnis: *hier* Ehrgeiz
prōmptus: *hier* offen

voltum ~ vultum

crēscere ~ crēvērunt – **vindicārī** ~
vindicāta sunt – **contāgiō, ōnis:**
Ansteckung – **pestilentia:** Seuche
immūtāta ~ mūtāta (est)
factum (est)

1. Interpretieren Sie Text 12 nach dem Muster von S. 28f.
2. Arbeiten Sie in Gruppen die Argumentation von Text 13 heraus. Diskutieren Sie dann, ob Cicero Sallust zugestimmt hätte.
3. Vergleichen Sie den literarischen Stil Sallusts mit demjenigen Ciceros.
4. Erklären Sie, warum man das Ennius-Zitat (T 12, Z. 1) als Motto der
   ersten Bücher des Geschichtswerks des Livius betrachten kann.
5. Beschreiben Sie anhand des Münzbildnisses und der Abbildung auf
   S. 71, was einen *vir vere Romanus* auszeichnet (→ S. 42).

Denar: Kopf des Königs Tatius
(70 v. Chr.)

i **Sallust**

Römischer Geschichtsschreiber (86–34 v. Chr.);
nachdem seine politische Laufbahn trotz Unterstützung Cäsars scheiterte, verfasste er in Anlehnung
an Thukydides die Geschichtswerke *Catilina, Iugur-
tha* und die „Historien" (fast vollständig verloren).

In allen Werken deutete er die Entwicklung Roms
nach sittlichen Prinzipien und entwarf eine Theorie
des unabwendbaren Verfalls des römischen Staats
durch den Verlust der alten Sitten.

6.10 Scipios Traum

Als einziger Teil von *De re publica* ist der Schluss vollständig erhalten. Dort lässt Cicero Scipio Aemilianus von einem Besuch bei König Masinissa von Numidien im Jahr 148 v. Chr. erzählen. Beide unterhalten sich bis tief in die Nacht hinein über Scipio Africanus. Danach fällt Scipio in einen tiefen Schlaf. Im Traum zeigt sich ihm sein Großvater in der Gestalt, die er von dessen im Atrium seines Hauses aufgestellten Ahnenbild (→ **M**) kennt (*De rep.* 6,10–12).

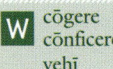 cōgere
cōnficere
vehī

oportet
intuērī
nītī (+ Abl.)

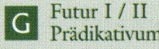 Futur I / II
Prädikativum

14 „Quem ubi agnovi, equidem cohorrui. ‚Ades‘, inquit, ‚animo et omitte timorem, Scipio, et, quae dicam, trade memoriae! Videsne illam urbem, quae parere populo Romano coacta per me renovat pristina bella nec potest quiescere?‘
5 Ostendebat autem Carthaginem de excelso et pleno stellarum, illustri et claro quodam loco. ‚Ad quam tu oppugnandam nunc venis paene miles. Hanc hoc biennio consul evertes eritque cognomen id tibi per te partum, quod habes adhuc a nobis hereditarium. Cum autem Carthaginem de-
10 leveris, triumphum egeris censorque fueris et obieris legatus Aegyptum, Syriam, Asiam, Graeciam, deligere iterum consul absens bellumque maximum conficies, Numantiam exscindes. Sed cum eris curru in Capitolium invectus, offendes rem publicam consiliis perturbatam nepotis mei.
15 Hic tu, Africane, ostendas oportebit patriae lumen animi, ingenii consiliique tui. Sed eius temporis ancipitem video quasi fatorum viam. Nam cum aetas tua septenos octiens solis anfractus reditusque converterit duoque hi numeri, quorum uterque plenus – alter altera de causa – habetur, circuitu na-
20 turali summam tibi fatalem confecerint, in te unum atque in tuum nomen se tota convertet civitas. Te senatus, te omnes boni, te socii, te Latini intuebuntur. Tu eris unus, in quo nitatur civitatis salus, ac, ne multa, dictator rem publicam constituas oportet, si impias propinquorum manus effugeris.‘“

agnōvī ~ cognōvī – **cohorrēscere**
→ A1 – **animō adesse:** *hier* ruhig sein

renovāre → A1

illūstris: LW10

hōc bienniō: in zwei Jahren

cognōmen, inis n: Ehrenname (gemeint ist der Beiname Africanus)
hērēditārius → A1
Carthāgō, inis: EV
cēnsor, ōris: Zensor
obīre, -eō, -iī: *hier* bereisen
dēligere ~ dēligēris
Numantia: EV – **exscindēs** ~ ēvertēs
Capitolium: EV – **invectus** ~ vectus

offendere: *hier* vorfinden – **nepōtis:** gemeint ist T. Gracchus (EV)
K. oportēbit, (ut) ostendās
lūmen, inis n: Licht – **anceps, ancipitis** → A1 – **fātōrum** ~ fātī
aetās tua septēnōs octiēns sōlis ānfrāctūs reditūsque converterit: du hast 56 Jahre gelebt – **circuitū nātūrālī:** in natürlichem Umlauf
summa: LW4

Latīnī, ōrum: EV

K. nē multa (dīcam)

K. oportet, (ut) cōnstituās

M Ahnenkult und *imagines maiorum* (Polybius 6,53f.)

Nachdem sie ihn begraben haben und für ihn die vorgeschriebenen Riten durchgeführt haben, stellen sie das Abbild des Verstorbenen an einem herausragenden Ort des Hauses auf, und zwar in einem hölzernen Schrein. Das Bild ist eine Maske, die mit höchster Ähnlichkeit die Gesichtsbildung und -züge wiedergibt. Alle diese Bilder (= Masken) holen sie bei den öffentlichen Festen hervor und schmücken sie mit größter Pracht, und wenn ein angesehenes Familienmitglied stirbt, führen sie sie im Leichenzug mit und setzen sie Personen auf, die mit dem Verstorbenen die größte Ähnlichkeit in Größe und Gestalt besitzen. Diese tragen dann, wenn der Betreffende Konsul oder Prätor gewesen ist, Kleider mit Purpursaum, wenn Zensor, ganz aus Purpur, wenn er aber einen Triumph gefeiert und dementsprechende Taten getan hat, mit Gold bestickte. Sie fahren auf Wagen, denen *fasces* (Rutenbündel) und Beile und die anderen Abzeichen des Amtes vorangetragen werden, je nach Würde und Rang, den ein jeder zu Lebzeiten bekleidet hat, und wenn sie an den Rostren (Rednerbühnen) angekommen sind, nehmen sie alle in einer Reihe auf elfenbeinernen Stühlen Platz. [...] Hat nun der Redner über den, den sie bestatten wollen, gesprochen, geht er zu den anderen über, deren Bilder versammelt sind, und berichtet, mit dem Ältesten beginnend, von den Erfolgen und Taten eines jeden. (Übersetzung nach: I. König, Vita Romana, S. 104)

Römische Statue: Ein Römer hält die *imagines* seiner Vorfahren, Kapitolinische Museen, Rom

1. Erschließen Sie mithilfe eines Wörterbuches die Bedeutung von *cohorrescere*, *renovare*, *hereditarius* und *anceps*. Beachten Sie dabei den jeweiligen Kontext.
2. Recherchieren Sie vor der Übersetzung des Textes in Gruppen zu Scipio Aemilianus und Tiberius Gracchus und erstellen Sie für beide einen tabellarischen Lebenslauf. Nutzen Sie danach die von Ihnen erstellten Lebensläufe als Übersetzungs- und Interpretationshilfe.
3. Übersetzen Sie in Partnerarbeit *aetas tua ... converterit* (Z. 17f.) mithilfe eines Wörterbuches wörtlich und versuchen Sie zu erklären, warum Cicero hier zu dieser Formulierung greift.
4. Weisen Sie nach, dass Absatz 1 als ein *vaticinium ex eventu* (→ **i**, S. 31) aufzufassen ist.
5. Lesen Sie **M** und erläutern Sie die politische Bedeutung der Ahnenbilder der Führungsschicht Roms.

Scipio Africanus fährt fort (*De rep.* 6,13-16).

W	hinc – hīc – hūc proficīscī revertī	morārī tuērī	G	Relativsätze Gerundiv

15 „„Sed quo sis, Africane, alacrior ad tutandam rem publicam,
sic habeto: Omnibus, qui patriam conservaverint, adiu-
verint, auxerint, certum esse in caelo definitum locum,
ubi beati aevo sempiterno fruantur. Nihil est enim illi
5 principi deo, qui omnem mundum regit, quod quidem
in terris fiat, acceptius quam concilia coetusque hominum iure sociati, quae ‚civitates' appellantur. Harum rec-
tores et conservatores hinc profecti huc revertuntur.'
Hic ego, etsi eram perterritus non tam mortis metu quam
10 insidiarum a meis, quaesivi tamen, viveretne ipse et Paulus
pater et alii, quos nos exstinctos arbitraremur. ‚Immo vero',
inquit, ‚hi vivunt, qui e corporum vinculis tamquam e carce-
re evolaverunt. Vestra vero quae dicitur vita, mors est. Quin
tu aspicis ad te venientem Paulum patrem?' Quem ut vidi,
15 equidem vim lacrimarum profudi, ille autem me complexus
atque osculans flere prohibebat. Atque ut ego primum fletu
represso loqui posse coepi, ‚Quaeso', inquam, ‚pater sanc-
tissime atque optime, quoniam haec est vita, ut Africanum
audio dicere, quid moror in terris? Quin huc ad vos venire
20 propero?'
‚Non est ita,' inquit ille. ‚Nisi enim deus is, cuius hoc temp-
lum est omne, quod conspicis, istis te corporis custodiis
liberaverit, huc tibi aditus patere non potest. Homines enim
sunt hac lege generati, qui tuerentur illum globum, quem in
25 hoc templo medium vides, quae terra dicitur. Iisque animus
datus est ex illis sempiternis ignibus, quae sidera et stellas
vocatis, quae globosae et rotundae, divinis animatae men-
tibus, circulos suos orbesque conficiunt celeritate mirabili.
Quare et tibi, Publi, et piis omnibus retinendus animus est
30 in custodia corporis nec iniussu eius, a quo ille est vobis datus, ex hominum vita migrandum est, ne munus humanum
assignatum a deo defugisse videamini.

---

alacer, cris, cre: *hier* freudig
tūtārī: beschützen
habētō: du sollst glauben
dēfīnīre: LW2 – **fruī:** LW10

aevō sempiternō ~ vītā aeternā
K. Nihil, quod ... fiat, est ... acceptius
mundus: LW11 – **acceptum:** will-
kommen – **coetus:** LW4
sociātus: verbunden

rēctor, ōris ← regere

nōn tam ... quam: LW4
(Lucius Aemilius) **Paulus:** EV

ēvolāvērunt ← ē-volāre

profundere, -fundō, -fūdī: vergießen

ōsculārī: küssen – **flētū repressō** ~
lacrimīs repressīs

aditus, ūs: Zugang
generātus: geschaffen
globus: Ball

sempiternīs ~ aeternīs
stēlla: LW14 – **globōsus:** kugel-
förmig – **rotundus:** rund
animātus: beseelt – **circulōs ...**
orbēsque: Kreisbahnen – **mīrābilī** ~
mīrā – **Publī:** Vok. zu Publius (Vor-
name des Scipio) – **iniussū:** ohne
Befehl

assīgnātus: zugewiesen
dēfūgisse ~ effūgisse

Sed sic, Scipio, ut avus hic tuus, ut ego, qui te genui, iustitiam cole et pietatem! Quae cum magna in parentibus et propinquis tum in patria maxima est. Ea vita via est in caelum et in hunc coetum eorum, qui iam vixerunt et corpore laxati illum incolunt locum, quem vides.'"

35

gignere: LW2
cum ... tum: LW5

coetus: LW4 – laxātus: befreit
incolere: LW8

M Unsterblichkeit

Da das Sterben der Übergang vom Leben zum Tode ist, meinte Platon auch den entgegengesetzten Übergang annehmen zu können, nämlich das Wiederaufleben der Seele, d. h. ihre Wiedergeburt als Eintritt in einen neuen (nicht in jedem Falle menschlichen) Leib. Wenn „Sterben" soviel heißt wie „Trennung der Seele vom Körper", dann muss die Wiedergeburt als Verbindung der Seele mit einem Körper aufgefasst werden. Platon verband die Vorstellung einer Seelenwanderung mit moralischen Gesichtspunkten von Lohn und Strafe: Das Schicksal der Seele nach der Trennung vom Leib im physischen Tod hängt von ihrem Verhalten in der vorangegangenen Daseinsform ab. Wer gegen die sittlichen Pflichten verstoßen hat, steigt bei der Wiedergeburt in der Ordnung der Lebewesen ab, wer ein sittlich einwandfreies Leben geführt hat, wird als höher stehendes Wesen wiedergeboren und kehrt im Idealfall in die Heimat der Seele, ins Reich der reinen Geister, zurück: Für seine Seele ist die Wanderung zu Ende. [...] Das Schicksal der Seele nach dem leiblichen Tod beschrieb er in einem Mythos, bei dem die Vorstellung eine zentrale Rolle spielt, dass die Seelen nach dem Tode in der Unterwelt nach ihrem Verdienst beurteilt werden.

(Wolfgang Röd, Kleine Geschichte der antiken Philosophie, S. 147)

1. Gliedern Sie den Text in sinnvolle Abschnitte.
2. Arbeiten Sie aus dem Text Grundpfeiler einer Theorie politischen Handelns heraus.
3. Untersuchen Sie in Gruppen anhand des Textes, M 2 auf S. 15 und der Abbildung, ob Ciceros *Somnium Scipionis* die Darstellung des Äneas in Vergils *Äneis* beeinflusst haben könnte.
4. Lesen Sie M und erklären Sie in Partnerarbeit, warum Platons idealistische Seelenlehre in stärkerem Maße als Epikurs materialistische Seelenlehre verantwortungsvolles politisches Handeln begründet.

Griechische Vasenmalerei (5. Jh. v. Chr.):
Äneas rettet Anchises aus Troja, Louvre, Paris

Scipio Africanus beendet seine Rede mit einem Appell (*De rep.* 6,26; 29).

W quisque, quidque	quam (+ Superl.)	**G** Imperativ
quīdam, quaedam, quoddam	violāre	PC
forās Adv.	solvere	

16 „Et ille: ‚Tu vero enitere et sic habeto non esse te mortalem, sed corpus hoc. Nec enim tu is es, quem forma ista declarat. Sed mens cuiusque is est quisque, non ea figura, quae digito demonstrari potest. Deum te igitur scito esse, si quidem est

5 deus, qui viget, qui sentit, qui meminit, qui providet, qui tam regit et moderatur et movet id corpus, cui praepositus est, quam hunc mundum ille princeps deus! Et ut mundum ex quadam parte mortalem ipse deus aeternus, sic fragile corpus animus sempiternus movet. [...]

10 Hunc tu exerce optimis in rebus! Sunt autem optimae curae de salute patriae. Quibus agitatus et exercitatus animus velocius in hanc sedem et domum suam pervolabit. Idque ocius faciet, si iam tum, cum erit inclusus in corpore, eminebit foras et ea, quae extra erunt, contemplans quam maxime

15 se a corpore abstrahet. Namque eorum animi, qui se corporis voluptatibus dediderunt earumque se quasi ministros praebuerunt impulsuque libidinum voluptatibus oboedientium deorum et hominum iura violaverunt, corporibus elapsi circum terram ipsam volutantur nec hunc in locum nisi

20 multis exagitati saeculis revertuntur.‘ Ille discessit; ego somno solutus sum.“

ēnītere: strenge dich an – **habētō** (+ AcI): du sollst glauben, dass
dēclārāre: *hier* bezeichnen

vigēre: (lebens)kräftig sein
moderārī: LW5
mundus: LW11
K. deus aeternus (movet)
sempiternus ~ aeternus
K. Hunc (animum)
agitātus: *hier* angetrieben
exercitātus ← exercēre
pervolābit ~ volābit
ōcius ~ vēlōcius
ēminēre: herausragen
abstrahere: *hier* befreien
minister: LW6
impulsus, ūs: Antrieb
ēlābī, ēlābor, ēlāpsus sum: entgleiten
volūtārī: sich wälzen
exagitāre: *hier* umhertreiben

1. Benennen Sie die in Z. 1–9 verwendeten Stilmittel und erklären Sie Ihre Funktion für die Textaussage (→ GW: Stilmittel, S. 141 f.).
2. Interpretieren Sie Absatz 1 nach dem Muster von S. 28 f.
3. Paraphrasieren Sie in Partnerarbeit den Inhalt von Absatz 2 (→ S. 96 f.).
4. Arbeiten Sie in Gruppen die Übereinstimmungen zwischen dem Text und **M 1** heraus und versuchen Sie, unter Einbezug Ihres Wissens zur Philosophie Gründe dafür zu nennen.
5. Beschreiben Sie die Abbildung des Scipio Africanus und begründen Sie, warum der Inhalt seiner Worte zu seiner statuarischen Darstellung passt.
6. Wiederholen Sie nochmals das gesamte *Somnium Scipionis* und erklären Sie unter Einbezug von **M 2**, warum es als einziger Teil von Ciceros *De re publica* im Mittelalter überliefert worden ist.

M 1 *Per aspera ad astra* (Sall., *Cat.* 1; 3)

Omnes homines, qui sese student praestare ceteris animalibus, summa ope niti decet, ne vitam silentio transeant veluti pecora, quae natura prona atque ventri oboedien-
5 tia finxit. Sed nostra omnis vis in animo et corpore sita est: animi imperio, corporis servitio magis utimur; alterum nobis cum dis, alterum cum beluis commune est. […] Sed multi mortales, dediti ventri atque
10 somno, indocti incultique vitam sicuti peregrinantes transiere. Quibus profecto contra naturam corpus voluptati, anima oneri fuit. Eorum ego vitam mortemque iuxta aestumo, quoniam de utroque siletur.

Alle Menschen, die sich bemühen, die übrigen Lebewesen zu übertreffen, müssen sich mit aller Macht anstrengen, dass sie nicht im Stillen am Leben vorbeigehen wie die Tiere, die die Natur nach vorne gebeugt und dem Magen gehorchend geschaffen hat. Unsere Kraft aber befindet sich im Geist und im Körper: Wir benutzen unseren Geist als Herrscher, unser Körper hingegen hat eher dienende Funktion; das eine ist uns mit den Göttern gemeinsam, das andere mit den Tieren. […] Aber viele Menschen haben sich dem Bauch und dem Schlaf hingegeben und sind so ungelehrt und ungebildet wie auf der Durchreise am Leben vorbeigegangen. Ihnen diente in der Tat gegen ihre eigene Natur der Körper zur Lust, der Geist aber fiel ihnen zur Last. Ihr Leben und ihren Tod schätze ich deshalb gleich ein, weil man über beides schweigt.
(Übersetzung: C. Zitzl)

M 2 Das Wichtigste zum Schluss

Der römische Philosoph Macrobius (ca. 385–430 n. Chr.) erklärt in seinem Kommentar zum *Somnium Scipionis*:

Sacras immortalium animarum sedes et cae-lestium arcana regionum in ipso consum-
5 mati operis fastigio locavit indicans, quo his perveniendum vel potius revertendum sit, qui rem publicam cum prudentia, iustitia, fortitudine ac moderatione tractaverint.

Die heiligen Wohnstätten der unsterblichen Seelen und die Geheimnisse der himmlischen Gefilde hat er (= Cicero) gezielt als Höhepunkt an den Schluss des Werkes gestellt, um damit anzuzeigen, wohin die kommen oder eher zu-rückkehren müssen, die den Staat mit Einsicht, Gerechtigkeit, Tapferkeit und dem rechten Maß geleitet haben.
(Übersetzung: C. Zitzl)

Sog. Scipio Africanus (1. Jh. v. Chr.),
Archäologisches Nationalmuseum, Neapel

6.11 *Virtus et clementia*

Die Kernaussage der Bücher V und VI von *De re publica* wiederholt Cicero in seiner Schrift *De officiis* (→ i) (*De off.* 1,85–86; 88).

W tuērī	cōnsulere	**G** prädikatives Gerundiv
dēserere	ōdisse	Abl. comparationis
committere	quis-, quae-, quidquam	

17 Omnino, qui rei publicae praefuturi sunt, duo Platonis
praecepta teneant: unum, ut utilitatem civium sic tuean-
tur, ut, quaecumque agunt, ad eam referant obliti com-
modorum suorum; alterum, ut totum corpus rei publicae
5 curent, ne, dum partem aliquam tuentur, reliquas deserant.
Ut enim tutela, sic procuratio rei publicae ad eorum utilitatem, qui commissi sunt, non ad eorum, quibus commissa
est, gerenda est. Qui autem parti civium consulunt, partem
neglegunt, rem perniciosissimam in civitatem inducunt, se-
10 ditionem atque discordiam. Ex quo evenit, ut alii populares,
alii studiosi optimi cuiusque videantur, pauci universorum.
Hinc apud Athenienses magnae discordiae, in nostra re publica non solum seditiones, sed etiam pestifera bella civilia.
Quae gravis et fortis civis et in re publica dignus principatu
15 fugiet atque oderit tradetque se totum rei publicae neque
opes aut potentiam consectabitur totamque eam sic tuebi-
tur, ut omnibus consulat. Nec vero criminibus falsis in odi-
um aut invidiam quemquam vocabit omninoque ita iustitiae
honestatique adhaerescet, ut, dum ea conservet, quamvis
20 graviter offendat mortemque oppetat potius, quam deserat
illa, quae dixi. [...]
Nec vero audiendi, qui graviter inimicis irascendum puta-
bunt idque magnanimi et fortis viri esse censebunt. Nihil
enim laudabilius, nihil magno et praeclaro viro dignius pla-
25 cabilitate atque clementia. [...]
Et tamen ita probanda est mansuetudo atque clementia, ut
adhibeatur rei publicae causa severitas, sine qua adminis-
trari civitas non potest. Omnis autem et animadversio et
castigatio contumelia vacare debet neque ad eius, qui punit
30 aliquem aut verbis castigat, sed ad rei publicae utilitatem
referri.

K. omnīnō (iī), quī ...
Platō, ōnis: EV
ūtilitās: LW2
referre ad (+ Akk.): beziehen auf

K. reliquās (partēs)
tūtula: Schutz – **prōcūrātiō, ōnis:**
Verwaltung – **ūtilitās:** LW2

perniciōsus → A1 – **sēditiō, ōnis:**
Zerwürfnis – **discordia:** LW13
ēvenit ~ sequitur – **populāris:** LW4
studiōsus → A1 – **optimus**
quisque: LW11 – *K.* paucī
(studiōsī) universōrum – **hinc:** aus
diesem Grund – **discordia:** LW13
sēditiō → Z. 9f. – **pestifer, era,**
erum: verderblich – *K.* et (quī) in rē
pūblicā prīncipātū dīgnus (est),
fugiet – **cōnsectārī:** zu erlangen
suchen

honestās, ātis → A1
adhaerēscere (+ Dat.): festhalten
an – **quamvīs graviter offendat:**
sich absolut unbeliebt macht
mortem oppetere ~ morī
K. īrāscendum (esse)
magnanimus: mutig
laudābilis, e → A1 – **plācābi-**
litās, ātis: Versöhnlichkeit

ita: *hier* unter der Voraussetzung
mānsuētūdō, inis: Sanftmut
adhibēre: LW6
animadversiō, ōnis: Bestrafung
castīgātiō, ōnis: Tadel
contumēlia: Beleidigung – **vacāre:**
LW6 – *K.* ad (ūtilitātem) eius
(referrī dēbet) – **referre ad** →
Z. 3 – **castīgāre:** tadeln – **ūtilitās:**
LW2 – *K.* referrī (dēbet)

1. Beachten Sie die Regeln der Wortbildung auf S. 122 und erschließen Sie die Bedeutung von *perniciosus, studiosus, honestas* und *laudabilis*.
2. Analysieren Sie den Satz *Nec vero* ... (Z. 17–21; → S. 60f.).
3. Stellen Sie in Partnerarbeit aus dem Text einen Katalog mit Handlungsanweisungen für Staatslenker bzw. Politiker zusammen.
4. Recherchieren Sie zur *clementia Caesaris* (→ Abb.). Diskutieren Sie dann in Gruppen, ob man den Text als Kommentar zur Politik des kurz zuvor ermordeten Julius Cäsar verstehen kann.
5. Erklären Sie unter Einbezug des Textes, welcher Zusammenhang in der Antike zwischen Politik und Philosophie bestand (→ S. 100f.).
6. Erklären Sie, warum M in der Tradition Ciceros steht.

Denar mit der Inschrift CLEMENTIAE CAESARIS (44 v. Chr.)

M **John F. Kennedy (35. Präsident der USA, 1961–1963)**
Frage nicht, was dein Land für dich tun kann,
sondern was du für dein Land tun kannst!

i *De officiis*
Cicero verfasste diese Schrift am Ende des Jahres 44 v. Chr. als philosophisches Vermächtnis für seinen Sohn nicht als Dialog, sondern als Belehrung. Buch I behandelt das Ehrenhafte (*honestum*), Buch II das Nützliche (*utile*), Buch III den scheinbaren Widerspruch zwischen *honestum* und *utile*.

6.12 Christlicher Gegenentwurf

Der Überlieferungszustand von *De re publica* ist sehr schlecht. Nur das *Somnium Scipionis* wurde aufgrund seiner Nähe zu christlichem Gedankengut stets weiter überliefert. Da die heidnische Republik Ciceros durch den von Kaiser Konstantin dem Großen errichteten christlichen Gottesstaat abgelöst worden war, wurde der „Rest" von Ciceros *De re publica* im Mittelalter in den Klöstern nicht mehr abgeschrieben. An seine Stelle war *De civitate dei*, der Neuentwurf des Augustinus (→ **i**), getreten. Dieser zitiert Ciceros Staatsschrift allerdings des Öfteren (Aug., *civ.* 19,21).

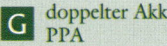

W	dīcere (+ dopp. Akk.)	putāre (+ dopp. Akk.)	**G**	doppelter Akk.
	ostendere	inīquus		PPA
	vērus	solēre		

18 Populum enim esse [Cicero] definivit coetum multitudinis
iuris consensu et utilitatis communione sociatum. Quid autem dicat iuris consensum, disputando explicat – per hoc
ostendens geri sine iustitia non posse rem publicam. Ubi
5 ergo iustitia vera non est, nec ius potest esse. Quod enim
iure fit, profecto iuste fit. Quod autem fit iniuste, nec iure
fieri potest. Non enim iura dicenda sunt vel putanda iniqua
hominum constituta. Cum illud etiam ipsi ius esse dicant,
quod de iustitiae fonte manaverit, falsumque esse, quod
10 a quibusdam non recte sentientibus dici solet, id esse ius,
quod ei, qui plus potest, utile est. Quocirca ubi non est vera
iustitia, iuris consensu sociatus coetus hominum non potest
esse et ideo nec populus iuxta illam Scipionis vel Ciceronis
definitionem. Et si non populus, nec res populi, sed qua-
15 liscumque multitudinis, quae populi nomine digna non est.
Ac per hoc, si res publica res est populi et populus non est,
qui consensu non sociatus est iuris, non est autem ius, ubi
nulla iustitia est. Procul dubio colligitur, ubi iustitia non est,
non esse rem publicam.

dēfīnīre: LW2 – coetus: LW4

cōnsēnsus: LW4 – ūtilitās: LW2
commūniō, ōnis → commūnis, e
sociātus: verbunden
dīcere: *hier* mit dopp. Akk.
explicāre: LW3 – per hoc: dadurch

iniūstus: LW6

cōnstitūtum: Bestimmung

mānāre: fließen

quōcircā: deshalb

cōnsēnsus: LW4 – sociātus →
Z. 2 – coetus: LW4 – ideō: LW11
iuxtā (+ Akk.): nach, gemäß
dēfīnītiō, ōnis → dēfīnīre
K. Et sī nōn populus (est), nec rēs
populī (est), sed (rēs) quāliscumque multitūdinis
per hoc → Z. 3 – cōnsēnsus: LW4
sociātus → Z. 2
procul ~ sine – colligere: *hier*
folgern – ūtilitās: LW2

M Die Wiederentdeckung von *De re publica*

Dass wir neben dem *Somnium Scipionis* relativ umfangreiche Teile von Ciceros *De re publica* kennen, verdankt sich einem Zufallsfund, der zugleich aufschlussreich für den Umgang mit antiken Schriften im Mittelalter ist. Als das Pergament knapp zu werden begann, fing man in den Skriptorien der Klöster an, alte Beschreibstoffe zu „recyclen". Am besten eigneten sich alte Pergamentrollen, die man abschaben und somit wieder neu beschreibbar machen konnte. Auf einem solchen wieder beschriebenen Pergament (Palimpsest) – es handelt sich ironischerweise um einen Psalmenkommentar des Augustinus – entdeckte Angelo Mai im Jahr 1819 in der Vatikanischen Bibliothek große Teile des ersten und zweiten Buches, ferner Ausschnitte des dritten, vierten und fünften Buches von Ciceros *De re publica*, in die man vorhandene Fragmente und Zitate dem Kontext entsprechend einzuordnen versuchte. Im Nachhinein betrachtet war diese Wiederentdeckung Ciceros mehr als symbolträchtig für die gesamte Epoche: Denn so wie unter dem Augustinus Cicero wiederauftauchte, tauchten auch die Prinzipien der römischen Republik wieder aus der Versenkung auf, da viele europäische Staaten ihr politisches System in Anlehnung an diese neu ordneten. Am Ende dieses Prozesses hatten neue, vom antiken Rom inspirierte Verfassungen das christlich begründete Gottesgnadentum nahezu überall verdrängt.

1. Belegen Sie am Text, dass Augustinus sich auf Cicero bezieht.
2. Recherchieren Sie mithilfe des Internets, wie man technisch bei der Wiederentdeckung der Texte von *De re publica* vorging (→ **M**).
3. Gottesgnadentum oder römische Republik? Bilden Sie Gruppen und bewerten Sie aus Ihrer historischen Kenntnis, welches von beiden das bessere politische System darstellt.

i Aurelius Augustinus

Der Kirchenlehrer und Bischof von Hippo in Nordafrika (354–430) wurde nach seinem Tod heilig gesprochen. Er schrieb mit seinen *Confessiones* gewissermaßen die erste Autobiographie der Literaturgeschichte. Neben vielen anderen theologischen Werken verfasste er von 413–426 die Schrift *De civitate Dei*. Darin entwickelte Augustinus – als Antwort auf die Eroberung Roms durch den Westgotenkönig Alarich 410 – die Idee vom Gottesstaat (*civitas Dei, civitas caelestis*), der zum irdischen Staat (*civitas terrena*), also auch zum römischen Staat, in einem bleibenden Gegensatz steht.

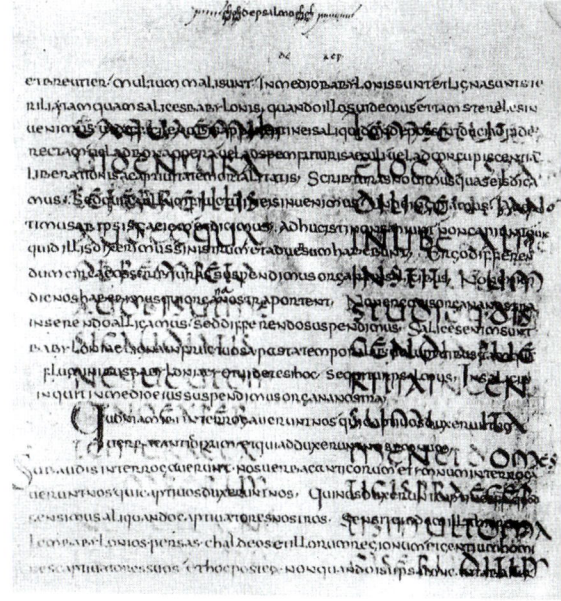

Eine Seite aus dem
De re publica-Palimpsest

Cicero und Augustus werden gern als gegensätzliche Figuren angesehen – der eine als Idealist und glühender Verfechter der alten Republik, der andere als Realist, kühler Mechaniker der Macht und Zerstörer der *res publica libera*. Doch so einfach ist es nicht: Als Princeps richtete sich Augustus an Ciceros Wertefundament aus und ließ es in seiner besonnenen und am *mos maiorum* ausgerichteten Staatsführung sukzessive Wirklichkeit werden – wissend, dass die Herausforderungen seiner Zeit nicht mehr im Zusammenspiel der gesamten Nobilität, sondern nur noch in einem kleinen Zirkel von Beratern gelöst werden konnten.

M 1 Cicero und Augustus: Zwei Ausnahmegestalten

Darin liegt seine Größe: dass Augustus nach den Brutalitäten seines Aufstiegs sich in einen nahezu selbstlosen Problemlöser des Staates wandelte (von dem gewaltigen Vermögen abgesehen, das er unterdessen zusammengerafft hatte) – und dass er seine Herrschaft für die Beherrschten wie eine Wiederherstellung der Republik aussehen ließ. Er bewahrte die überkommenen Institutionen, entzog ihnen aber die faktische Macht.

Die Größe Ciceros als Staatsmann – von seiner Bedeutung als Autor und Philosoph hier einmal abgesehen – besteht darin, dass er, der die Republik immer wütend verteidigt hatte, zuletzt einsah, dass der Staat aus den Bürgerkriegen der mächtigen Männer nur gerettet werden könnte, wenn sich der Senat mit einem von ihnen verbündete. Und richtig entschloss er sich dann für Octavian, den späteren Augustus. Tragischerweise setzte er auf ihn aber just in dem Moment des Bürgerkriegs, als Octavian sich vorübergehend mit seinem Gegner Marc Anton verbündet hatte. Der Preis dieses Bündnisses war Ciceros Kopf, den Marc Anton verlangte. Der größte Staatsintellektuelle, den Rom (und vielleicht auch Europa) jemals hatte, wurde als Greis aus seiner Sänfte geprügelt und totgeschlagen.

Wie viel kann ein Mensch in seiner Zeit voraussehen, wie viel nicht? [...] Man kann das Verspätete von Ciceros Entschluss auch als lächerlich sehen und mit all den berühmten Beispielen seines Zauderns, seiner Ängstlichkeit und Überreflektiertheit illustrieren. [...] Man kann aber auch die Berechtigung und Reflektiertheit des langen Zweifelns bewundern. [...] Unterschlagen kann man nicht, dass es für einen Anhänger der republikanischen Freiheit einen langen Weg bedeuten musste bis zur bitteren Erkenntnis, dass nur noch die Machtvollkommenheit eines Einzelnen den Staat retten kann. Zum Aufstieg eines Augustus gehört immer auch der Untergang eines Cicero, zur pragmatischen Problemlösung die Preisgabe der einst hochgehaltenen Prinzipien und Freiheitsideale. Es ist ein hoher Preis; hoffentlich werden die Demokratien unserer Zeit ihn nicht dereinst zahlen müssen. (J. Jessen: Cicero & Augustus. Wie die Freiheit verloren ging, Zeit, 30.12.2010)

M 2 Über die Aktualität des Augustus

Ein Grund für Augustus' Erfolg als Staatsoberhaupt war, dass er im Gegensatz zu vielen heutigen Politikern und Firmenchefs einen praktischen Sinn für bestimmte Grenzen hatte. Er stellte für die Ausdehnung des Römischen Reichs seine eigene Kosten-Nutzen-Analyse an und kam zum Ergebnis, dass es an der Zeit war, mit der Expansion aufzuhören. Er ahnte ganz instinktiv, dass eine weitere Vergrößerung des Imperiums allein aus persönlicher Ruhmesgier (wie im Falle Alexanders) immens teuer und letztlich selbstzerstörerisch gewesen wäre. In der heutigen Welt würde Augustus sich niemals Subprime-Hypotheken aufhalsen, durch Termingeschäfte knebeln lassen oder bilanziell überschulden. Wie andere Führungspersönlichkeiten, die wir vorgestellt haben, hatte Augustus eine Vision und wusste, wie man andere begeistert. Er besaß eine enorme Energie, und er demonstrierte, dass er fähig war, diese Energie in einer disziplinierten Art und Weise zum Wohle Roms einzusetzen. Allerdings verlor er dabei nie den Hang, sich um die Details zu kümmern, und er wurde nie zum Opfer der eigenen Hybris. Er besaß eine Persönlichkeit, wie sie unter Führungskräften eine Rarität ist – er war zugleich ein begabter Stratege und ein begabter Politiker; niemals ließ er sich durch seinen Erfolg in seinem Urteilsvermögen oder Verhalten beeinflussen.

(S. Forbes / J. Prevas: Power, Ambition, Glory: The stunning parallels between great leaders of the ancient world and today … and the lessons you can learn, New York 2009, zitiert aus K. Galinsky, Augustus. Sein Leben als Kaiser, Darmstadt/Mainz 2013, S. 201)

1. Arbeiten Sie aus M 1 heraus, worin die jeweilige Größe von Cicero und Augustus lag.
2. Erklären Sie ausgehend von M 1 und eigenen Recherchen, weshalb Ciceros politisches Agieren 43 v. Chr. als tragisch bezeichnet werden kann.
3. Stellen Sie die positiven Fähigkeiten des Augustus aus M 2 zusammen.
4. Lassen Sie sich von der Bildmontage inspirieren und diskutieren Sie in Gruppen, ob Augustus Vorbild für heutige Entscheider in Wirtschaft und Politik sein kann.

Jack Carlson: Caesar Obamus (Hindenblog vom 10.10.2010)

Wortbildung

Wenn Sie jedes Wort im Wörterbuch nachschlagen, bekommen Sie bei der Übersetzung von Texten ein Zeitproblem. Deshalb ist es sinnvoll, dass Sie sich mit den folgenden Wortbildungsregeln vertraut machen. Mit ihrer Kenntnis können Sie die Bedeutung vieler Wörter problemlos und schnell erschließen. Voraussetzung ist eine gewisse Sicherheit im Grundwortschatz.

1. Präfixe

Präfixe werden vorne an ein Wort angehängt und sind vor allem hilfreich für die Erschließung der Bedeutung von Verben und Adjektiven, z. B.:

in- / im-	Richtungsangabe	in-ferre	hineintragen
	Verneinung / Gegenteil	im-paratus	unvorbereitet
re- / red-	Rückbezug / Wiederholung	re-ducere	zurückführen
		re-legere	wieder lesen
dis- / dif-	Trennung	dis-similis	unähnlich
		dif-ficultas	Schwierigkeit
a- / ab-	Trennung	a-mens	wahnsinnig
		ab-solvere	loslösen; befreien
con- / com- / col-	Vereinigung / Verstärkung	con-venire	zusammenkommen
		com-primere	zusammendrücken
		col-laudare	sehr loben

2. Suffixe

Suffixe werden hinten an ein Wort angehängt und sind vor allem hilfreich für die Erschließung der Bedeutung von Substantiven und Adjektiven, z. B.:

-tudo / -tas / -ia	Eigenschaft /Zustand	amplitudo	Großartigkeit
		claritas	Berühmtheit
		miseria	Unglück
-tor	Täter	amator	Liebhaber
		defensor	Verteidiger
-or	Zustand	dolor	Schmerz
		amor	Liebe
-tio / -sio	Handlung im Verlauf / Resultat	cogitatio	das Denken / Gedanke
		missio	das Loslassen / Freilassung
-tus	Handlung / Resultat	reditus	Rückkehr
		questus	Klage
-alis /-ilis	Möglichkeit / Eigenschaft	mortalis	sterblich
		agilis	beweglich
-osus	Fülle	ventosus	stürmisch
		pecuniosus	wohlhabend
-tus	Ausstattung / Zustand	completus	vollständig
		ornatus	geschmückt
-ius	Herkunft / Zugehörigkeit	patrius	väterlich
		regius	königlich

Lernwortschatz

Der folgende Lernwortschatz ist nach Autoren angeordnet. Die Verweise im Kommentar beziehen sich auf die Lernwortschätze zu dem jeweiligen Autor.

Lernwortschatz Augustus

cōnsulātus, ūs m	Konsulat
bellum cīvīle	Bürgerkrieg
cōnsēnsus, ūs m	Zustimmung
potīrī, potior (+ Abl./ Gen.)	etwas in seinen Besitz bringen
meritum	Verdienst
postis, is m	Türpfosten
pūblicē *Adv.*	auf staatlichen Beschluss
corōna cīvica	Bürgerkrone
clupeus	Schild
pietās, ātis f	Frömmigkeit, Pflichtgefühl (gegenüber Göttern und Menschen)
īnscrīptiō, ōnis f	Inschrift

Lernwortschatz Vergil

LW 1

memor, oris	etw. im Gedächtnis behaltend, sich erinnernd; nachtragend
memorāre	sich ins Gedächtnis rufen
rēgīna	Königin, Herrin
īnsīgnis, e (+ Abl.)	sich auszeichnend, auffallend durch
caelestis, e	himmlisch, göttlich

LW 2

fulmen, inis n	Blitz
ōlim *Adv.*	einst, in ferner Zukunft

volvere, volvō, volvī, volūtum	dahinrollen
ductor, ōris m	Anführer
genitor, ōris m	Vater
occāsus, ūs m	Untergang
sōlārī	(sich) trösten
contrārius, a, um	entgegengesetzt, ungünstig
cāsus, ūs m	Unglücksfall
prōgeniēs, ēī f	Nachkommenschaft
dehinc *Adv.*	dann, darauf
fārī, for, fātus sum	sagen, verkünden
sublīmis, e	hoch hinauf
māgnanimus, a, um	hochherzig, mutig
ferōx, ōcis	wild, verwegen
subigere, -igō, -ēgī, -āctum	unterwerfen
rēgnāre	herrschen
explēre, -pleō, -plēvī, -plētum	ausfüllen, vollenden
trānsferre, -ferō, -tulī, -lātum	verlegen, übertragen
geminus, a, um	doppelt, zweifach, Zwillings-
mēta, ae	(räumliche) Grenze, Wendemarke
fovēre, foveō, fōvī, fōtum	unterstützen, fördern
togātus, a, um	mit der Toga bekleidet

LW 3

orīgō, inis f	Ursprung, Abstammung
astrum	Stern
spolium	Beute, Beutestück
onustus, a, um	beladen, bepackt

vōtum	Gelübde, Gebet, Wunsch
horridus, a, um	entsetzlich, schauderhaft
cruentus, a, um	blutig, blutverschmiert

LW 4

dissimulāre	heucheln
reservāre	aufsparen
flētus, ūs m	Weinen, Wehklagen
miserārī	beklagen, bejammern
nusquam *Adv.*	nirgends
dēmēns, entis	von Sinnen
augur, uris m	Seher, Ausdeuter von Traumbildern
iussum	Befehl
scopulus	Klippe
aeger, gra, grum	krank, leidend
cunctārī	zögern, zaudern
gemere, gemō, gemuī	seufzen

LW 5

profundus, a, um	tief
discessus, ūs m	Weggang, Abschied
subtrahere, -trahō, -trāxī, -tractum	entziehen
nemus, oris n	Hain, Wald(stück)
percutere, percutiō, percussī, percussum	erschüttern

LW 6

axis, is m	Himmelsgewölbe
arvum	Land, Feld
tellūs, ūris f	Land, Erde
stēlla	Stern
trepidus, a, um	zitternd, ängstlich
ōstium	Mündung (eines Flusses)

cerva	Hirschkuh
pācāre	befrieden, sicher machen
arcus, ūs m	Bogen
celsus, a, um	hochaufragend, erhöht

LW 7

spīrāre	atmen
marmor, oris n	Marmor
causās ōrāre	Gerichtsreden halten
meātus, ūs m	Umlaufbahn (der Sterne)
dēbellāre	niederkämpfen, niederschlagen

LW 8

penātēs, ium m (Pl.)	Haus-, Schutzgötter
puppis, is f	Hinterdeck des Schiffes, Schiff
tempus, oris n	Schläfe
vertex, icis m	Scheitel
īnsīgne, is n	Abzeichen
fulgēre, fulgeō, fulsī	glänzen, blitzen, funkeln
Oriēns, Orientis m	der Osten
spūmāre	schäumen
concurrere, -currō, -currī, -cursum	zusammenstoßen
rubēscere, rubēscō, rubuī	rot werden

LW 9

humilis, e	auf dem Boden befindlich, niedrig
miserērī (+ Gen.)	Mitleid haben mit
appārēre, appāreō, appāruī	sich zeigen
sternere, sternō, strāvī, strātum	niederstrecken, töten
terribilis, e	schrecklich

immolāre	opfern
frīgus, oris m	Kälte
indīgnārī, indīgnor, indīgnātus sum	gekränkt, empört sein

Lernwortschatz Horaz

LW 2

increpāre, -crepō, -crepuī, -crepitum	schelten, tadeln
vēlum	Segel
postis, is m	Tür-/Tempelpfosten
frēnum	Zügel
inicere, iniciō, iniēcī, iniectum	anlegen, hineinwerfen
māiestās, ātis f	Größe, Erhabenheit
exigere, -igō, -ēgī, -āctum	vertreiben, verjagen
prōlēs, is f	Nachkommenschaft
rīte *Adv.*	brauchgemäß
fungī, fungor, fūnctus sum (+ Abl.)	verrichten, verwalten

Lernwortschatz Ovid

merēre, mereō, meruī, meritum	verdienen
fulmen, inis n	Blitz
pūrus, a, um	rein, klar
genitor, ōris	Vater
rēctor, ōris m	Lenker, Leiter
mundus	Welt
moderātus, a, um	maßvoll

Lernwortschatz Livius

LW 1

pavor, ōris m	Angst, Furcht
cōnsēnsus, ūs m	Zusammenströmen

dīvitiae, ārum f (Pl.)	Reichtum
spernere, spernō, sprēvī, sprētum	gering achten, verachten
Tiberis, is (Akk.: -im)	der Tiber (Fluss durch Rom)
fossa	Graben
agrestis, e	bäuerlich, ländlich, ungebildet, roh
in vicem *Adv.*	wechselseitig, wechselweise
admīrārī	sich wundern
properē *Adv.*	schnell, eilends
pulvis, eris m	Staub
sūdor, ōris m	Schweiß
onustus, a, um	beladen mit

LW 3

lābī, lābor, lāpsus sum	gleiten, fallen
dōnec *Subj.*	bis
remedium	Heilmittel
praecipuē *Adv.*	insbesondere
lūxuria	Verschwendungssucht
paupertās, ātis f	Armut
dēsīderium (+ Gen.)	Sehnsucht (nach)
lūxus, ūs m	Verschwendungssucht
querēla	Klage
ōmen, inis n	Vorzeichen
successus, ūs m	Erfolg

LW 4

rīte *Adv.*	brauchgemäß
venerābilis, e	verehrungswürdig
īnsīgne, is n	Zeichen
augustus, a, um	erhaben, heilig
līctor, ōris m	Liktor
fīnitimus, a, um	benachbart
creāre	(aus)wählen
prōlēs, is f	Nachkommenschaft
asȳlum	Asyl, Zufluchtsort

discrīmen, inis n	Unterschied
rēs novae f (Pl.)	Umsturz, Revolution
rōbur, oris n	Kern, Kernholz
prōgeniēs, ēī f	Nachkommenschaft

LW 5

fās est	es ist erlaubt, gestattet
caelestēs, ium m/f (Pl.)	die Himmlischen, die Götter
sublīmis, e	hoch hinauf

LW 6

minae, ārum f (Pl.)	Drohungen
muliebris, e	weiblich
obstinātus, a, um	hartnäckig, standhaft, widerspenstig
mortuus / mortua	Toter / Tote
pudīcitia	Sittsamkeit, Keuschheit
ferōx, ōcis	unerschrocken, mutig; kühn, wild
maestus, a, um	traurig, betrübt
atrōx, ōcis	schlimm, furchtbar
cubiculum	Schlafzimmer
adulter, erī m	Ehebrecher
cōnsōlārī	trösten
culter, trī m	Messer
abdere, abdō, abdidī, abditum	verbergen, verstecken
moribundus, a, um	sterbend

LW 7

rēgnāre	herrschen
mīrāculum	Wunder, das Wunderbare
indignitās, ātis f	Niedertracht, Gemeinheit
maestitia	Trauer
iners, ertis	nutzlos
voluntārius, a, um	freiwillig
tumultus, ūs m	Unruhe, Schrecken

LW 8

vādere	gehen
cruentus, a, um	blutig, blutverschmiert
retrahere, -trahō, -trāxī, -tractum	zurückholen
decus, oris n	Auszeichnung, Zierde
vestibulum	Eingangshalle
rēgia	Königshaus
vīlis, e	wertlos, minderwertig
inicere, -iciō, -iēcī, -iectum	hineinstrecken, hineinwerfen
attonitus, a, um	bestürzt, betäubt
inviolātus, a, um	unverletzt

LW 9

quiētus, a, um	ruhig, friedlich
vīctus, ūs m	Lebensunterhalt
violentia	Gewalttätigkeit
ōrātor, ōris	Unterhändler
ministerium	Dienst, Dienstleistung
venter, tris m	Magen
extrēmus, a, um	äußerster
vigēre, vigeō, viguī	stark sein, lebenskräftig sein
vēna	Blutader, Vene
intestīnus, a, um	innerlich
sēditiō, ōnis f	Aufstand

LW 10

īnsīgnis, e (+ Abl.)	sich auszeichnend, auffallend (durch)
obvius, a, um	entgegenkommend
populārī	verwüsten, zerstören
mināx, ācis	drohend, trotzig
usquam *Adv.*	irgendwo
amplectī, amplector, amplexus sum	umarmen
flētus, ūs m	Weinen, Wehklagen

complectī, complector, complexus sum   umarmen

Lernwortschatz Cicero

LW 2

praetermittere, -mittō, -mīsī, -missum	vorübergehenlassen; auslassen, weglassen
dēfinīre	begrenzen, bestimmen
necessitās, ātis f	Zwang, Notwendigkeit
scientia	Wissen, Kenntnis
gubernātiō, ōnis f	Steuerung, Lenkung, Leitung
gignere, gignō, genuī, genitum	erzeugen, hervorbringen
ēducāre	aufziehen, erziehen
tranquillus, a, um	still, ruhig
quiēs, ētis f	Ruhe; Schlaf, Traum
ūtilitās, ātis f	Brauchbarkeit, Nutzen, Vorteil

LW 3

quam ob rem	weshalb; deshalb (rel. Satzanschluss)
molestus, a, um	lästig, beschwerlich
sapientia	Weisheit
potius; potissimum *Adv.*	eher, lieber; am ehesten, am liebsten
explicāre	erklären
status, ūs m	Stellung; Zustand, Verfassung
disserere, -serō, -seruī, -sertum	erörtern, besprechen, diskutieren
(im)perītus, a, um (+ Gen.)	(un)erfahren, (un)kundig (in etw.)
cīvīlis, e	bürgerlich, Bürger-
longē (+ Superl.)	bei weitem
disputātiō, ōnis f	Erörterung

LW 4

coetus, ūs m	Verein(igung), Versammlung
cōnsēnsus, ūs m	Übereinstimmung
nōn tam ... quam	nicht so sehr ... als vielmehr
singulāris, e	einzeln, vereinzelt; ausgezeichnet
expōnere, -pōnō, -posuī, -positum	aussetzen, ausstellen; darlegen
diuturnus, a, um	lange dauernd; langlebig
summa	höchste Stelle; Summe, Gesamtheit
summa rērum	oberste Leitung der Staatsangelegenheiten
optimātēs, ium m (Pl.)	die Optimaten
populāris, e	volkstümlich, volksfreundlich
societās, ātis f	Gemeinschaft, Bündnis
(dē)vincīre, -vinciō, -vīnxī, -vīnctum	fesseln, binden
tolerābilis, e	erträglich
praestāns, praestantis	vorzüglich
sapiēns, sapientis	weise

LW 5

expers, expertis (+ Gen.)	ohne Anteil (an etw.), unkundig (in etw.)
particeps, participis (+ Gen.)	beteiligt, teilnehmend (an etw.)
moderātus, a, um	maßvoll
gradus, ūs m	Schritt; Stufe, Abstufung; Rang
expetendus, a, um	erstrebenswert
cliēns, entis m	Schützling, Klient
inesse, īnsum, infuī (in + Abl.)	darin sein, enthalten sein, liegen (in etw.)

dēcrētum	Beschluss	**sē gerere**	sich aufführen
distinguere, -tinguō, -tīnxī, -tīnctum	unterscheiden, trennen	**adhibēre**	anwenden, heranziehen
perniciōsus, a, um	verderblich, schädlich	**nequīre,** nequeō, nequīvī	nicht können
fīnitimus, a, um	angrenzend, benachbart	**LW 7**	
(dē)lābī, -lābor, -lāpsus sum	(herab)sinken, (herab)gleiten	**exsistere,** -sistō, -stitī	hervorkommen; auftreten; entstehen, werden
administrātiō, ōnis f	Leitung, Regierung; Verwaltung	**contrārius,** a, um	entgegengesetzt, gegenteilig
factiō, ōnis f	Partei, Clique	**immānis,** e	furchtbar, schrecklich, unmenschlich
(com)mūtātiō, ōnis f	Veränderung	**audāx,** ācis	frech, kühn, wagemutig
cum ... tum	sowohl ... als besonders	**merērī** (dē + Abl.)	sich verdient machen (um etw.)
impendēre, -pendeō, -pendī	drohen, bevorstehen	**oppōnere,** -pōnō, -posuī, -positum	entgegensetzen, -stellen, -legen
gubernāre	steuern, lenken, leiten	**cōnstitūtiō,** ōnis f	Verfassung
moderārī	mäßigen; lenken, leiten	**firmus,** a, um (Adv.: firmē / firmiter)	fest, stark, kräftig
LW 6		**praecipitāre**	(kopfüber) hinabstürzen
iniūstus, a, um	ungerecht		
sīn Subj.	wenn aber	**LW 8**	
aliquandō Adv.	(irgendwann) einmal	**pāstor,** ōris m	Hirte
vim afferre (+ Dat.)	jdm. Gewalt antun	**agrestis,** e	wild, ländlich, roh; Subst. Bauer
sī modo Subj.	wenn nur	**adolēscere,** -lēscō, -lēvī	heranwachsen, erstarken
exprimere, -primō, -pressī, -pressum	ausdrücken	**incolere,** -colō, -coluī, -cultum	wohnen, bewohnen
difficile factū	schwierig (zu tun)	**animus aequus**	Gleichmut, Gelassenheit
sitis, is f (Akk.: -im; Abl.: -ī)	Durst	**validus,** a, um	stark, kräftig
minister, -trī	Diener, Helfer	**fertur** (+ NcI/AcI)	man sagt, dass
haurīre, hauriō, hausī, haustum	schöpfen; trinken	**admovēre,** -moveō, -mōvī, -mōtum	heranbringen
valdē Adv.	sehr	**colōniam dēdūcere**	eine Kolonie gründen
lēnis, e	mild, sanft	**excellēns,** entis	hervorragend, ausgezeichnet
vacāre (+ Abl.)	Zeit haben; frei sein (von)	**prōvidentia**	(göttliche) Vorsehung
dominātiō, ōnis f	(Allein)Herrschaft		
spernere, spernō, sprēvī, sprētum	verschmähen, verachten		
ex quō fit, ut (+ Konj.)	daher kommt es, dass		

dēnūntiāre	ankündigen, erklären

LW 9

ex quō efficitur (+ ut / AcI)	daraus folgt, dass
nātūrā (Abl.)	von Natur aus
mediocris, e	mittelmäßig; unbedeutend
nocēre	schaden
rēcta ratiō	richtige Einsicht
congruere, -gruō, -gruī	zusammentreffen, übereinstimmen
cōnstāns, antis	beständig, standhaft, konsequent
fraus, fraudis f	Täuschung, Betrug; Schaden
fās n (nur Nom. + Akk.)	göttliches Recht; Schicksal
fās est (+ Inf.)	es ist erlaubt

LW 10

dīvitiae, ārum f (Pl.)	Reichtum
fruī, fruor (+ Abl.)	genießen; benutzen
domināri	Herr sein, herrschen
illūstris, e	hell; glänzend, auffallend; berühmt
īnsīgnis, e (+ Abl.)	sich auszeichnend, auffallend (durch)
vexāre	quälen, misshandeln, schädigen
ūrere, ūrō, ussī, ustum	(ver)brennen, ausdörren, austrocknen
dēmēns, dēmentis	wahnsinnig, verrückt

LW 11

mundus	Welt
interīre, -eō, -iī, -itum	untergehen
ulcīscī, ulcīscor, ultus sum (+ Akk.)	etw. rächen; sich (für etw.) rächen

potīrī, potior, potītus sum (+ Abl. / Gen.)	etwas in seinen Besitz bringen
ideō	deswegen
dēterior, ius	geringer, schlechter
optimus quisque	gerade die Besten
īnfirmus, a, um	schwach, krank

LW 12

versus, ūs m	Vers
brevitās, ātis f	Kürze
vēritās, ātis f	Wahrheit
ōrāculum	Orakelstätte; Orakelspruch
vetustās, ātis f	Alter
color, ōris	Farbe
ratiōnem reddere (+ Gen.)	Rechenschaft ablegen (über etw.)
causam dīcere	sich verteidigen
prīdem *Adv.*	längst, seit langem

LW 13

concordia	Eintracht
discordia	Uneinigkeit, Zwietracht
certāre	kämpfen, wetteifern
magnificus, a, um	großartig, prächtig
domī *Adv.*	zu Hause, daheim
fīdus, a, um / fidēlis, e	treu, zuverlässig
aequitās, ātis f	Gleichheit, Gerechtigkeit
documentum	Beweis
domāre, domō, domuī, domitum	bezwingen; zähmen
subigere, -igō, -ēgī, -āctum	unterwerfen; zwingen
dubius, a, um	zweifelnd; zweifelhaft, unentschieden
tolerāre	ertragen, aushalten
miseria	Elend, Not, Unglück
crūdēlitās, ātis f	Grausamkeit

inimīcitia	Feindschaft
interdum *Adv.*	manchmal, bisweilen
invādere, -vādō, -vāsī, -vāsum	eindringen, sich verbreiten, befallen
(in)tolerandus, a, um	(un)erträglich

LW 14

memoriae trādere	sich einprägen
excelsus, a, um	emporragend, hoch
stēlla	Stern
ēvertere, ēvertō, ēvertī, ēversum	zerstören
triumphum agere	einen Triumph feiern
absēns, absentis	abwesend
fātālis, e	schicksalhaft; tödlich

LW 15

adiuvāre, -iuvō, -iūvī, -iūtum (+ Akk.)	unterstützen, helfen
concilium	Versammlung
carcer, eris m	Kerker
complectī, -plector, -plexus sum	umarmen, umfassen; begreifen
migrāre	wandern, auswandern
pietās, ātis f	fromme Liebe (gegen Götter, Menschen, Heimat)

LW 16

digitus	Finger
praepōnere, -pōnō, -posuī, -positum	voranstellen, an die Spitze stellen
fragilis, e	zerbrechlich, hinfällig
vēlōx, ōcis	schnell, geschwind
inclūdere, -clūdō, -clūsī, -clūsum	einschließen
contemplārī	betrachten

LW 17

praeceptum	Vorschrift; Befehl, Lehrsatz

oblīvīscī, -līvīscor, -lītus sum (+ Gen.)	vergessen
prīncipātus, ūs m	erste Stelle, Vorrang; Kaiserwürde
clēmentia	Milde
sevēritās, ātis f	Ernst, Strenge
administrāre	verwalten; leiten
pūnīre	bestrafen

LW 18

disputāre	erörtern, untersuchen
dubium	Zweifel

Grundwissen: Römische Geschichte

Schematischer Überblick

Republik			Octavian / Augustus	frühe Kaiserzeit
frühe	mittlere	späte		1. Jh. n.
5./4. Jh. v.	3./2. Jh. v.	1. Jh. v.		

Frühe Republik (5./4. Jh. v. Chr.)

Mit der Vertreibung der Tarquinier durch Brutus beginnt ca. 500 v. Chr. die Zeit der römischen Republik. Rom verteidigt sich zunächst gegen den Etruskerkönig Porsenna (in diesem Zusammenhang vollbringen Horatius Cocles, Mucius Scaevola und Cloelia ihre legendären Heldentaten) und verhindert so die Rückkehr zur Königsherrschaft. Allmählich werden die regulären patrizischen Ämter (Konsul, Prätor, Ädil, Quästor) eingeführt. Auf dieser Basis baut Rom durch die Leistung seiner Feldherrn (z. B. Camillus), aber auch durch das zeitlich begrenzte Notstandsamt des Diktators (als Musterbeispiel kann Cincinnatus dienen) seine Macht im Kampf gegen die umliegenden Städte und Volksstämme immer weiter aus. Auch die kurzzeitige Eroberung Roms durch die Gallier (Kelten) unter Führung des Brennus (ca. 400 v. Chr.) kann diesen Prozess nicht stoppen: Rom übernimmt die Vorherrschaft in Mittelitalien und dehnt sein „Imperium" bis in die Po-Ebene und nach Unteritalien aus.

Diese erfolgreiche Expansion ist möglich, weil die Römer in Zeiten der Auseinandersetzung mit äußeren Feinden stets zusammenhalten. In Friedenszeiten ist jedoch die Innenpolitik von den sog. **Ständekämpfen (470–287 v. Chr.)** geprägt, in denen sich die Plebejer ihre Rechte gegen den Widerstand des alten Adels (Patrizier) Schritt für Schritt erkämpfen: Einrichtung des Volkstribunats (*tribunus plebis*) zur Sicherung der Interessen der Plebs durch Vetorecht der Volkstribunen; zivilrechtliche Gleichberechtigung durch Gewährung des Heirats- und Handelsrechts (*conubium + commercium*); politische Mitbestimmung durch aktives Wahlrecht (*suffragio*) und das passive Wahlrecht.

Mittlere Republik (3./2. Jh. v. Chr.)

Rom ringt Karthago in den drei Punischen Kriegen nieder und erobert dadurch die Vormacht im westlichen Mittelmeer. Trotz vernichtender Niederlagen gegen Hannibal (z. B. bei Cannae) gewinnen letztlich die Römer unter der Führung Scipio des Älteren (Scipio Africanus) den 2. Punischen Krieg (218–201 v. Chr.). Damit beginnt der unaufhaltsame Siegeszug Roms, an dessen Ende seine Vorherrschaft über den gesamten Mittelmeerraum steht. Die endgültige Vernichtung Karthagos durch Scipio den Jüngeren (Scipio Aemilianus) und die Zerstörung Korinths (beide 146 v. Chr.) markieren die Unterwerfung Nordafrikas und Griechenlands. Der außenpolitische Erfolg wird auf Kosten gravierender **sozialer Probleme** errungen, da viele Soldaten aufgrund der langen Kriegszüge verarmen. Reformversuche wie der der Gracchen (ca. 130–120 v. Chr.) scheitern. Die Kluft zwischen den verarmenden Schichten (verschuldete Bauern; städtisches Proletariat) und den Reichen (Großgrundbesitzer mit Latifundien und zahllosen Sklaven; v. a. über Handel zu Reichtum gekommene Ritter) wird immer größer.

Späte Republik (1. Jh. v. Chr.)

Die großen sozialen Probleme der mittleren Republik bilden den Nährboden für den Aufstieg bedeutender Einzelpersönlichkeiten (Marius, Sulla,

Pompejus, Cäsar): Der Senat verliert im gleichen Maß an Macht, in dem Einzelne persönliche Vereinbarungen treffen, um ihre Machtpläne untereinander abzustimmen (z. B. das Triumvirat des Pompejus, Cäsar und Crassus 60 v. Chr.). Nach einem ersten **Bürgerkrieg** zwischen Marius und Sulla kommt es zur Auseinandersetzung zwischen Pompejus und Cäsar. Nachdem dieser sich im Gallischen Krieg eine Machtbasis geschaffen hat, soll Pompejus im Interesse des Senates seinen Aufstieg stoppen, unterliegt aber. Cäsar lässt sich zum Diktator ernennen, erfreut sich an seiner Alleinherrschaft aber nicht lange, da er 44 v. Chr. an den Iden des März einem von Brutus, Cassius und anderen verübten Attentat zum Opfer fällt. Nachdem Octavian, der Großneffe und Erbe Cäsars, den Mord an seinem Adoptivvater gerächt hat, spitzt sich seine Auseinandersetzung mit Marcus Antonius immer weiter zu, bis er ihn schließlich 31 v. Chr. bei Actium besiegt.

Frühe Kaiserzeit (1. Jh. n. Chr.)

Mit dem Sieg über Marcus Antonius erringt Octavian die alleinige Macht. Er beendet den Bürgerkrieg, schafft Frieden (*pax Augusta*) – der Senat verleiht ihm dafür 27 v. Chr. den Ehrentitel Augustus: damit endet faktisch die Republik und beginnt die **Kaiserzeit** –, bemüht sich in der Folgezeit, altrömische Haltungen und Religiosität (*mos maiorum*) zu bewahren bzw. zu erneuern und fördert mit Unterstützung von Mäzenas Kunst und Literatur. Augustus bewegt sich zwar weiterhin im staatsrechtlichen Rahmen der republikanischen Verfassung, vereint aber als Princeps (der führende Mann im Staat, daher die Bezeichnung Prinzipat) die Machtbefugnisse eines Konsuls und eines Volkstribunen in seiner Person und verfügt über unbeschränkte außen- und innenpolitische Macht. Der Senat und die Volksversammlung verlieren dadurch hingegen immer mehr an Macht. Augustus gelingt es in seiner langen Regierungszeit (31 v. Chr.–14 n. Chr.), eine Erbmonarchie zu etablieren, der selbst größenwahnsinnige Kaiser wie Caligula und Nero (aus der julisch-claudischen Dynastie) bzw. Domitian (aus der flavischen Dynastie) nicht dauerhaft schaden können.

Grundwissen: Gesellschaft und Politik

Gesellschaft

Die römische Gesellschaft ist in die drei Stände der **Senatoren** (*senatores*), **Ritter** (*equites*) und des einfachen **Volkes** (*plebs*) gegliedert.

Die führende Gruppe innerhalb der Senatoren bildet die Nobilität. Sie setzt sich zusammen aus den Angehörigen der alten **patrizischen** (*patricii*) Adelsgeschlechter (*gentes*) und den Mitgliedern der in den Ständekämpfen aufgestiegenen **plebejischen** Familien.

Die Ritter (ursprünglich diejenigen, die sich ein eigenes Pferd leisten können und deshalb im Heer als Reiter dienen) haben sich selbst gegen eine politische und für eine wirtschaftliche Karriere entschieden. Sie betreiben Bank-, Geld- und Handelsgeschäfte, die der Nobilität seit dem 2. Jh. v. Chr. zumindest offiziell per Gesetz verboten sind. Für ihre Kinder streben die meisten aber eine politische Karriere und den Aufstieg in die Nobilität an.

Die weitaus überwiegende Zahl der Bevölkerung gehört der **Plebs** an und ist arm. Gerade dem stadtrömischen **Proletariat** (*proles* „Nachkommenschaft"; d. h. es beteiligt sich am Staat nur mit seiner „Nachkommenschaft", nicht jedoch mit seinem – nicht vorhandenen – Vermögen oder Steuerzahlungen) kommt aber insofern Bedeutung zu, als es in den Volksversammlungen wahlberechtigt ist.

Im Werben um die Gunst des Volkes spaltet sich im 1. Jh. v. Chr. die Nobilität in **Optimaten** und **Popularen**: Die Optimaten wollen ihre Ziele über den Senat, die Popularen hingegen über die Volksversammlung durchsetzen. Beide Gruppen bedienen sich dabei des Klientel- bzw. Patronatswesens, bei dem **Patron** (*patronus*) und **Klient** (*cliens*) in einem persönlichen Verhältnis (*fides*) stehen: Der Patron sorgt dafür, dass der Klient in seiner Existenz gesichert ist (z.B. als Anwalt vor Gericht, als Förderer der Karriere, als Geldgeber in Not). Der Klient unterstützt ihn dafür im Wahlkampf und durch die Stimmabgabe bei den Wahlen. Am Ort wohnende Klienten – dazu gehören auch freigelassene ehemalige Sklaven (*liberti*) und nach Einführung des Berufsheers entlassene Soldaten – begrüßen morgens ihren Patron (*salutatio*) und begleiten ihn bei politischen Anlässen.

Politik

Im politischen System der römischen Republik wirken die Beamten (*magistratus*), der Senat (*senatus*) und die Volksversammlungen (*concilia plebis*) zusammen. Da dieses System Elemente der Monarchie (Konsuln als höchste Beamte), Aristokratie (Senat) und Demokratie (Volksversammlung) vereint, wird es als **Mischverfassung** bezeichnet. Die wichtigste Rolle in der Mischverfassung kommt dem Senat zu, seine Empfehlungen (*senatus auctoritas*) werden von den Beamten und der Volksversammlung bis ins 1. Jh. v. Chr. in der Regel befolgt. Zum Senat gehört, wer ein wichtiges Staatsamt bekleidet hat. Wer den Aufstieg in den Senat bzw. bis zum **Konsul** aus nicht-patrizischer Familie (*gens*) schafft, wird als *homo novus* (Emporkömmling) bezeichnet – so z. B. M. Porcius Cato (Konsul 195 v. Chr.; *ceterum censeo Carthaginem esse delendam*) und M. Tullius Cicero (Konsul 63 v. Chr.). Ein Konsul hat normalerweise die Ämterlaufbahn (*cursus honorum*) durchlaufen und hatte sich zuvor schon als **Quästor** (Finanzverwaltung), **Ädil** (Öffentliche Ordnung) und **Prätor** (Rechtsprechung) bewährt.

Um in das jeweilige Amt zu kommen, muss man sich in weißer Toga (*toga candida* – daher der Begriff *Kandidat*) in der Volksversammlung der männlichen Bürger zur Wahl stellen. Wird man gewählt, muss man im Konsulat aber die Macht mit einem zweiten, in allen anderen Ämtern mit mehreren Amtskollegen teilen (Prinzip der

Kollegialität). Außerdem bekleidet man nicht mehrere Ämter gleichzeitig (Verbot der Kumulation). Jedes Amt bekleidet man zudem nur ein Jahr lang (Prinzip der Annuität) und nur ein Mal (Verbot der Iteration), um zu große Macht eines Einzelnen zu verhindern. Nur im Notfall liegen alle Staatsgeschäfte in der Hand einer einzigen Person, der des Diktators. Der **Diktator** wird vom Senat vorgeschlagen und von einem Konsul ernannt, muss aber sein Amt nach sechs Monaten wieder niederlegen. Diktator, Konsul und Prätor werden von einer Art Leibwache, den **Liktoren**, begleitet. Diese tragen als sichtbares Zeichen der Macht die *fasces*, ein Rutenbündel, wovon im frühen 20. Jh. der Begriff „Faschismus" abgeleitet wird.

Nicht zur Ämterlaufbahn gehören das Amt des Volkstribuns und das des Zensors: **Volkstribune** (*tribunus plebis*) sind als die Vertreter der Plebejer unangreifbar (*sacrosancti*), da sie unter dem besonderen Schutz der Götter stehen, und haben weitreichende Befugnisse, da sie mit ihrem **Veto-Recht** alle Amtshandlungen anderer Beamter außer Kraft setzten können. In der späten Republik wird durch dieses Mittel jede politische Entwicklung behindert werden. **Zensoren** schätzen hingegen alle fünf Jahre das Vermögen der Bürger ein und setzen deren Steuerzahlungen fest; zudem wachen sie über Sitte und Tradition (*mos maiorum*) und entfernen ungeeignete Mitglieder aus dem Senat.

Mos maiorum

Die Sitte der Vorfahren (*mos maiorum*) fasst als Oberbegriff all die Werte zusammen, die den römischen Staat groß gemacht haben und den Fortbestand dieser Größe garantieren. Die Orientierung am *mos maiorum* geht im 1. Jh. v. Chr. bei vielen führenden Politikern Roms verloren.

Augustus sieht diesen Verlust als Wurzel der Bürgerkriege und beginnt eine Rückbesinnung auf zentrale Wertvorstellungen: Dazu zählen *virtus* (von *vir* abgeleitet): Tapferkeit im Krieg, Tüchtigkeit und Redlichkeit im privaten und öffentlichen Leben; *pietas*: Frömmigkeit gegenüber den Göttern sowie Anstand und Sittlichkeit im Umgang mit anderen Menschen; *fides*: Treue und Verlässlichkeit gegenüber Bundesgenossen, zwischen Patron/Klienten sowie gegenüber Partnern; *labor*: Einsatz im privaten und politischen Bereich.

Wer sich an diesen Wertvorstellungen orientiert, erwirbt Ruhm und Ehre (*gloria et honor*: vor allem durch Heldentaten im Krieg), Würde (*dignitas*) sowie auf Ansehen und Einfluss beruhende Autorität (*auctoritas*) auch ohne ein Amt. Bei der Rückbesinnung auf den *mos maiorum* greift Augustus eine Überzeugung Ciceros auf: Dieser sah in gelebter *virtus*, *pietas*, *fides*, *labor* etc. die Basis der *humanitas* (von *homo* bzw. *humanus*). Ihr entspringen, da Cicero den Menschen ebenso wie Aristoteles als *zoon politikon* definiert, sowohl Mitmenschlichkeit und Menschenfreundlichkeit als auch der Einsatz für den Staat und politische Betätigung sowie darüber hinaus sprachlich-literarische und sittlich-philosophische Bildung.

Grundwissen: Augusteisches Zeitalter

Die geschichtliche Leistung des Augustus

Ein Jahrhundert andauernder Bürgerkriege (131–33 v. Chr.) hatte zu großen Verwüstungen, Verlust von Wohlstand und Rechtssicherheit in Rom und Italien geführt. Es ist die große Leistung des später Augustus genannten ersten Kaisers von Rom, für eine dauerhafte Stabilisierung und Befriedung seines Landes gesorgt zu haben (*pax Augusta*). Er hat die in den Wirren der Bürgerkriege fast vergessene Religion wiedererweckt, indem er verfallene Tempel renovieren und alte Priesterschaften wiedereinführen ließ. Er sorgte mit seiner Ehe- und Sittengesetzgebung dafür, dass die Oberschicht sich wieder zu Werten wie Familie und zu politischer Mitgestaltung am Staatswesen bekannte, anstelle sich egoistisch dem Luxus hinzugeben. Dank der Beibehaltung des Senats ließ er den Prinzipat, die neue Form seiner Alleinherrschaft, wie die Fortführung der Republik aussehen.

Die Literatur der augusteischen Zeit

Typisch für die augusteische Erneuerung ist ihre Rückwärtsgewandtheit: Man suchte sich in der Frühzeit der römischen, noch bäuerlich geprägten Republik ein Verhaltensvorbild, insbesondere am Fleiß, der Bescheidenheit, der Sittlichkeit und ehelichen Treue der Menschen auf dem Lande. Die Schriftsteller der Zeit griffen diese Themen auf: Horaz schwärmt von den Freuden des einfachen Landlebens und beschwört in den Römeroden die Werte, die die Römer einst groß gemacht haben. Der Historiker Livius blickt in seinem Geschichtswerk auf die sagenhaften Anfänge der römischen Republik zurück. Vergil erinnert mit seinem Epos an den trojanischen Gründungsvater Roms Äneas, den er als Inbegriff der *pietas* zeichnet – als Muster eines Mannes, der Ehrfurcht vor den Göttern, Respekt vor den Eltern und Pflicht gegenüber seiner Heimat kennt. Ein genialer Mittler zwischen den Dichtern und dem Kaiserhaus war der aus altem etruskischen Adel stammende

Mäcenas, der in der Innenpolitik als eine Art rechte Hand des Augustus fungierte: Er entdeckte dichterische Talente, unterstützte sie finanziell und führte sie in die kaiserlichen Kreise ein. Sein Name lebt bis heute im Begriff des ‚Mäzens' als Förderer der Künste fort.

Kunst und Baukunst zur Zeit des Augustus

Zahlreiche Kunstwerke und Bauten der augusteischen Epoche wurden vom Kaiser in Auftrag gegeben, finanziert und für alle Bürger in Rom zugänglich gemacht. Wie die Literatur kündeten auch Kunst und Architektur von den Wertvorstellungen der Zeit. So feierte die vom Senat in Auftrag gegebene *Ara Pacis* zum einen den Frieden unter Augustus, thematisierte über ihre Reliefs mit den Darstellungen eines Priesterumzugs bzw. der Mutter Erde aber auch die Themen der Religion und des glücklichen Landlebens. Der **Apollotempel auf dem Palatin** setzte der Hausgottheit des Augustus ein Denkmal, auf dem **Augustusforum** waren in langen Reihen Ehrenstatuen für vorbildliche Politiker und Feldherrn der Republik zusammen mit den mythischen Gründerfiguren Äneas und Romulus aufgestellt. Die berühmte **Statue des Augustus von Prima Porta** stellte auf ihrem Brustpanzer die Rückgabe römischer Feldzeichen durch die Parther dar – ein auf Verhandlungen basierender außenpolitischer Erfolg des Augustus, für den er sich feiern ließ.

Vergil als Augusteer

Vergil (70–19 v. Chr.) hat unter den Folgen der Bürgerkriege zu leiden, da er im Zuge der Landverteilungen Octavians den vom Vater ererbten Grundbesitz verliert. Allerdings bekommt er wohl auf Betreiben des Octavian diese Existenzgrundlage zurück, wofür er zeitlebens dankbar ist. Vergil gehört einer Generation an, die nach dem bürgerkriegsbedingten Verfall des Staates den politischen und moralischen Aufschwung unter Octavian zu schätzen weiß. Über den Mäcenaskreis findet

Vergil persönlichen Zugang zu Augustus. In seinen drei Werken *Bucolica*, *Georgica* und *Äneis* unterstützt Vergil aus innerer Überzeugung die restaurative, an altrömischen Werten und Traditionen orientierte Politik des Augustus.

Bucolica: Hirtendichtung, in der die heile Welt des Landlebens idealisiert dargestellt wird. In zehn Gedichten (sog. Eklogen) erschafft Vergil eine idyllische Traumwelt (Arkadien) – als hoffnungsvollen Gegenentwurf zum Italien seiner Zeit, das nach dem Jahrhundert der Bürgerkriege am Boden liegt. Die berühmte 4. Ekloge schildert die Geburt eines Kindes, das das Goldene Zeitalter Saturns zurückbringen wird – nicht wenige glaubten, dass Octavian selbst gemeint sei.

Georgica: Lehrgedicht über die Landwirtschaft, das in vier Büchern den Ackerbau, die Baum-, Vieh- und Bienenzucht darstellt. Es ist aber nicht zur fachlichen Unterweisung von Landwirten gedacht, sondern idealisiert am Beispiel traditionellen Bauerntums ursprüngliche Tüchtigkeit und Wertebewusstsein des römischen Volkes – ganz im Einklang mit der am *mos maiorum* ausgerichteten augusteischen Erneuerungspolitik.

Äneis: In der ersten Hälfte des auf zwölf Bücher angelegten Epos werden zunächst die Irrfahrten des Trojaners und späteren Stammvaters des römischen Volkes Äneas dargestellt (odysseische Hälfte), in der zweiten Hälfte seine Landung in Italien und die Kämpfe mit den Italikern unter Führung des Turnus (iliadische Hälfte). Nach dem Sieg über Turnus vereinigen sich die Trojaner unter Führung des Äneas mit den Italikern zu dem Mischvolk der künftigen Römer. Das Epos thematisiert aber nicht nur die mythische Vorzeit, sondern verweist in sog. Durchblicken wie der Jupiterprophetie, der Heldenschau in der Unterwelt und der Schildbeschreibung auf die augusteische Gegenwart. In diesen Passagen wird Augustus mit seiner Friedenspolitik und seinem Programm der moralischen Erneuerung gepriesen, ja erscheint

als Zielpunkt der römischen Geschichte überhaupt. Die Götter selbst legitimieren die Romidee, die Augustus als Angehöriger der *gens Iulia* in die Tat umsetzt. Der *pius Aeneas* erscheint so als Vorläufer des Augustus.

Als Vergil stirbt, setzt sich Augustus über dessen testamentarische Verfügung hinweg, wonach die unvollendete *Äneis* verbrannt werden sollte, und rettet so dieses Werk.

Das Epos – Definition, wichtigste Vertreter und Merkmale

Beim Epos (griech. = Wort, Erzählung) handelt es sich um ein langes, in mehrere Bücher gegliedertes Gedicht, das in daktylischen Hexametern mythologische oder geschichtliche Stoffe in epischer Breite darstellt. Wichtige Vertreter des Epos sind Homer (8. Jh. v. Chr.) mit der *Ilias* und der *Odyssee*, bei den Römern Ennius (2. Jh. v. Chr.), der in seinem Epos *Annales* die Geschichte Roms darstellt, bis ihn Vergil mit seiner *Äneis* als römischen Nationaldichter ablöst. Nach Vergil verfasst Ovid sein Epos *Metamorphosen*, das Verwandlungssagen von der Entstehung der Welt bis in Ovids eigene Zeit enthält.

Typisch für die Epik sind:

- Proömium: Vorrede mit Inhaltsangabe und Musenanruf (Bitte an die Göttin, den Dichter bei der Stofffindung und Formulierung zu inspirieren),
- ein Held im Mittelpunkt, dessen Taten und Schicksal erzählt werden,
- Ebene der Götter, die aktiv in das irdisch-menschliche Geschehen eingreifen,
- gehobene, bisweilen pathetische Dichtersprache
- Epitheta: schmückende Beiwörter, z. B. *pius Aeneas* oder *infelix Dido*,
- Wiederkehrende Formelverse für sich wiederholende Handlungen,
- Anschauliche Vergleiche bzw. Gleichnisse,
- Beschreibungen von Gebäuden oder Kunst-

werken (*Ekphraseis*),

- typische Elemente: Opferhandlungen, Kampfszenen, Prophezeiungen, Göttergespräche, Gang in die Unterwelt, treibendes Motiv des Götterzorns.

Horaz

Horaz (65–8 v. Chr.) ist zunächst ein Gegner Octavians, der auf der Seite der Cäsarmörder in der Schlacht von Philippi (42 v. Chr.) für die alte Republik kämpft und sich nach der Niederlage eine neue Existenz suchen muss. In dieser hoffnungslosen Situation schreibt er Gedichte voller Verbitterung über die Selbstzerfleischung des römischen Volkes durch die Bürgerkriege. Mäzenas wird auf ihn aufmerksam, nimmt ihn in seinen Kreis auf und beschenkt ihn mit einem Landgut in den Sabiner Bergen, das Horazens epikureischer Neigung zu einem von Großstadt und politischen Geschäften fernen Leben entgegenkommt. Etliche lyrische Gedichte zeugen von seiner Freude über diese Lebensform. Nicht zuletzt durch die Freundschaft mit Mäzenas wird Horaz zu einem überzeugten Vertreter der augusteischen Erneuerungsbewegung, die er in den sog. Römeroden und dem *Carmen Saeculare* gedanklich unterstützt – allerdings bewahrt er sich eine gewisse Distanz zum Kaiser: Als der ihm die Stelle eines Privatsekretärs anbietet, lehnt Horaz ab – ohne dass Augustus ihm dies übel nimmt.

Überblick über die römische Geschichtsschreibung

Die Geschichtsschreibung (Historiographie) geht – wie fast alle literarischen Gattungen – auf die Griechen zurück. **Herodot** gilt als „Vater der Geschichtsschreibung" (*pater historiae*), **Thukydides** als erster Historiker mit wissenschaftlichem Anspruch, da er versucht, Ereignisse objektiv darzustellen und Hintergründe sowie kausale Zusammenhänge geschichtlicher Entwicklungen zu analysieren.

Die römische Geschichtsschreibung beginnt mit der sog. Annalistik, d. h. historische Ereignisse werden nach einzelnen Jahren (*annus*) gegliedert dargestellt.

Sallust ist der erste römische Historiker, von dem vollständige Werke erhalten sind. Anstelle des annalistischen Prinzips verfasst er Monographien, d. h. er schreibt über ausgewählte einzelne Geschichtsepisoden, an denen er größere Zusammenhänge nachweist: Sein zentrales Thema ist der Niedergang der römischen Republik. In der Schrift *Catilinae coniuratio* zeigt er am Beispiel der gescheiterten Revolution durch den jungen Adligen Catilina die Ursachen für den moralischen, politischen und sozialen Verfall der römischen Gesellschaft: *ambitio* und *avaritia*, hemmungsloser Karrierismus und Gier nach Reichtum.

Livius stellt in seinem nur fragmentarisch erhaltenen Werk *Ab urbe condita* die Geschichte Roms von seiner Gründung bis in seine, die augusteische Zeit, dar. (→ S. 138).

Tacitus (1./2. Jh. n. Chr.) stellt in seinen nur unvollständig erhaltenen Werken *Annales* und *Historiae* die gesamte Geschichte des Prinzipats des ersten Jahrhunderts n. Chr. dar. Er verpflichtet sich explizit der Objektivität (*sine ira et studio*). Insgesamt lässt sein Werk eine eher kritische Einstellung zum Prinzipat erkennen.

Livius und sein Geschichtswerk

Livius (59 v. Chr.–17 n. Chr.), der aus der italienischen Provinzstadt Padua stammte, widmet sich seinem 142 Bände umfassenden Geschichtswerk unmittelbar nach seinem rhetorischen und philosophischen Studium, ohne Erfahrung in der Politik oder im Heer gesammelt zu haben. Obschon Livius Anhänger der alten Republik ist, unterstützt er mit seinem Geschichtswerk ideell die augusteische Politik, da sie das Neue aus dem guten Alten schaffen will. Wie der Titel *Ab urbe condita* anzeigt, beschreibt Livius die Geschichte Roms von den Anfängen der Stadt (753 v. Chr.) bis zum Tod des Drusus, des Stiefsohnes von Augustus, 9 v. Chr. Er reiht seine Bücher annalistisch aneinander, d. h. er berichtet über die Ereignisse, wie sie sich von Jahr zu Jahr zugetragen haben. Wahrscheinlich hat Livius sein Werk in Pentaden, also in Gruppen zu je fünf Büchern, herausgegeben. Von den ursprünglich 142 Büchern sind nur Reste erhalten: die Bücher 1-10 und 21-45. Inhaltsangaben aus späterer Zeit (sog. *periochae*) lassen jedoch die Themen der verlorenen Bücher erschließen.

Die exemplarische und moralische Geschichtsschreibung des Livius

Wie Livius in der *praefatio* zu seinem Werk deutlich macht, will er nicht nur Geschichte erzählen und den Leser unterhalten, sondern auch im Sinne der moralischen Geschichtsschreibung für die eigene Zeit *exempla* geben, um aufzuzeigen, durch welche *virtutes* die römische Republik groß geworden war und welche *vitia* zu ihrem Niedergang geführt hatten. Die Darstellung der großen Vergangenheit Roms, der vielen Heldentaten der Frühzeit, der Prinzipienfestigkeit und gelebten *mores maiorum*, der Eintracht der Bürger und Stände in Krisenzeiten, des beispiellosen Durchhaltevermögens und Siegeswillens in Kriegszeiten sollte der eigenen Zeit in politischer, sozialer und moralischer Hinsicht Vorbilder liefern und Orientierung geben. Damit unterstützt Livius deutlich die augusteische Politik der moralischen Erneuerung.

Cicero, *De re publica* – Übersicht und Schwerpunkte

Der Aufbau von *De re publica*

Buch I Staatsdefinition + Verfassungskreislauf	**Buch IV** Gesetzgebung und Gerechtigkeit
Buch II Entstehung der römischen Mischverfassung	**Buch V** Der beste Staatsmann
Buch III Gerechtigkeit als Fundament des Staates	**Buch VI** *Somnium Scipionis*: Belohnung für gute Politik im Jenseits

De re publica spielt im Jahr 129 v. Chr., weil in diesem Jahr der jüngere Scipio starb. Das, was er sagt, wird somit gleichsam als sein geistiges Testament stark aufgewertet. Mit dieser Datierung lehnt sich Cicero nahe an Platons Dialog *Phaidon* an, der kurz vor dem Tod des Sokrates spielt.

Die literarischen Vorbilder Ciceros

Im Hinblick auf das Thema orientiert sich Cicero v. a. an Platons *Politeia* (Der Staat). Im Hinblick auf die Form orientiert er sich an Aristoteles: Dessen Dialoge kennzeichnen längere zusammenhängende Reden sowie persönliche Vorreden zu den einzelnen Büchern.

Die Intention Ciceros

Cicero schreibt *De re publica* zwischen 55 und 51 v. Chr., als er wegen der erneuten Einigung zwischen Pompejus, Crassus und Cäsar bei der Konferenz von Luca (56 v. Chr.) politisch abgemeldet ist. Der Dialog ist somit nahezu die einzige Möglichkeit für Cicero, in die Politik einzugreifen.

Mit dem Dialog verbeugt er sich zugleich vor dem Scipionenkreis, dem einige seiner Lehrer entstammten. Dort wurde nämlich erstmals die für Cicero so prägende Symbiose zwischen Rom und Griechenland, zwischen Praxis und Theorie hergestellt.

Die Staatsdefinition Ciceros

Cicero definiert den Staat in *De rep.* 1,39 (→ 6.3, T 4, Z. 1-6) folgendermaßen:
Es ist also der Staat Sache des Volks, ein Volk aber ist nicht jede auf beliebige Weise zusammengescharte Ansammlung von Menschen, sondern die Verbindung einer Menge, die durch gleiche Rechtsauffassung und zum gemeinsamen Nutzen vereint ist. Die erste Ursache aber dieser Verbindung ist nicht so sehr ihre Schwäche als gewissermaßen eine in ihrer Natur angelegte Vereinigung des Menschen.

Ursache des Staates ist für Cicero die natürliche Veranlagung des Menschen (*natura congregabilis*: → *ius naturale* S. 103). Der Staat ist für Cicero somit anders als für Thomas Hobbes keine Notgemeinschaft, in die der Mensch wegen seiner eigenen Schwäche getrieben wird. Die Staatsgründung ist ein naturgegebener, freiwilliger Akt, da der Mensch für Cicero in Anlehnung an Aristoteles ein *zoon politikon* (= ein erst im Staat voll und ganz seiner Wesensbestimmung des Zusammenlebens gerecht werdendes Lebewesen) ist.

Die gemischte Verfassung

Aus der griechischen Staatsphilosophie kennt Cicero als einfache Staatsformen (*genera rei publicae*) die **Monarchie** (die Herrschaft eines Einzigen), die **Aristokratie** (die Herrschaft der Besten), die **Demokratie** (die Herrschaft des Volkes).

Jede dieser Staatsformen hat nach Cicero Mängel, die dazu führen können, dass sie entartet: So entsteht aus der Monarchie durch Willkür die Tyrannis (Diktatur), aus der Aristokratie durch Klüngelwirtschaft die Plutokratie (gr. *plutos* = Reichtum), aus der Demokratie durch Parteikämpfe die Ochlokratie (gr. *ochlos* = Pöbel).

Der Wandel der Verfassungen erfolgt dabei meist nach dem folgenden, von Polybios entworfenen Muster, an dem sich Cicero – wenn auch nicht dogmatisch – orientiert:

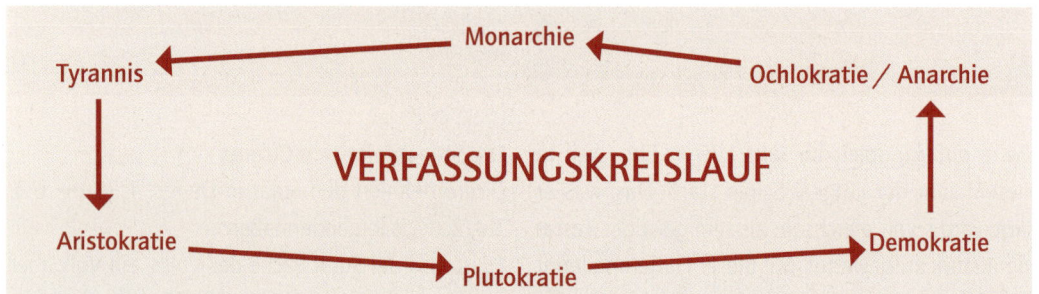

IDEAL:

Wenn Cicero von diesen „schlechten" Verfassungen einen den Vorzug geben müsste, würde er die Monarchie wählen: Denn in ihr herrscht im Idealfall ein Philosoph (vgl. Platon), der wohl Ciceros Maßstab einer guten Politik (*otium cum dignitate*) am besten umsetzen würde.

REALITÄT:

Da dieser Idealfall aber nur sehr selten eintritt, ist nach der praktischen Erfahrung Ciceros die beste Verfassung die sogenannte gemischte Verfassung (*genus mixtum*, vgl. Polybios). Sie ist zugleich am besten geeignet, dauerhaft zu sein, ist also dem Verfassungskreislauf weitgehend entzogen.

Recht und Gerechtigkeit

Recht lässt sich auch für Cicero einteilen in

ius civile (= positives, vom Menschen gesetztes, bürgerliches Recht)	*ius naturale* (= natürliches, aus der Natur / von Gott abgeleitetes Naturrecht)

Nach Cicero steht das Naturrecht über dem positiven Recht. Es ist gleichsam das Korrektiv des bürgerlichen Rechts, das dem Nutzen aller dienen muss, wenn es als gerecht anerkannt werden will. Dem Naturrecht widerspricht es nicht, Krieg zu führen, solange man die folgenden Gesichtspunkte respektiert (Theorie des gerechten Krieges).

Ein Krieg ist gerecht,

• wenn er durch die Fetialen (spezielle Priester) angekündigt ist,

• wenn er dazu dient, sich zu rächen (d. h. unrechtmäßig Verlorenes wiederzugewinnen),

• wenn er dazu dient, sich selbst oder Verbündete gegen Feinde zu verteidigen.

Auf die Definition der Stilmittel folgt – durch einen Pfeil gekennzeichnet – die Darstellung ihrer Aussagefunktionen. Diese Beschreibungen intendierter Wirkungen verstehen sich als exemplarische und verallgemeinernde Anregungen – die tatsächliche Wirkabsicht eines Stilmittels ergibt sich aus dem jeweiligen Sinnzusammenhang.

Allegorie	konkrete Versinnbildlichung eines an sich abstrakten Begriffs ➟ Dramatisierung und Verlebendigung der Erzählung	*cana Fides (...) Belli portae, Furor impius* (Kap. 2, T3, V. 7ff.)
Alliteration	Wiederholung des Anlauts bei aufeinander folgenden Wörtern ➟ Betonung durch akustischen Reiz	*cum patribus populoque penatibus et magnis dis* (Kap. 2, T8, V. 5)
Anapher	Wiederholung eines Wortes bzw. einer Wortgruppe am Anfang von Sätzen oder Satzteilen ➟ Hervorhebung, Fokussierung	*Nullam aciem, nullum proelium timueris.* (Kap. 5, T8, Z. 22)
Antithese	Gegensatz ➟ Verdeutlichung wesentlicher Begriffe bzw. Themen	*per aequa, per iniqua* (Kap. 5, T9, Z. 10)
Apostrophe	der Autor spricht eine nicht anwesende Person oder Sache direkt an ➟ Verlebendigung der Rede	*Tu regere imperio populos, Romane, memento.* (Kap. 2, T7, V. 5)
Asyndeton	unverbundene Nebeneinanderstellung von Wörtern oder Sätzen, die nur durch Kommata getrennt werden ➟ Betonung, Beschleunigung, Verkürzung	*Tarquinius fateri amorem, orare, miscere precibus minas, versare in omnes partes muliebrem animum.* (Kap. 5, T6, Z. 6ff.)
Chiasmus	Über-Kreuz-Stellung von einander entsprechenden Wörtern oder Wortgruppen ➟ Betonung eines Gegensatzes durch Gegenüberstellung der aufeinander bezogenen Begriffe	*concordia* (A) *maxima* (B), ⤬ *minima* (B) *avaritia* (A) *erat* (Kap. 6, T13, Z. 1f.)
Constructio ad sensum	eine syntaktische Konstruktion, in der das Prädikat in Kongruenz mit dem Sinn, nicht mit dem Numerus des Subjekts steht	*Hoc tibi iuventus Romana indicimus bellum.* (Kap. 5, T8, Z. 21f.)
Ellipse	Auslassung eines vom Sinn her selbstverständlichen Wortes ➟ Prägnanz und Schwung	*Ita tribuni plebei creati duo <sunt>.* (Kap. 5, T9, Z. 33)
Enallage	Bezugsvertauschung; ein Adjektiv steht nicht bei dem Nomen, zu dem es eigentlich gehört, sondern wird entgegen der Logik auf ein anderes bezogen ➟ Lenkung der Aufmerksamkeit durch Irritation	*postibus superbis Parthorum* eigtl. *postibus superborum Parthorum* (Kap. 3, T2, V. 7)
Epanalepse	Wiederholung eines Wortes oder einer Wortgruppe ➟ beschwörend-pathetische Betonung	*Hic vir, hic est, tibi quem promitti saepius audis.* (Kap. 2, T6, V. 4)
Epitheton ornans	schmückendes Beiwort, das ein charakteristisches Merkmal einer Person oder Sache ausdrückt ➟ Wiedererkennungswert	*at pius Aeneas* (Kap. 2, T4, V. 32)
Exclamatio	Ausruf ➟ emphatische Betonung	*Hic vir, hic est ...* (Kap. 2, T6, V. 1)
Figura etymologica	eine Wendung, in der zwei Wörter vom gleichen Stamm verwendet werden, die unterschiedlichen Wortarten angehören (häufig Nomen und Verb) ➟ Hervorhebung eines inneren Zusammenhangs	*vicisti et victum tendere palmas / Ausonii videre* (Kap. 2, T9, V. 7f.)

Gleichnis	ausführlicher Vergleich → Vergegenwärtigung; Verständnishilfe	*Comparando hinc, quam intestina corporis seditio similis esset irae plebis in patres.* (Kap. 5, T9, Z. 27f.)
Hendiadyoin	„eins durch zwei": ein Gedanke oder Begriff wird durch zwei Elemente wiedergegeben → Verstärkung oder Betonung der Gleichrangigkeit zweier Begriffe	*suō labore ac ministeriō* (Kap. 5, T9, Z. 18)
Hyperbaton	Trennung grammatisch zusammengehöriger Wörter → besondere Betonung der einrahmenden oder eingerahmten Wörter; gedankliche Klammer	*atque **altae** moenia **Romae*** (Kap. 2, T1, V. 7)
Hyperbel	Übertreibung → Hervorhebung; oft ironisch	*pelago credas innare revulsas / Cycladas aut montis concurrere montibus altos* (Kap. 2, T8, V. 17f.)
Ironie	„Verstellung": das Gemeinte tritt im Gewand des Gegenteils auf → Witz, Kritik, Verzweiflung	*Hic pietatis honos? Sic nos in sceptra reponis?* (Kap. 2, T2, V. 17)
Klimax	stufenweise Steigerung, meist in Dreierformel → starke Betonung v.a. des letzten Begriffs, Beeindrucken der Zuhörer	*ferro igni quacumque dehinc vi possum* (Kap. 5, T7, Z. 5f.)
Metapher	übertragene, meist bildhafte Verwendung eines Begriffs → Veranschaulichung, Konkretisierung	*arva Neptunia* (Kap. 2, T8, V. 21)
Metonymie	„Begriffsvertauschung": Das eigentliche Wort wird durch ein anderes ersetzt, das zu ihm in einer logischen Beziehung steht, häufig als *pars pro toto* → meist konkretisierend und Assoziationen weckend	*et profestis et sacris lucibus* (Kap. 3, T2, V. 27)
Oxymoron	„scharfsinniger Unsinn": Verbindung sich vordergründig widersprechender Begriffe zu einer (griffigen) Einheit → Verblüffung, Nachdenklichkeit	*pestiferum hinc abstulit gaudium* (Kap. 5, T6, Z. 27)
Parallelismus	parallele Abfolge von Wortgruppen → Hervorhebung gegenübergestellter Begriffe, oft in linearem Gedankengang, teils antithetisch	*irā (A) infensus (B) periculōque (A) conterritus (B)* (Kap. 5, T8, Z. 23f.)
Paronomasie	Wortspiel, das auf einer Klangähnlichkeit beruht → Betonung durch akustischen Reiz	*hostis pro hospite* (Kap. 5, T6, Z. 26)
Polyptoton	Wiederholung eines Substantivs oder Adjektivs mit verändertem Kasus → Hervorhebung durch Wortspiel	*fatis contraria fata rependens* (Kap. 2, T2, V. 11)
Rhetorische Frage	Frage, auf die eine Antwort nicht erwartet wird, da sie vorausgesetzt ist → Einbezug des Adressaten, teils lenkend, manipulativ	*Quid enim manet ex antiquis moribus?* (Kap. 6, T12, Z. 14f.)
Trikolon	Dreigliedrigkeit, oft verbunden mit Klimax und Asyndeton → emphatische Verstärkung	*nunc iure belli liberum te, intactum inviolatumque hinc dimitto* (Kap. 5, T8, Z. 33f.)
Vergleich	Gegenüberstellung zweier Gegenstände mithilfe der Vergleichspartikel „wie" (*ut*) → Veranschaulichung	*Nam ut ex nimia potentia oritur interitus principum, sic nimis liberum populum libertas ipsa servitute afficit.* (Kap. 6, T7, Z. 3ff.)

Grundwissen: Metrik

Die römischen Dichter beachteten beim Bau ihrer Verse strenge Regeln. Es gibt verschiedene Versformen, die durch eine bestimmte Abfolge von langen (–) und kurzen (∪) Silben definiert sind.

Der Hexameter (gr. „Sechsmaß") besteht aus sechs Versfüßen. Bei Versfuß 1-4 hat der Dichter die Auswahl zwischen Daktylus (–∪∪) und Spondeus (– –), Versfuß 5 ist meistens ein Daktylus, Versfuß 6 besteht aus zwei Silben (–∪ oder – –). Die letzte Silbe, *syllaba anceps*, ist lang (–) oder kurz (∪).

$$\underline{-\cup\cup}\mid\underline{-\cup\cup}\mid\underline{-\cup\cup}\mid\underline{-\cup\cup}\mid-\cup\cup\mid\underline{-}_{\cup}$$
$$\ \ 1\qquad 2\qquad 3\qquad 4\qquad 5\qquad 6$$

Der Pentameter (gr. „Fünfmaß") besteht aus zwei Halbversen von der Grundform –∪∪–∪∪–. Nur im ersten Halbvers können die Daktylen durch Spondeen ersetzt werden. Der Vers wird durch eine Zäsur (||) in zwei Hälften geteilt.

$$\underline{-}\cup\cup\mid\underline{-}\cup\cup\mid-\mid\mid-\cup\cup\mid-\cup\cup\mid\underline{-}_{\cup}$$
$$\ \ 1\qquad 2\qquad\ \ 3\qquad 4\qquad 5$$

Vergils *Äneis* ist in Hexametern verfasst; Ovid schrieb seine Gedichte aus dem Exil im elegischen Distichon, d.h. Hexameter und Pentameter wechseln sich ab.

Zur Metrik und metrischen Analyse vgl. auch S. 16f.

Eigennamenverzeichnis

Actium, ī	griechische Halbinsel; 31 v. Chr. fand dort die Seeschlacht statt, in der Octavian und sein Flottenadmiral Agrippa gegen die Flotte von Antonius und Cleopatra siegten
Aborīginēs, um	Aborigines (~ die, die vom Ursprung an da waren); Bezeichnung für die sagenhaften Ureinwohner der Rom umgebenden Landschaft Latium
Aegyptus, ī	Ägypten; römische Provinz seit 30 v. Chr.
Aenēas, ae	trojanischer Held, Sohn der Venus und des Anchises; Stammvater der Römer; nach der Zerstörung Trojas musste er gemeinsam mit seinem Vater, seinem Sohn Askanius und seinen Gefährten lange Irrfahrten bestehen, bis er zu der von den Göttern geweissagten neuen Heimat Italien gelangte
Agrippa, ae	Marcus Vipsanius Agrippa (63 -12 v. Chr.), Feldherr, Flottenadmiral und Schwiegersohn des Augustus
Alba Longa, ae	Stadt in Latium, die von Askanius gegründet wurde, nachdem Lavinium - die alte Hauptstadt der trojanischen Einwanderer - zu klein geworden war; Alba Longa blieb Hauptstadt, bis Romulus Rom gründete
Amūlius, ī	König von Alba Longa; vertreibt seinen Bruder Numitor und tötet dessen Söhne; gibt den Befehl, Romulus und Remus zu töten; wird später von diesen getötet, als sie ihrem Großvater Numitor den rechtmäßigen Thron zurückgeben

Anchīsēs, ae	Anchises; trojanischer Fürst; hatte eine Liebesbeziehung mit der Göttin Venus, aus der Äneas hervorging
Ancus Mārcius, ī	vierter König Roms; gründet an der Mündung des Tibers die Stadt Ostia als Hafen für Rom
Antōnius, ī	Marcus Antonius (83–30 v. Chr.); einflussreicher römischer Politiker und Feldherr, Anhänger Cäsars und Widersacher Ciceros, den er 43 v. Chr. ermorden ließ; bildete 43 v. Chr. zusammen mit Octavian (Augustus) und Lepidus das zweite Triumvirat, das jedoch 32 v. Chr. endete, als Antonius von Octavian zum Staatsfeind erklärt wurde; in der Schlacht bei Actium 31 v. Chr. unterlag er Octavian und beging daraufhin Selbstmord
Apollo, inis	auch Phoebus Apollo genannt; Gott des Lichts, der Musik und Künste sowie der Heilkunst und Weissagung. Sohn des Jupiter und der Latona, Zwillingsbruder der Diana. In der griechischen Stadt Delphi befand sich sein berühmtestes Heiligtum mit Orakelstätte. Heilig ist ihm der Lorbeerbaum, in den sich die schöne Nymphe Daphne verwandelt hatte
Ascanius, ī	auch Julus genannt; Sohn des Äneas, Gründer von Alba Longa
Atlās, antis	König von Mauretanien; er verweigerte dem Reisenden Perseus gastliche Aufnahme und wurde deshalb von ihm mit dem Haupt der Medusa zu Stein verwandelt: in das Atlasgebirge (im heutigen Marokko); oft wird er als Träger des Himmelsgewölbes dargestellt
Atticus, ī	Titus Pomponius Atticus (109–32 v. Chr.); römischer Ritter; wohl bester Freund Ciceros
Augustīnus, ī	Aurelius Augustinus (354–430); Kirchenlehrer und Bischof von Hippo in Nordafrika
Augustus, ī	ursprüngl. Name Gaius Octavius (63 v. Chr.–14 n. Chr.), erster römischer Kaiser, Großneffe und Adoptivsohn Cäsars; mit seinem Sieg über Antonius hatte er 31 v. Chr. die Alleinherrschaft über das römische Reich erlangt. Damit gingen die Jahrzehnte der Bürgerkriege zu Ende. 27 v. Chr. verlieh ihm der Senat den Ehrentitel Augustus („der Erhabene"); dieses Datum gilt als Beginn des römischen Kaisertums bzw. als Ende der römischen Republik. Die Herrschaft des Augustus, die man als eine Epoche des inneren Friedens, der wirtschaftlichen und kulturellen Blüte wahrnahm, wird Augusteisches Zeitalter genannt
Ausonii, ōrum	Bewohner Ausoniens (griechischer Begriff ursprünglich für eine Region in Italien, der aber dann für ganz Italien gebraucht wurde)
Bacchus, ī	griechisch: Dionysos; Gott des Weines und des Rausches; oft auch Liber genannt
Brūtus, ī	(1) Lucius Iunius Brutus: Freund des Collatinus und seiner Frau Lucretia; um 500 v. Chr. Anführer der Verschwörer gegen den letzten römischen König Tarquinius Superbus; danach wurde er – zusammen mit Collatinus – erster römischer Konsul (2) Marcus Iunius Brutus: römischer Senator, einer der Mörder Cäsars am 15. März 44 v. Chr.; beging nach der Schlacht bei Philippi 42 v. Chr. Selbstmord
Caesar, aris	Gaius Iulius Caesar (100–44 v. Chr.), römischer Politiker, Feldherr und Schriftsteller; Eroberer Galliens von 58–51 v. Chr. Als Politiker strebte er die Alleinherrschaft in Rom an. Am 15. März 44 v. Chr. wurde er von einer Gruppe römischer Senatoren ermordet, die in ihm einen Tyrannen sahen. Nach seinem Tod soll ein Komet, das *sidus Iulium*, erschienen sein

Capitōlium, ī	Kapitol; einer der sieben Hügel Roms; heiligster Ort Roms, denn hier stand der Tempel des Iuppiter Optimus Maximus
Carthāgō, inis	Stadt in Nordafrika, erbitterte Konkurrentin Roms um die Beherrschung des Mittelmeerraums; 146 v. Chr. von den Römern zerstört
Cassius, ī	römischer Prätor, einer der Mörder Cäsars am 15. März 44 v. Chr.; beging nach der Schlacht bei Philippi 42 v. Chr. Selbstmord
Cincinnātus, ī	Lucius Quinctius Cincinnatus; römischer Politiker der Frühzeit, der sein Diktatorenamt vorbildlich nach getaner Pflicht für den Staat abgab und sich auf sein Landgut als einfacher Bauer zurückzog
Cleopatra, ae	Kleopatra VII.; letzte Königin Ägyptens von 51-30 v. Chr., war von ihrem Bruder und Mitregenten Ptolemaeus XIII. verstoßen worden, wurde aber von Cäsar, den die Verfolgung des Pompejus nach Ägypten geführt hatte, wieder auf den Thron gesetzt. Kleopatra hatte zuerst ein Verhältnis mit Cäsar und von ihm angeblich ein Kind (Caesarion); nach Cäsars Tod begann sie eine Liebesbeziehung mit Antonius; 31 v. Chr. unterlagen sie und Antonius dem Heer des Octavian (Augustus) bei Actium, beide begingen daraufhin Selbstmord
Collātia, ae	alte sabinische Stadt östlich von Rom, Heimat der Lucretia und des Collatinus
Collātinus, ī	Lucius Tarquinius Collatinus; Ehemann der Lucretia, die von Sextus Tarquinius vergewaltigt wurde, was die Vertreibung der Tarquinier aus Rom auslöste
Coriolānus, ī	Gnaeus Marcius Coriolanus, sagenhafter römischer Feldherr im 5. Jh. v. Chr.; als Patrizier war er entschiedener Gegner des Volkstribunats und plädierte für dessen Abschaffung. Die Plebejer klagten ihn des Verfassungsumsturzes an und schickten ihn in die Verbannung. Coriolan schloss sich daraufhin den Volskern, den ärgsten Feinden Roms, an und führte sie gegen seine Heimatstadt (489 / 488 v. Chr.). Durch die Intervention seiner Mutter Veturia und seiner Frau Volumnia ließ er von dem Angriff ab
Crassus, ī	Marcus Licinius Crassus (114-53 v. Chr.); einer der reichsten Männer Roms; bildete zusammen mit Cäsar und Pompejus das sog. erste Triumvirat; zog 53 v. Chr. gegen die Parther, verlor in der Schlacht von Carrhae sein Leben und die römischen Feldzeichen, die Augustus auf diplomatischem Wege 20 v. Chr. wiedererlangte
Cyrus, ī	Kyros; persischer König von 559-529 v. Chr.
Dardanus, ī	Sohn Jupiters und der Elektra; Gründer der Stadt Dardania in Troas, Ahnherr der Trojaner, daher werden die Trojaner in der *Äneis* mitunter auch als Dardanier bezeichnet
Daunus, ī	Vater des Turnus
Dīdō, ūs / ōnis	mythische Königin von Karthago, Geliebte des Äneas
Empedoclēs, īs	griechischer Philosoph (um 450 v. Chr.); geht davon aus, dass die Welt aus den vier Urelementen Erde, Feuer, Wasser und Luft entstanden ist
Ennius, ī	Quintus Ennius (239-169 v. Chr.); römischer Dichter, von Scipio dem Älteren gefördert; Verfasser der *Annales*, des römischen Nationalgedichts zur Zeit Ciceros

Etruscī, ōrum	Etrusker; Volk im nördl. Mittelitalien; ab dem 7. Jh. v. Chr. beherrschten die Etrusker zusammen mit den verbündeten Karthagern das westl. Mittelmeer. Sie expandierten im Süden bis nach Kampanien, im Norden bis an den Rand der Alpen. Die Etrusker beherrschten auch Rom. Im 6. Jh. v. Chr. jedoch wurden die etruskischen Herrscher – die Tarquinier – aus Rom vertrieben; damit begann der allmähliche Niedergang der Etrusker. Zug um Zug eroberten die Römer die etruskischen Städte bzw. schlossen Bündnisverträge mit ihnen. Die Römer haben viele Elemente der etruskischen Kultur und Religion übernommen
Euander, drī	mythischer König von Arkadien in Vergils *Äneis*, Herrscher über das Altrom Pallanteum und Vater des Pallas
Getae, ārum	Reitervolk der Antike, das zum Stamm der Thraker gehörte; im Gebiet westlich des Schwarzen Meeres zwischen dem Ister (der untersten Donau) und dem östlichen Balkan angesiedelt
Gracchus, ī	**(1)** Tiberius Sempronius Gracchus; Schwager des jüngeren Scipio; römischer Agrarreformer; ermordet 133 v. Chr. **(2)** Gaius Sempronius Gracchus; Bruder des Tiberius; setzte die Agrarreform seines Bruders fort; ermordet 121 v. Chr.
Hector, oris	Sohn des trojanischen Königs Priamos; stärkster der trojanischen Helden im Krieg gegen die Griechen; fiel im Zweikampf gegen den Griechen Achilles
Herculēs, is	griechisch: Herakles; stärkster und berühmtester der griechischen Helden; Sohn des Jupiter und der Alkmena. Um sich von einer im Wahnsinn begangenen Freveltat reinzuwaschen, musste er im Auftrag von Eurystheus, dem König von Tiryns, die berühmten „zwölf Arbeiten" vollbringen. Nach seinem Tod wurde er in den Kreis der Götter aufgenommen
Homērus, ī	griechischer Dichter (8. Jh. v. Chr.); Verfasser der *Ilias* und der *Odyssee*
Iānus, ī	Gott des Eingangs und Ausgangs, beschützte die römischen Stadttore; meist doppelköpfig dargestellt; in Friedenszeiten wurden die Tore seines Tempels geschlossen
Italia, ae	Halbinsel im Mittelmeerraum, die an die Form eines Stiefels erinnert; von Jupiter dem aus Troja fliehenden Äneas als neue Heimat versprochen; dort angekommen gründet er Lavinium
Italus (*Adj.*)	italisch
Iūlus, ī m	Sohn des Äneas und der Creusa; Stammvater der *gens Iulia*. Erscheint in der *Äneis* auch als Ilus (‚der aus Ilion Stammende') und Askanius
Iūno, ōnis	griechisch: Hera; Schwester und Gemahlin des Jupiter; Schützerin der Ehe und der Frauen; Fruchtbarkeits- und Geburtsgöttin; weil der trojanische Prinz Paris den Schönheitspreis der Göttin Venus und nicht ihr überreichte, verfolgte sie die Trojaner mit ihrem Zorn, insbesondere den aus Troja fliehenden Äneas
Iuppiter, Iovis	griechisch: Zeus; Göttervater und höchster Gott der Römer; verantwortlich für das Wetter, insbesondere für Blitz und Donner (*Iuppiter tonans*); möglicherweise haben bereits die Etrusker den Kult des Iupiter Optimus Maximus in Rom eingeführt; im Jupitertempel auf dem Kapitol brachten die römischen Beamten am Anfang ihres Amtsjahres Opfer dar und die siegreichen Feldherrn legten dort ihre Beutestücke nieder; die erste Senatssitzung eines jeden Jahres fand ebenfalls dort statt
Laelius, ī	Gaius Laelius Sapiens (2. Jh. v. Chr.); Freund des jüngeren Scipio; Titelheld von Ciceros Dialog *Laelius de amicitia*

Latīnī, ōrum	die Latiner; die Bewohner Latiums; nach ihnen ist das latinische Bürgerrecht, eine Vorstufe des vollen römischen Bürgerrechts benannt
Latīnus, ī	König der Latiner; (*Adj.*) latinisch
Latium, ī	Landschaft in Mittelitalien, Urheimat der Latiner
Lāvīnia, ae	mythische Figur aus der *Äneis*, Tochter des Königs Latinus und Ehefrau des Äneas nach dessen Sieg über Turnus
Lāvīnium, ī	Stadt in Latium, südlich von Rom; wurde von Äneas gegründet und nach seiner Ehefrau Lavinia benannt
Lavīnius (*Adj.*)	lavinisch
Lucrētia, ae	Frau des Collatinus; wurde von Sextus Tarquinius vergewaltigt, was die Vertreibung der etruskischen Tarquinier als Herrscher von Rom nach sich zog; beging nach der Vergewaltigung Selbstmord
Mānīlius, ī	Manlius Manilius; hervorragender Rechtsgelehrter; Konsul 149 v. Chr.; Mitglied des Scipionenkreises
Mārs, Mārtis	griechisch: Ares; Gott des Krieges; Vater der Zwillinge Romulus und Remus; der berühmteste Tempel des Mars in Rom war der Tempel des Mars Ultor, des „rächenden Mars", auf dem Augustusforum; Augustus hatte den Tempel errichten lassen zur Erinnerung an seinen Sieg über die Cäsarmörder
Masinissa, ae	König von Numidien; Verbündeter Roms; Freund Scipios des Älteren
Massilia, ae	Marseille; Stadt an der Südostküste Galliens; Bundesgenosse Roms
Menēnius, ī Agrippa, ae	Menenius Agrippa, römischer Patrizier, der zur Zeit der Ständekämpfe mit diplomatischem Geschick die aus Rom ausgewanderten Plebejer wieder nach Rom zurückholte
Minerva, ae	griechisch: Athene; Göttin der Weisheit und des Handwerks, Tochter des Jupiter
Mūcius, ī Scaevola, ae	(1) Gaius Mucius Scaevola; römischer Held der Frühzeit, der vor dem etruskischen König Porsenna seine rechte Hand in einem Kohlebecken verbrennen ließ, um ihm die Tapferkeit der jungen Römer vor Augen zu führen; daher sein Beiname *Scaevola* – Linkshand (2) Quintus Mucius Scaevola Augur; Konsul 117 v. Chr. Mitglied des Scipionenkreises
Mummius, ī	Spurius Mummius; Mitglied des Scipionenkreises
Neptūnus, ī	griechisch: Poseidon; Gott des Meeres, Bruder des Jupiter
Numa Pompilius, ae	zweiter römischer König; er gab den Römern die ältesten religiösen Gesetze
Numantia, ae	Numantia, Stadt in Spanien; 133 v. Chr. von Scipio dem Jüngeren zerstört
Numitor, ōris	König von Alba Longa, Vater der Rhea Silvia
Pallās, antis	mythische Figur aus der *Äneis*, Sohn des Königs Euander, der im Zweikampf gegen Turnus fällt; sein Tod wird später von Äneas gerächt
Panaetius, ī	Panaetios (185–110 v. Chr.); griechischer Philosoph (Stoa); Mitglied des Scipionenkreises; seine Pflichtenlehre war Ciceros Vorbild für *De officiis*
Parthī, ōrum	Parther; persisches Reitervolk, gegen das die römischen Feldherrn Cäsar, Antonius, Crassus vergeblich Krieg führten; Augustus schloss ein Friedensabkommen mit den Parthern zur Sicherung der Ostgrenze des Imperiums
Paulus, ī	Lucius Aemilius Paulus; Vater von Scipio dem Jüngeren; Sieger über König Perseus von Makedonien 168 v. Chr.
Penātēs, ium	Penaten; römische Haus- und Schutzgötter

Persae, ārum	Perser; Volk im Großraum Vorder- und Zentralasiens; das antike Perserreich (550–330 v. Chr.) entwickelte sich zu einer der bedeutendsten Zivilisationen in Vorderasien; nach ihrer Niederlage gegen die Makedonen unter Alexander dem Großen wurden sie hellenisiert, behielten aber ihren großen kulturellen Einfluss über Jahrhunderte hinweg
Phalaris, idis	grausamer Tyrann von Agrigent auf Sizilien (um 560 v. Chr.); berüchtigt für seinen ehernen Stier, in dem er seine Gegner „röstete"
Philippī, ōrum	Stadt in Makedonien und Ort der Schlacht der Cäsarmörder Cassius und Brutus gegen Antonius und Octavian 42 v. Chr. (*bellum Philippense*)
Philus, ī	Lucius Furius Philus, Konsul 136 v. Chr.; Mitglied des Scipionenkreises
Pīsistratus, ī	Peisistratos; Tyrann von Athen 560–527 v. Chr.
Platō, ōnis	Platon (427–347 v. Chr.); bedeutendster Schüler des Sokrates; Gründer der Akademie; an seinen Werken *Politeia* und *Nomoi* orientierte sich Cicero bei der Abfassung von *De re publica* bzw. *De legibus*
Polybius, ī	Polybios (ca. 200–120 v. Chr.), griech. Historiker; kam 166 v. Chr. als Kriegsgefangener nach Rom, wo er Mitglied des Scipionenkreises wurde
Pompēius, ī m	Gnaeus Pompeius Magnus (106–48 v. Chr.), einflussreicher Politiker und Feldherr; zunächst Partner, dann Gegner Cäsars im Kampf um die Vorherrschaft in Rom
Porsenna, ae	Lars Porsenna, etruskischer König, der für den aus Rom vertriebenen Tarquinius Superbus gegen Rom in den Krieg zieht
Pȳthagorās, ae	griechischer Philosoph (um 540 v. Chr.); gründet im süditalienischen Croton eine Philosophenschule; lehrt, dass die Seele nach dem Tod in andere Lebewesen übergeht, und ruft deshalb zum Vegetarismus auf
Quirīnus, ī m	ursprünglich sabinischer Gott, später Ehrenname für den vergöttlichten Romulus
Quirītēs, um	Quiriten; feierliche Bezeichnung für römische Bürger; leitet sich her von der sabinischen Stadt Cures; weil am Quirinalshügel Sabiner wohnten, wurde diese Bezeichnung allmählich auf alle Bürger Roms übertragen
Remus, ī	Bruder von Romulus; Sohn von Rhea Silvia und Mars
Rhēa Silvia, ae	Tochter des Königs Numitor von Alba Longa. Ihr Onkel Amulius, der seinen Bruder Numitor vom Thron gestürzt hatte, machte Rhea zur Priesterin der Vesta, um zu verhindern, dass sie Kinder bekäme, denn die Vestalinnen mussten unverheiratet und kinderlos bleiben. Der Kriegsgott Mars durchkreuzte aber diese Pläne und zeugte mit Rhea die Zwillinge Romulus und Remus
Rōmulus, ī	Sohn von Rhea Silvia und Mars; wurde zusammen mit seinem Zwillingsbruder Remus von einer Wölfin aufgezogen; gründete Rom und tötete später im Streit seinen Bruder Remus
Rutulī, ōrum	Rutuler; italisches Volk; in der *Aeneis* ist Turnus ihr Anführer
Sallustius, ī	Gaius Sallustius Crispus (86–34 v. Chr.); römischer Geschichtsschreiber; Verfasser des Geschichtswerkes *Historiae* und der Monographien *Catilina* und *Bellum Iugurthinum*
Sāturnus, ī	Saturn; Gott des Goldenen Zeitalters, in dem der Sage nach Frieden und Gleichheit unter den Menschen herrschten; ihm zu Ehren wurden alljährlich die Saturnalien am 17. Dezember gefeiert, ein Fest, an dem die Sklaven einen Tag lang Herren spielen durften

Scīpiō, ōnis	(1) Publius Cornelius Scipio Africanus = Scipio der Ältere (um 200 v. Chr.); Sieger über Hannibal 201 v. Chr. bei Zama; Großvater von Scipio dem Jüngeren (2) Publius Cornelius Scipio Aemilianus Africanus (2. Jh. v. Chr.) = Scipio der Jüngere; römischer Politiker und Feldherr; Eroberer Karthagos 146 v. Chr.; bester Freund des Laelius und Mittelpunkt des nach ihm benannten Scipionenkreises
Sextus Aelius, ī	römischer Rechtsgelehrter; 198 v. Chr. Konsul
Sextus Pompēius, ī	Sohn des Pompejus, machte mit seiner Flotte die Küsten Unteritaliens unsicher, bis Octavian (Augustus) und Agrippa ihn in der Schlacht von Naulochos 36 v. Chr. besiegten
Sextus Tarquinius, ī	Sohn des Tarquinius Superbus; vergewaltigte Lucretia und löste damit die Vertreibung der Tarquinier als Könige über Rom aus
Sulla, ae	Lucius Cornelius Sulla (138–78 v. Chr.), römischer Politiker und Feldherr, von 82–79 v. Chr. Diktator, berüchtigt für seinen gnadenlosen Umgang mit politischen Gegnern
Tacitus, ī	Publius Cornelius Tacitus (ca. 54–117 n. Chr.); römischer Geschichtsschreiber, der in seinen *Annales* die Kaiserzeit von Augustus bis Nero behandelt
Tarquinius Superbus, ī	Lucius Tarquinius Superbus; siebter und letzter König Roms, wurde infolge des Verbrechens seines Sohnes Sextus Tarquinius 509 v. Chr. gestürzt; dieses Datum gilt als Gründungsjahr der römischen Republik
Tiberis, is	Tiber; Fluss durch Rom
Trōēs, um	Trojaner
Trōia, ae	Stadt im Nordwesten Kleinasiens (heutige Türkei); wurde im Trojanischen Krieg nach zehnjähriger Belagerung von den Griechen erobert; Heimatstadt von Äneas und seinen Gefolgsleuten
Turnus, ī	Fürst und Anführer der Rutuler, eines Volksstammes in Latium; wird im Zweikampf von Äneas getötet
Tusculānī, ōrum	die Einwohner von Tusculum, einer Kleinstadt in der Nähe Roms, wo Cicero ein Landgut besaß
Tyrrhēnum aequor, oris	Tyrrhenisches Meer; Teil des Mittelmeeres; liegt westlich des italienischen Festlands und zwischen den Inseln Sardinien, Korsika und Sizilien
Venus, eris	griechisch: Aphrodite; Göttin der Liebe und der Schönheit, Ehefrau des Vulcanus, Tochter des Jupiter, Mutter des Äneas
Vesta, ae	die Göttin des heiligen Herd- und Opferfeuers, Hüterin über Heim und Herd; der Tempel der Vesta stand auf dem Forum Romanum

Literaturverzeichnis

Augustus

1. Textausgaben und Übersetzungen
Augustus. Meine Taten – Res gestae Divi Augusti. Lat.-griech.-dt. hrsg. von E. Weber, München/Zürich ⁵1989

2. Allgemeine Literatur
Bleicken, J.: Augustus. Eine Biographie, Berlin 1998
Bringmann, K. / Schäfer, T.: Augustus und die Begründung des römischen Kaisertums, Berlin 2002
Fündling, J.: Das Goldene Zeitalter. Wie Augustus Rom neu erfand, Darmstadt 2013
Eck, W.: Augustus und seine Zeit, München 2000
Galinsky, K.: Augustan Culture, Princeton 1996
ders.: Augustus. Sein Leben als Kaiser, Darmstadt/Mainz 2013
Gall, D.: Die Literatur in der Zeit des Augustus, Darmstadt 2005
Kaiser Augustus und die verlorene Republik, Ausstellungskatalog Mainz 1988
Klodt, C.: Bescheidene Größe: Die Herrschergestalt, der Kaiserpalast und die Stadt Rom:
    Literarische Reflexionen monarchischer Selbstdarstellung, Göttingen 2001
Simon, E.: Augustus. Kunst und Leben in Rom um die Zeitenwende, München 1986
Sonnabend, H.: August 14. Der Tod des Kaisers, Darmstadt 2013
Yavetz, Z.: Kaiser Augustus, Hamburg 2010
Zanker, P.: Augustus und die Macht der Bilder, München 1997

Vergil

1. Textausgaben und Übersetzungen
P. Vergili Maronis Opera, hrsg. von F. A. Hirtzel, Oxford ¹⁴1955
Vergil. Aeneis, hrsg. und übers. von J. Götte, München/Zürich ⁷1988

2. Allgemeine Literatur
Albrecht, M. v.: Vergil. Eine Einführung (Bucolica, Georgica, Aeneis), Heidelberg 2006
Binder, G.: Aeneas und Augustus. Interpretationen zum 8. Buch der Aeneis, Meisenheim 1971
Binder, G. (Hrsg.): Saeculum Augustum I – III, Darmstadt 1987, 1988, 1991
Holzberg, N.: Vergil. Der Dichter und sein Werk, München 2006
Suerbaum, W.: Vergils Aeneis, Stuttgart 1999

Horaz, Ovid

1. Textausgaben und Übersetzungen
Horatius, Opera, hrsg. von D. R. Shackleton Bailey, Stuttgart 1985
Färber, H./Schöne, W.: Horaz. Sämtliche Werke, Zürich/München ¹⁰1985
P. Ovidi Nasonis Tristium libri quinque, hrsg. von S. G. Owen, Oxford ¹³1991

2. Allgemeine Literatur
Albrecht, M. v.: Ovid. Eine Einführung, Stuttgart 2003
Döpp, S.: Werke Ovids. Eine Einführung, München 1992
Holzberg, N.: Horaz. Dichter und Werk, München 2009
Holzberg, N.: Ovid. Dichter und Werk, München 1997
Lefèvre, E.: Horaz. Dichter im augusteischen Rom, München 1993
Schmitzer, U.: Ovid. Eine Einführung, Hildesheim 2001
Syndikus, H. P.: Die Lyrik des Horaz I-II, Darmstadt 2001
Volk, K.: Ovid. Dichter des Exils, Darmstadt 2012

Livius

1. Textausgaben und Übersetzungen

Titi Livi ab urbe condita, hrsg. von R. S. Conway und C. F. Walters, Oxford 1914

Livius. Römische Geschichte, Buch 1, Lat./dt., hrsg. von H. Hillen, Düsseldorf/Zürich 2004

Livius Ab urbe condita. Liber II, Lat./dt., hrsg. von M. Giebel, Stuttgart 1999

2. Allgemeine Literatur

Burck, E.: Das Geschichtswerk des Titus Livius, Heidelberg 1992

Gehrke, H. J.: Kleine Geschichte der Antike, München 1999

Hölkeskamp, K. J. und E. (Hrsg.): Von Romulus zu Augustus. Große Gestalten der römischen Republik, München 2000

Cicero

1. Textausgaben und Übersetzungen

Cicero. Atticus-Briefe – Epistulae ad Atticum. Lat-dt. hg. und übers. von H. Kasten, München/Zürich [4]1990

Cicero. Der Staat – De re publica. Lat.-dt. hg. und übers. von K. Büchner, München/Zürich [5]1993

Cicero. Die politischen Reden. Band II. Lat.-dt. hg., übers. u. erläut. v. M. Fuhrmann, München 1993

Cicero. Vom rechten Handeln – De officiis. Lat.-dt. hg. von K. Büchner, München/Zürich [3]1987

M. Tulli Ciceronis De re publica, de legibus, Cato maior de senectute, Laelius de amicitia recognovit brevique adnotatione critica instruxit J. G. F. Powell, Oxford 2006

Sallust. Werke. Lat.-dt. von W. Eisenhut und J. Lindauer, München/Zürich [2]1994

2. Allgemeine Literatur

Fuhrmann, M.: Cicero und die römische Republik, Düsseldorf/Zürich [4]1997

Giebel, M.: Cicero, Hamburg [9]1993

Pöschl, V.: Römischer Staat und griechisches Staatsdenken bei Cicero. Untersuchungen zu Ciceros Schrift De re publica, Darmstadt 1990

Stroh, W.: Cicero. Redner, Staatsmann, Philosoph, München 2008

zu antiker Staatslehre:

Bleicken, J.: Die Verfassung der Römischen Republik, Paderborn/München/Wien/Zürich [6]1993

Blum, W./Rupp, M.: Politische Philosophen, München 1992

Demandt, A.: Antike Staatsformen. Eine vergleichende Verfassungsgeschichte der Alten Welt, Berlin 1995

Demandt, A.: Der Idealstaat. Die politischen Theorien der Antike, Köln 1993

3. Romane

Harris, R.: Imperium. München 2006

Harris, R.: Titan. München 2009

Fachdidaktische Literatur

Erdmann, E.: Bilder sehen lernen, in: Praxis Geschichte 2/2002, S. 6–11

Lobe, M.: Raummetamorphosen im augusteischen Rom, in: R. Kussl (Hrsg.): Themen und Texte. Dialog Schule Wissenschaft – Klassische Sprachen und Literaturen Band 46, S. 247–272, Speyer 2012

ders.: Horazens letzte Ode und die Macht der Bilder, in: Altsprachlicher Unterricht 2/2002, S. 58–63

Müller, S.: Untätig in der Mitte? Die Rolle des Senats in der Fabel vom Magen und den Gliedern, in: Gymnasium 111, 2004, S. 449–75

Rieks, R.: Vergil: Einer für alle, in: Altsprachlicher Unterricht 2/2007, S. 4–13

Utz, C.: Livius – mehr als ein Historiker. Didaktische Überlegungen und methodische Anregungen zur Liviuslektüre, in: PegOn I, 2000, S. 18–28

Abkürzungen

A	Aufgabe		G	Grammatikwiederholung
Abb.	Abbildung		GW	Grundwissen
Aen.	Äneis		*hist.*	Historiae
Agr.	Agricola		i	Informationstext
Ann.	Annales		Kap.	Kapitel
Aug.	Augustinus		Liv.	Livius
bell. gall.	Bellum Gallicum		LW	Lernwortschatz
Bsp.	Beispiel		M	Material
Carm.	Carmina		praef.	praefatio
Carm. saec.	Carmen saeculare		*Res gest.*	Res gestae
Cat.	De coniuratione Catilinae		Sall.	Sallust
Cic.	Cicero		T	Text
civ.	De civitate dei		Tac.	Tacitus
De leg.	De legibus		*Trist.*	Tristia
De rep.	De re publica		*Tusc. disp.*	Tusculanae disputationes
De off.	De officiis		V.	Vers
EV	Eigennamenverzeichnis		W	Wiederholungswortschatz
FW	Fremdwort		Z.	Zeile

Bildnachweis

Übersicht

Jahr	geschichtliche Ereignisse		geschichtliche Persönlichkeiten
		KAISERZEIT	
150	Pantheon		Hadrian (117–138)
100			Trajan (98–117)
	Titusbogen		Domitian (81–96)
	Kolosseum		Titus (79–81)
			Vespasian (69–79)
64	Brand Roms		Nero (54–68)
			Claudius (41–54)
			Caligula (37–41)
14	Tod des Augustus		Tiberius (14–37)
8 n. Chr.	Verbannung Ovids		

		RÖMISCHE REPUBLIK	
2 v. Chr.	Forum des Augustus		
13	Ara Pacis		
27			Octavian wird Augustus
31	Schlacht von Actium		Octavian ↔ Marcus Antonius
50	Bürgerkriege		Cäsar ↔ Pompejus
80			Marius ↔ Sulla
100			
133	Beginn des Bürgerkriegsjahrhunderts		Gracchen ↔ Scipio Minor
200	Eroberung Karthagos und Griechenlands		Scipio Maior ↔ Hannibal
300			
400	Eroberung Italiens		Camillus ↔ Veji
500	Vertreibung der Könige		Brutus ↔ Tarquinier

		KÖNIGSZEIT	
			Tarquinius Superbus
753	Gründung Roms		Romulus